南京大学国际关系研究院

国际关系评论

2023年第一辑

谭树林　主编

世界知识出版社

图书在版编目（CIP）数据

国际关系评论.2023年.第一辑/谭树林主编.—北京：世界知识出版社，2023.4
　　ISBN 978-7-5012-6635-7

Ⅰ.①国… Ⅱ.①谭… Ⅲ.①国际关系—文集 Ⅳ.①D81-53

中国版本图书馆CIP数据核字（2023）第044914号

书　　名	国际关系评论（2023年第一辑） Guoji Guanxi Pinglun (2023 Nian Di-yi Ji)
主　　编	谭树林
责任编辑	罗庆行
责任出版	赵　玥
责任校对	张　琨
出版发行	世界知识出版社
地址邮编	北京市东城区干面胡同51号（100010）
网　　址	www.ishizhi.cn
电　　话	010-65265923（发行）　010-85119023（邮购）
经　　销	新华书店
印　　刷	北京虎彩文化传播有限公司
开本印张	710毫米×1000毫米　1/16　13⅛印张
字　　数	230千字
版次印次	2023年4月第一版　2023年4月第一次印刷
标准书号	ISBN 978-7-5012-6635-7
定　　价	88.00元

版权所有　侵权必究

《国际关系评论》编辑委员会

主办单位：南京大学国际关系研究院
顾　　问：朱瀛泉
主　　编：谭树林
编　　委（按姓氏笔画排序）：
　　　　　朱　锋　张　生　郑先武　郑安光　赵联敏
　　　　　洪邮生　舒建中　谭树林

目 录

特 稿

中美关系稳定发展的历史启示——纪念尼克松访华50周年
.... 袁 鹏 3

国际关系史研究

二战时期苏法关系中的德国问题.. 陈 晖 13
1984年戈尔巴乔夫英国之行：苏联外交"新思维"探源 .... 欧阳洛奇 33
英国国内对德国统一问题的分歧与协调
　　——兼论英国外交决策的内在缺陷 .... 王 帅 54
墨子与加尔通战争观比较及其现实意义 .... 宋艳华 69

情报史研究

情报学与冷战史的交汇——略论研究"情报与冷战史"的意义
.... 白建才 89
美国隐蔽行动的政策起源（1947—1948）............................ 舒建中 100
情报史英国学派的形成与发展 .... 武 洋　高金虎 117

国际战略研究

中美关系与第三方——欧洲面对中美博弈的战略选择研究
.... 朱 锋　周诗仪 135
拜登政府外交团队对华倾向及政策探析 .... 赵儒南 154

新阿塔时代的俄罗斯对阿政策及其影响分析..................李冠群　173

书　评

"印太小多边主义"的全景图——评《印太小多边主义：
"四边机制"、澜湄合作机制与东盟》...............薛　亮　郑先武　191

附　录

《国际关系评论》稿约启事..　203

特 稿

中美关系稳定发展的历史启示
——纪念尼克松访华50周年

袁 鹏[*]

摘　要：2022年是尼克松访华和中美签署《上海公报》50周年，50年来，中美关系总体保持了和平稳定、互利共赢的发展势头，同时呈现出跌宕起伏、螺旋上升的发展态势，直至2017年以来中美关系发生重大转折。在新阶段、新时期，怎样保持中美关系继续稳定健康发展，系统总结过去50年中美关系稳定发展的十条经验对现实的启迪，并从中找到部分答案，对中美关系发展具有重大的理论和现实意义。

关键词：中美关系；尼克松访华；历史启示；经验教训

2022年是尼克松访华50周年。50年前，中美两国领导人以极大的政治勇气、高超的战略思维实现了中美关系的"破冰""解冻"，中美两国从此走向关系正常化的进程。抚今追昔，感慨万千。过去50年，中美关系在相当长的一段时间里呈现出"跌宕起伏、螺旋上升"的发展态势。中美关系尽管也出现过重大波折，但总体保持了和平稳定、互利共赢。两个政治制度、意识形态、社会文化、发展阶段极不相同的大国，既没有走向热战，也没有发生冷战，两国经贸额从当年的屈指可数到今天的7000多亿美元规模；人文交流从几乎为零到现在全方位的蓬勃发展……可以说，在过去50年的大多数时期，中美关系总体是成功的。

遗憾的是，大体从2017年始，美国对华战略出现了实质性改变，中美

---

[*] 袁鹏，中国现代国际关系研究院院长、研究员、博士生导师。

关系出现了重大波折，甚至可能走上全面战略博弈的不归路。但是，战略博弈不一定意味着战略对抗，即使美方刻意渲染两国关系的竞争性，也并不希望走向全面冲突。对中国而言，如何在中美战略相持状态下实现中华民族的伟大复兴，如何在战略相持状态下形成中美关系和平共处新框架，是我们今天绕不过去的一道必答题，也是构建新型国际关系和人类命运共同体的应有之义。由此，系统总结过去50年中美关系成功的经验，具有重大的理论和现实意义，这些成功经验主要可概括为以下十点。

第一，两国始终将中美关系当成外交的重中之重，倍加呵护。长期以来，中国政府视中美关系是中国外交"重中之重"，这既是因为美国是影响国际体系演变的最主要变量，也是因为美国是影响中国外部安全环境的最主要因素，凸显了我们对中美关系稳定发展的格外重视。虽然美国没有"重中之重"的提法，但是在相当长的时期内，尤其是冷战结束后，从克林顿、小布什到奥巴马执政时期，美国官方都曾在不同场合提出过"中美关系是全球最重要的双边关系"的说法。比如，克林顿就多次提出，中美关系如何将决定21世纪美国人民甚至全人类的福祉。两国都高度重视和精心呵护中美关系，这是中美关系能够稳步发展的一大重要动因。

第二，始终从战略高度和长远角度处理两国关系。战略高度，意味着两国关系要超越双边、从全球视野去看待，所以尼克松访华时，两国领导人谈论更多的是两国如何能够承担国际责任，应对全球性重大问题。长远角度则意味着，要从未来50—100年的大历史观角度去看待中美关系。正因如此，很长一段时期以来，中美双方都未因一时一事而改变对两国关系的战略判断和长远把握。中方处理对美关系也是本着这一精神和原则，否则两国关系不会迎难而上，而很可能早就陷入冲突的边缘。实际上，建交以来，中美关系历经波折，从1989年以美国为首的西方国家对中国的全方位制裁到1991年老布什政府对台大规模军售，从1993年的"银河号"事件到1995年"李登辉访美"、1996年中美围绕台湾问题的紧张对峙，从1999年的"炸馆事件"到2001年的"撞机事件"，以及其间类似"考克斯报告"等插曲，中美之间的矛盾冲突不可胜数。但由于我们始终站在战略高度和长远角度，因此往往不因一时一事而牺牲两国关系的整体发展。历史经验表明，当两国将视野投向全球事务时，就能超越双边关系进而将双边关系放在一个恰如其分的位置。当两国过于聚焦双边关系本身的时候，发现处处都是矛盾；而当两国把目光投向世界的时候，发现处处都是合作的机会。冷战时期共同应对苏联威胁，冷战后共同聚焦经贸合作，"9·11"事件后展开反恐合作，2008年全球金融危机后两国共同发起二十国集团领导人峰会，这期间恰恰都是中美关系发展比较顺畅的时候。2020年，新冠肺炎疫情蔓延全球，中美本应再度带领全球联手应对危机，遗憾的是，特朗普政府走向了历史经验的反面，导致两国不但未能携手合作，反而"激烈对抗"。这正是未能汲取历史经验的一个案例。

第三，始终从危机预防和危机管控的角度处理中美关系。中美出现问题不可怕，关键是不要升级，而要冷处理。中美之间出现问题时，双方应就事论事，把它当成一场危机，尽快进行危机处理和危机管控，想方设法使其降温，不让危机上升为系统性风险，更不让危机酿成强大的民族主义情绪，尽快通过工作团队，以危机管理的方式，把它消灭在萌芽状态，使其不要上升为战略性对抗。

第四，始终将台湾问题作为两国关系中最核心、最敏感的问题，慎重处理和应对。这不仅因为台湾问题涉及中国最大的核心利益，而且因为一个中国原则是中美建交的前提，还因为台湾问题是可能促使中美全方位走向战争的问题。中国政府在与美国历届政府打交道时都首先让其明确对待台湾问题的态度。无论是元首会晤还是重要战略对话，台湾问题是中美的必谈话题。之所以如此，是因为美方始终玩弄文字游戏，在一个中国原则问题上混淆视听。中国讲的是一个中国原则，就是世界上只有一个中国，台湾和大陆同属一个中国，中国的主权和领土完整不容分割，这是非常清晰的。原则是神圣不可侵犯的，也是不容谈判或让渡的。美方讲的则是"一个中国政策"，政策则可能因政府的变更而变化，使得美国的一个中国政策具有极大的不确定性和不稳定性，导致台湾问题始终处在中美关系的风口浪尖。所以，我们始终把台湾问题作为最核心、最敏感的问题，就是提醒美国政府不要在一个中国原则问题上犯糊涂，也不要在一个中国原则这种大是大非的问题上考验中国的耐心，试探中国的底线，不能有任何幻想。在台湾问题上，我们立场坚定，对美国是反复敲打，使其不敢在这个问题上有惹事的念头，不敢在这个问题上抱有侥幸心理，蒙混过关，这是中美关系50年平稳发展的经验。总体来看，美国历届政府还是坚持"一个中国政策"的，不敢在一个中国原则问题上有任何松动。这条底线是中美关系稳定发展的重要前提和基础。基础不牢、地动山摇，当前中美关系的危险性在于，美国开始在台湾问题上加大挑衅力度。特朗普执政期间通过了"与台湾交往法案""台北法案"等新的立法，而且赫然将所谓"对台六项保证""与台湾关系法"同中美三个联合公报并列。所以，今天美国谈一个中国政策，是基于包括"对台六项保证"在内的内容的，实际上是在偷梁换柱，掏空了一个中国原则的内核，必须遏制这种势头。

第五，始终把经贸关系作为两国关系的"压舱石"。中美之间稳定发展，很重要的纽带是经贸合作，这是互利共赢的直接体现。美国是最大的发达国家，中国是最大的发展中国家，两国差异性明显的产业结构、人口结构、经济结构，使得中美的经贸关系长期处在一个互补的状态，彼此相互依赖，而且它真正造福于两国人民，拉动彼此就业，促进对方经济的繁荣与稳定，这是被世界反复证明的。有这个"压舱石"在，中美关系就稳定。但是问题在于，在最近十年，两国经贸关系作为压舱石出现了松动，主要原因一是两国经贸同步转型，使得过去天然的互补关系变成了竞争关系，因为中国也要自主创新，发展高科技。二是随着中国的快速发展，美国还想像以前一样，谋求"超国民待遇"，在中国"躺着就能挣钱"，已经不那么容易了。中国企业的竞争力提高了，也让美国感到不适应，所以这个压舱石出现了松动，甚至压舱石变成了摩擦源，这是特朗普政府发动对华贸易战的一个重要原因。但是，尽管中美经贸关系遭受脱钩、断供等空前压力，近两年两国贸易额总量不降反增。事实说明，两国经贸关系已经到了拆分不掉的程度。在新时期，两国经贸关系升级换代，出现摩擦实属正常，但是两国还是要把它当作两国关系的压舱石，在此基础上注重寻找和培育两国关系新的合作点，这个观点不能松动。两国的合作在冷战时期基于共同的威胁，冷战后基于共同的利益，未来可能需要基于共同面对的问题，诸如气候变化、恐怖主义、大规模杀伤性武器扩散、网络安全、人口变化等问题，中美合作不一定能完全应对，但中美不合作，这些问题很难解决。只有扩大这些合作领域，两国关系总体才可以稳定，这也是一条很重要的经验。

第六,始终注重两国的对话交流和机制建设。中美通过各种对话交流机制,把两国关系牢牢地绑在一起,使得两国关系很难被拆解。奥巴马执政时期,两国建立了100多个对话交流机制。特朗普执政时期,奉行"机制无用论",对奥巴马遗留的各种对话机制干脆全部废止,导致各种问题纷至沓来。特朗普忽视了一个根本问题,机制是用来解决问题的,即使一时解决不了实际问题,机制存在的本身也有它的积极意义。不能认为两国各层级的对话必须谈出结果,谈不出结果就没有对话的必要,对话本身就是解决问题的过程,只要在谈,总比不谈好。这些年两国关系之所以出问题,就是对话交流少了,交流机制少了,原来有100多个对话交流机制,现在屈指可数,而且屈指可数的这几个也都断断续续。只要双方在各个层面和领域不断进行对话交流,就有助于增进了解,减少误判,避免错判,也有助于加深彼此的互信,这是中美关系中一条很重要的历史经验。现在需尽快恢复对话交流机制,比如战略安全、经济人文、涉台、涉海等对华交流机制。只要对话交流得以恢复,两国关系就不至于破局。

第七,始终注重公共外交和人文交流的基础和辅助作用。"国之交在于民相亲",中美两国的政治和经贸关系出了问题,不应影响两国人民之间的交流,破坏地方省州之间的来往,因为那是最符合中美人民的根本利益的,这是过去几十年的又一条重要经验。如果两国政治上有问题,战略上有疑虑,但两国民间还继续来往,那两国关系就有基本的基础,就不至于从竞争关系走向全面对抗。人文交流的涓涓细流可汇成江河,而一旦把涓涓细流堵死,中美关系的源头活水就没有了。

第八,始终注重元首外交的引领作用。元首外交总是在关键时刻发挥关键作用。多年以来,中美关系出现重大波折和重大倒退的时候,两国元首总是及时进行沟通,或者出访,或者邀请访问,或者彼此通话,或者视频会晤,总是能够使中美关系柳暗花明,总是能够在关键时刻拨云见日,看清两国关系的方向和未来。当年,尼克松总统访华和毛泽东主席决策于书房,小球转动大球;邓小平访美,两国关系迎来很多年的蜜月期;1993年江泽民主席访美,推动美国形成对华接触战略;习近平主席和奥巴马的庄园会晤、瀛台夜话、白宫秋叙、西湖漫步,成为两国元首交流的佳话和典范。正是习近平主席和奥巴马之间元首外交的引领,使得中美关系尽管出现波折，但在奥巴马执政时期，总体还是稳定的。习近平主席后来和特朗普在海湖庄园的会晤，避免了中美关系的破局。习近平主席和拜登总统虽然没有见面，但是三次电话和视频交流，使人们看到了中美关系稳定发展的希望。因此，元首外交的引领作用仍然具有重大的历史意义和现实意义。

第九，始终坚持求同存异、和而不同。中美两国存在巨大的差异，"一个姓社，一个姓资"，一个是东方文明，一个是西方文明，一个是最大的发展中国家，一个是最大的发达国家，但是这并不影响我们之间的合作。求同存异，就是追求在利益一致的方面合作，而不一致或不一样的地方，则放在一边不让它们影响合作大局，不追求完美。通过求同存异到聚同化异，最后追求的是和而不同，结果是实现和平共处。未必需要对方一定要像自己，那世界反而就不是丰富多彩了。和而不同是这些年中美关系发展的一个很重要的秘诀。中美从共同的合作中找到共同的利益，解决双方的分歧。中国的复兴不是要颠覆或取代美国，美国也不应试图改造中国特色社会主义制度，改变中国共产党，它也改变不了，美国要认识、理解、接受中国的制度模式。拜登反复表示不寻求改变中国，我们听其言观其行。我们也能够和美国和平共存，在共存中，找到和平共处的方式，追求相互尊重、合作共赢。

第十，始终坚持敢于斗争、善于斗争，同时斗而不破。美国是个霸权国家，跟霸权国家打交道，不斗争是不行的，是换不来和平的，你不斗争，他就得寸进尺。实践证明，过去若干年中美关系发展取得的成果，都是靠跟美国斗争换来的。1989年我们不跟美国斗争，美国也不会跟我们缓和关系；炸馆、撞机事件，我们不跟美国斗争，美国也不会赔礼道歉；特朗普政府与中国打贸易战，如果我们不敢于斗争，那很可能就会败下阵来。所以，跟美国霸权打交道，不斗争换不来和平，也换不来中国的国家安全和国家利益。但在这个过程中，我们也要善于斗争，毕竟美国是霸权国家，有很多优势和工具，很多时候还不能跟他硬碰硬，这就在考验我们的斗争艺术，因为最终的目的还是斗而不破，维护中美关系这对最重要双边关系的和平稳定。

总之，中美关系存在先天不足，中美之间的结构性矛盾没有爆发，说明上述十条经验还是有效的。现在中美关系的实际发生了变化，基础、环境、实力、战略都在变，上述经验毕竟让中美两国和平共存了这么多年，所以新的时代、新的时期，我们要从历史经验中寻求启迪。要根据变化了的中美关系实际，在新的时空条件下去努力探索新的问题解决之道。比如，基辛格讲，过去稳定两国关系是靠共同的威胁，后来是靠共同的利益，今后则是要靠共同的问题。全世界的问题有很多，中美合作解决不了所有问题，但中美不合作问题很难解决。最典型的例子就体现在应对新冠肺炎疫情上，中美如果早合作，不会有今天的局面，就是因为特朗普政府不仅不合作，还落井下石，才导致全球疫情蔓延失控，这是一个巨大的灾难和教训。现在的乌克兰危机再次考验中美两国。中美要立足共同问题，寻找共同合作点，做到相互尊重，和平共处，合作共赢。竞争可以是常态，但不应走向对抗，要相互尊重彼此的核心利益。同时，有些基本经验仍然管用，比如从战略高度和长远角度看待中美关系，这条是颠扑不破的经验，求同存异、和而不同是永远不会过时的。现在，中美进入战略相持阶段，美国要在战略相持状态下维护霸权地位，我们要在战略相持状态下实现民族伟大复兴。所以，如何在战略相持状态下找到自己的发展空间成为我们共同的时代课题。如何在战略相持阶段里实现和平共处，这是目前和今后中美共同面临的历史课题，而这个课题显然可以从过去50年的这十条经验中找到部分答案，如果说不是所有答案的话。这就是过去50年中美关系得以稳定发展的十条经验给我们的现实启迪。

国际关系史研究

二战时期苏法关系中的德国问题

陈　晖[*]

摘　要：二战时期，苏联和戴高乐领导的"自由法国"为打败纳粹德国进行了密切合作。苏法两国在历史上多次遭到德国入侵，如何防止德国侵略再起，是它们关注的重大问题。苏联处理德国问题的出发点是，维持与英美的合作关系，最大限度地保证自身安全；法国希望通过肢解德国来获得最可靠的安全保障，并恢复其大国地位。戴高乐试图借助苏联来抗衡英美对法国的压力，从而实现对德政策的目标。鉴于法国实力衰落，苏联出于确保其战后在东欧和德国利益的现实考虑，不可能为了法国而使自己与英美的关系受损。苏联和法国在德国问题上的立场，则更多反映出双方之间的矛盾和分歧。

关键词：二战；苏法关系；德国问题；斯大林；戴高乐

二战时期的苏法关系是现代国际关系史中的重要问题，国内外史学界对该课题进行了一些有益的探讨。苏联学者和一些俄罗斯学者要么突出两国友好的一面，刻意回避矛盾和分歧，要么将两国关系中出现的问题归咎

---

[*] 陈晖，南京大学国际关系研究院副教授。

于法方；① 西方学者多半批评苏联的政策，指责其对法政策的两面性。② 国内学者基本上对苏法关系持肯定态度，认为尽管苏法之间存在一些摩擦，两国还是维持了同盟关系，法苏友好关系有助于法国恢复大国地位。③ 本文不是全面论述战争时期的苏法关系，而是将其放在德国问题这一视角下进行考察。在吸收前人研究成果的基础上，尽可能利用一手资料，如苏联时期出版的相关外交文件集和新解密的苏联档案文献，试图探究苏联和法国对德国问题的考虑与战后欧洲秩序重建的关系，以及德国问题对苏法关系所产生的影响。

一

1941年6月22日苏德战争爆发后，苏联党和政府一面领导全国各族人民立即行动起来进行顽强的抵抗，一面展开积极的外交活动来建立反希特勒同盟。苏联不仅致力于和西方大国建立政治军事同盟，而且还要巩固和扩大反法西斯统一战线。苏联与那些设在伦敦的欧洲被占领国家的流亡政府恢复或建立了外交关系，其中包括戴高乐领导的"自由法国"。1941年9月26日，苏联驻英国大使迈斯基交给戴高乐一封信，信中说苏联政府承认他为"所有自由法国人（不管他们在哪里）的领导者"，并"准备给予从事反抗希特勒德国及其盟国的共同斗争的自由法国人以支持和援助"。苏联政府坚定地表示，在取得共同的胜利后，"保证完全恢复法国的独立和尊

---

① Борисов Ю.В. Советско-французские отношения (1924-1945 гг.) М.,1964; Советско-французские отношения во время Великой Отечественной войны1941-1945: Документы и материалы. В 2-х т.т. Т. 1. 1941-1943.М., 1983; Великая Отечественная война 1941-1945 годов. В 12 т. Т. 8. Внешняя политикаи дипломатияСоветского Союзагодывойны. М., 2012.

② 阿尔弗雷德·里贝尔：《斯大林和法国共产党（1941—1947）》，齐伐修译，世界知识出版社，1965；J. Nere, *The Foreign Policy of France from 1914 to 1945* (London and Boston: Routledge & Kegan Paul, 1975); M. Mourin, *Les Relations Franco-Soviêtiques (1917–1967)* (Paris, 1967); Georges-Henri Soutou, "La France Libre et la Place de l'URSS dans le Système Européen," Georges-Henri Soutou et Émilia Robin Hivert, dir., *L'URSS et l'Europe, de 1941 à 1957* (Paris: Presses de l'Université Paris Sorbonne, 2008）。

③ 参见杨华文、刘凤建：《二战后期以来法苏关系的演变及特点》，《洛阳师范学院学报》2003年第4期；倪昕：《论二战后期法国国际地位的演变》，《北华大学学报》2008年第5期。

严"。① 戴高乐在给苏联大使的回信中写到，他保证站在苏联和它的盟友一边战斗，直到最终战胜共同的敌人。戴高乐和苏联交换信件等同于苏联政府和法兰西民族委员会缔结同盟条约。

根据戴高乐的提议，双方互派常驻代表，从而建立起正式的联系渠道。戴高乐建议把驻叙利亚的"自由法国"军队的一个师调往苏德战场，因为英国人在军事行动中不使用法国部队。苏联立即表示同意，由于英国从中作梗，这一计划未能实施。戴高乐不愿放弃法苏军事合作的想法，又提议派遣一批法国飞行员到苏联参战。1942年11月25日，双方在莫斯科签署相关协议，由抵达苏联的法国飞行员组建"诺曼底"飞行大队。② 法国歼击机飞行团在苏德战场上与苏联飞行员并肩作战，它的许多飞行员由于英勇作战和模范地执行苏联最高司令部的战斗任务而获得了苏联勋章。③

戴高乐将苏联的支持视为恢复法兰西的伟大和大国地位的重要条件。按照戴高乐的看法，苏联与英美盟友不同，对法国的复兴并与之合作感兴趣。④ 戴高乐认为与苏联的联系不仅对解决当前问题，而且对于未来法国的内外政策都是必要的。⑤ 斯大林对法国驻莫斯科使团团长佩蒂将军说："法国未来将再次复兴……今后我们将帮助法国人。"⑥ 当然，对戴高乐来说，当务之急还不是讨论战后欧洲安排问题，而是争取反法西斯同盟大国承认他领导的运动为法国国家利益的代表，承认战斗的法国是战争中平等的盟友，⑦ 以便确立其在战后法国的领导地位，特别是借助苏联的支持迫使英美在这些问题上让步。

戴高乐领导的"自由法国"与英美特别是美国存在严重的矛盾和分

---

① 阿尔弗雷德·里贝尔:《斯大林和法国共产党（1941—1947）》，第7—8页。

② Советско-французские отношения во время Великой Отечественной войны1941-1945: Документы и материалы. В 2-х т.т. Т. 1. 1941-1943.с. 13.

③ 安·安·葛罗米柯、鲍·尼·波诺马廖夫主编《苏联对外政策史（上卷）：1917—1945》，韩正文译，中国人民大学出版社，1988，第535页。

④ Советско-французские отношения во время Великой Отечественной войны1941-1945: Документы и материалы. В 2-х т.т. Т. 1. 1941-1943.с. 11.

⑤ Советско-французские отношения во время Великой Отечественной войны1941-1945: Документы и материалы. В 2-х т.т. Т. 1. 1941-1943.с.55.

⑥ Великая Отечественная война 1941-1945 годов. В 12 т. Т. 8. Внешняя политикаи дипломатияСоветского Союзагодывойны.с. 308.

⑦ АВП РФ, Ф. 0136 «Референтурапо Франции», оп. 27, п. 183, д. 4, л. 16.

歧。美国政府不仅把与贝当政权的大使级关系维持到1942年，而且对戴高乐的"自由法国"漠不关心。戴高乐个性非常倔强，尽管不得不依靠英美的支持和援助，但为了法国的利益敢于和强者抗争。直到1941年秋，美国才和"自由法国"建立联系，罗斯福之所以这样做，是因为美国将来用得着戴高乐控制的非洲地区，①实际上并不信任甚至敌视戴高乐，处处排斥和限制他。对此，英国无可奈何，至多是充当和事佬。美国参战后，戴高乐就预见到"从今往后，英国人要是没有罗斯福的同意，将什么也不能干了"，②况且丘吉尔对戴高乐也时有不满。此外，英美乘人之危染指法国海外领地和殖民地的企图，也引起了戴高乐的强烈愤慨。

苏联对戴高乐的态度相对比较友好，这在很大程度上是出于推动反法西斯战争和欧洲各国反法西斯斗争的考虑，正如斯大林在1943年7月14日给法兰西民族解放委员会领导人的电报中所讲的，"苏联欢迎与德国法西斯占领者进行英勇战斗的法国人民的团结更加巩固。苏联人民坚信，我们取得对希特勒德国共同胜利的日子，自由、民主和独立的法国解放和复兴的日子，为期不远了"。③罗斯福先打算和维希政权的达尔朗将军达成交易，让他在北非掌权，达尔朗遇刺身亡后，又打算扶持吉罗将军取代戴高乐，至少让他们两人共同掌权，以便削弱戴高乐的地位。斯大林一开始支持美国人出于战争目的而利用达尔朗。④由于该方案引起英美舆论哗然和戴高乐的强烈反对，在美国促使戴高乐和吉罗联合时，苏联更倾向于支持戴高乐，因为戴高乐"对维希政府和希特勒德国毫不妥协，而吉罗将军则缺乏这样的毫不妥协"；"戴高乐坚定捍卫恢复具有民主传统的共和制法国的政策，而吉罗将军则敌视法国的共和民主传统，害怕与法国人民群众的密切接触"。⑤

---

① 陈乐民：《戴高乐：法兰西守护神》，百观出版社，1995，第85页。
② 弗朗索瓦·凯索迪：《戴高乐与丘吉尔》，秦志明译，国际文化出版公司，1990，第184页。
③ Советско-французские отношения во время Великой Отечественной войны 1941-1945: Документы и материалы. В 2-х т.т. Т. 1. 1941-1943.с. 228.
④ Советско-французские отношения во время Великой Отечественной войны 1941-1945: Документы и материалы. В 2-х т.т. Т. 1. 1941-1943.с. 131.
⑤ Докуметы внешней политики СССР. 1943. Т. XXVI: В 2-х кн.-Кн.1. Январь-август / Министерство иностранных дел Россиёской Федерации. М., 2016.с. 474.

当时，法国共产党领导法国人民开展了大规模的反法西斯游击战争。戴高乐极力争夺抵抗运动的领导权，派人到法国国内联络，准备成立一个从属于"自由法国"运动的统一组织。苏联实际上是支持戴高乐成为法国抵抗运动最高领导人的。1941年6月25日，共产国际执委会指示法国共产党和戴高乐建立联系，共同为民族解放而斗争。共产国际指出，共产党不应提在民族统一战线中的领导权问题，[1] 于是法国共产党认定戴高乐是"法国抵抗运动的唯一领袖"。[2] 1943年5月15日，由包括法国共产党在内的法国各个政党和所有抵抗组织的代表组成的全国抵抗委员会成立，[3] 这一全国性的抵抗组织表示支持戴高乐。[4]

1943年6月3日，在阿尔及尔成立了以戴高乐为首的法兰西民族解放委员会。英美不急于承认该委员会，苏联则认为对它的承认，不仅会鼓舞法国人民，而且会巩固作为苏联在欧洲大陆可能的盟友的法国的国际地位。[5] 1943年6月中旬，莫洛托夫对英国驻苏大使克尔说，同盟国必须尽快承认法兰西民族解放委员会，因为此举"应当会使法国反希特勒力量的进一步团结得以加快并变得容易，同盟国无疑会对此感到有益"。[6] 根据斯大林的建议，1943年8月，苏、美、英承认法兰西民族解放委员会。苏联政府承认它代表"法兰西共和国的利益"，是"所有与希特勒主义进行斗争的法国爱国者的唯一行政机构和唯一有资格的代表"。而英国和美国的声明却没有这样明确的表述，苏联关于法兰西民族解放委员会权力的解释要比西方国家的解释宽大得多。[7]

苏联虽说在道义上支持戴高乐的态度要比英美积极得多，却无意卷入他和英美的纠纷。首先，苏联认为，在争取反法西斯战争胜利和解决战后

---

[1] Коминтерн и вторая мировая война. Ч. II: после 22 июня 1941 г. М., 1995. с. 101, 110.

[2] АВП РФ, Ф. 0136 «Референтура по Франции», оп. 27, п. 184, д. 11, л. 15.

[3] 《法国共产党史（第二卷）：从1940年到解放》，世界知识出版社，1966，第99—100页。

[4] Georges-Henri Soutou, "La France Libre et la Place de l'URSS dans le Système Européen", Georges-Henri Soutou et Émilia Robin Hivert, dir., *L'URSS et l'Europe, de 1941 à 1957*, p. 143.

[5] АВП РФ, Ф. 0136 Референтура по Франции, оп. 27, п. 184, д. 11, л. 14-15.

[6] Советско-французские отношения во время Великой Отечественной войны 1941-1945: Документы и материалы. В 2-х т.т. Т. 1. 1941-1943. с. 212.

[7] 查尔斯·威廉：《戴高乐》，王鹏译，国际文化出版公司，2009，第214页；阿尔弗雷德·里贝尔：《斯大林和法国共产党（1941—1947）》，第44—45页。

世界问题上，维持苏联与西方盟友的团结至关重要。其次，戴高乐的"自由法国"实力有限，它的参战对战局发展难以产生重要影响。在苏联看来，法国的解放只有靠英美开辟第二战场，法国在战后相当长时间内难以恢复大国地位，故最初被划入英国的势力范围；① "自由法国"基本上是依赖英美的经济和军事援助，苏联不宜直接插手。戴高乐多次提出访苏的愿望，并希望会见斯大林。然而，斯大林认为苏法关系必须服从于三大国合作的需要，觉得不宜过早与戴高乐接近，否则会给苏联与英美的关系造成不利影响。② 戴高乐心里清楚，访苏事宜应由莫斯科在考虑所有情况后再决定。③

如果说战争初期戴高乐最关注的是巩固自己的地位，那么直到1943年在阿尔及尔成立法兰西民族解放委员会时，他才开始考虑战后问题。④ 斯大林早就提出对战后欧洲安排的构想，其中德国问题占有重要地位。1941年11月，斯大林认为，奥地利应当作为独立国家从德国分离，其中普鲁士应当被分成若干个独立国家，以便建立对未来欧洲国家安宁的保证。⑤ 1941年12月，斯大林对英国外交大臣艾登谈到削弱德国的设想：东普鲁士划归波兰，柯尼斯堡并入作为苏联组成部分的立陶宛；苏台德地区归还捷克斯洛伐克；"莱茵州连同它的工业区与落后的普鲁士分隔开来。莱茵州的未来命运，是作为独立国家，还是托管，以后还可以讨论。重要的是分割。奥地利可以恢复独立国家的地位。对于巴伐利亚似乎也可以采取同样的办法"。德国必须以实物对受害国进行赔偿。⑥ 斯大林对战争前景的估计过于乐观，试图通过与英国签订秘密协议来确定处置德国的原则

---

① 奥·阿·勒热舍夫斯基编《斯大林和丘吉尔（1941—1945）》，王仲宣译，东方出版社，2006，第36页。

② МировичМихаил. ГенеалдеГолль: Штрихикполитическомупортрту. Ростовн/Д., 1999. с. 121.

③ Советско-французские отношения во время Великой Отечественной войны1941-1945: Документы и материалы. В 2-х т.т. Т. 1. 1941-1943.с. 266-267.

④ Georges-Henri Soutou, "De Gaulle's Plan for Postwar Europe," in Antonio Varsori, Elena Calandri (eds.), The Failure of Peace in Europe, 1943-1948 (London: Palgrave Macmillan, 2001), p. 50.

⑤ СССР и германский вопрос. 1941-1949: Документы из Архива внешней политики Российской Федерации. Т. I: 22 июня 1941 г.-8 мая 1945 г. М., 1996.с. 119.

⑥ 奥·阿·勒热舍夫斯基编《斯大林和丘吉尔（1941—1945）》，第34—36页。

问题，以及划分双方在欧洲的势力范围。战时解决领土变更问题，不符合《大西洋宪章》原则，尤其是美国坚决反对，所以双方没能就此达成协议。1942年春，苏德战场局势严重恶化。斯大林深知战争不可能很快结束，对于苏联来说，最重要的任务是敦促西方国家尽早开辟第二战场，以缓解东线苏军的压力。讨论和决定战后世界安排，并非紧迫问题，只能退居第二位。1942年，苏联外交部谋划的战后安排工作不久也停止了。①

二

斯大林格勒战役和库尔斯克战役胜利后，苏联对外政策的主要任务是尽快彻底摧毁法西斯德国，处置战败的德国是未来计划的中心问题。斯大林担心德国很快就能恢复，这就要求在未来几十年内排除德国侵略苏联的可能性。②鉴于德国入侵给苏联造成的深重灾难，以及苏联为了取得胜利而付出的高昂代价，安全关注无疑在克里姆林宫对战后世界的考虑中仍是最重要的，③使德国不能为害是确保苏联安全和维持欧洲持久和平最重要的条件。④如何处置德国的问题，依然是苏联外交部工作的中心任务。关于战后德国的领土问题，苏联最关注其西部领土的安排。德黑兰会议上，斯大林坚持波兰东部以1939年9月划定的边界线为界，斯大林还表示苏联将帮助波兰向西获取以奥得河为界的疆土。丘吉尔原则上同意波兰疆界西移而定在"寇松线"与奥得河之间，认为"满足波兰（要求）无疑应当以德国为代价"。⑤罗斯福在同斯大林单独会晤时也表示同意波兰疆界西移。此外，斯大林还说，苏联需要东普鲁士的不冻港柯尼斯堡，罗斯福和丘吉

---

① СССР и германский вопрос. 1941-1949: Документы из Архива внешней политики Российской Федерации. Т. I: 22 июня 1941 г.-8 мая 1945 г.с. 18.

② Великая Отечественная война 1941-1945 годов. В 12 т. Т. 8. Внешняя политикаидипломатия Советского Союзавгодывойны. с. 436.

③ Vladimir O. Pechatnov, "The Soviet Union and the World, 1944-1953," in Melvyn P. Leffler, Arne Odd Westad (eds.), *The Cambridge History of the Cold War*, Volume 1, Cambridge University Press, 2010, p. 91.

④ СССР и германский вопрос. 1941-1949: Документы из Архива внешней политики Российской Федерации. Т. I: 22 июня 1941 г.-8 мая 1945 г.с. 338.

⑤ 沈志华主编《苏联历史档案选编》第17卷，社会科学文献出版社，2002，第482页。

尔对此均未表示异议。

　　至于如何处置剩下的德国领土，苏联的态度远非那么明确和坚定，苏联和西方国家也存在分歧。一开始苏联倾向于分割德国，斯大林在与艾登和丘吉尔等人的会谈中表明了这一立场。究其原因，一方面，分割德国的确是削弱其实力最有效的办法之一，因为德国是在统一后才成为欧洲安全隐患的。另一方面，苏联需要与英美保持一致，西方盟友均赞成分割德国。然而，苏联公开反对将希特勒集团同德国人民相提并论。早在1942年2月23日斯大林颁布的命令中就明确指出："希特勒之流可以上台下台，而德意志民族、德意志国家依然长存。"① 斯大林的声明不排除有宣传意图，在一定程度上反映出他对西方盟友的不信任。1943年1月，苏联驻英国大使迈斯基指出，单单分割德国是不够的，因为只有在主要盟国即苏、英、美保持一致，至少是苏联和英国保持一致的情况下，才能实施对德国的军事占领、解除武装和分割。这一前提要求为实施上述措施进行长期合作。按照他的看法，战后苏联和西方未必能长期和睦相处，那么以某个新希特勒式人物为首的德国人将利用东西方关系恶化的机会，不仅摆脱军事占领和解除武装，而且消除自己国家的分裂。为了防止这种危险，还需要采取另外的措施，这就是在经济上解除德国的武装，消除其工业生产能力。②

　　战争后期，在分割德国的问题上，苏联的态度发生显著变化。1943年9月，苏联外交部认为，当下讨论分割问题，会给德国的反同盟国宣传提供口实，从而导致德国军民凝聚力的增强，助长他们在战争中负隅顽抗的气焰，这不符合反法西斯同盟国家的利益。因此，苏联政府认为当下讨论这个问题为时尚早，主张战后由英、美、苏三国军队对德国实行占领。③ 其实就分割问题而言，英美亦没有制定出一个明确方案。在德黑兰会议上，罗斯福主张将德国一分为五，每一部分都将是独立的国家。丘吉尔则主张把普鲁士和德国南部地区从德国划分出来，组成多瑙河联邦。对待分

---

① 王绳祖主编《国际关系史》第六卷，世界知识出版社，1995，第266页。
② Докуметы внешней политики СССР. 1943. Т. XXVI: В 2-хкн.-Кн.1.М., 2016.с. 29-30.
③ СССР и германский вопрос. 1941-1949: Документы из Архива внешней политики Российской Федерации. Т. I: 22 июня 1941 г.-8 мая 1945 г.с. 265.

割问题，斯大林既不明确反对，也没有提出自己的方案。① 实际上，他是持怀疑态度的，称"没有任何措施能排除德国统一的可能性"。② 莫斯科外长会议决定把德国问题交给欧洲咨询委员会讨论。

欧洲咨询委员会也没有做出关于分割的决定，到1944年初只就临时占领区的大致形态达成一致。③ 此后，苏联更关注的是拟定德国的投降条件，换句话说，就是未来管制德国的具体措施。伏罗希洛夫领导的停战委员会，将其工作立足于两个原则性方针：维持德意志国家的统一（包括其中央政府机构）；在战后时期，继续甚至加强与反法西斯同盟国家的合作。④ 1944年6月12日，伏罗希洛夫向斯大林提交关于占领德国和奥地利的议定书草案，其中涉及苏、美、英三国占领区的划分，以及建立共同管制柏林的盟军总部。⑤ 9月底，据伏罗希洛夫讲，英国人和美国人已经抽调大批军人进行相应的培训，以便让他们承担未来对德管制工作。伏罗希洛夫认为必须派一批苏联军官和文职人员去伦敦接受培训。⑥ 11月底，伏罗希洛夫把与盟国商定的关于德国投降的补充条件草案提交给莫洛托夫。这些条件的实质在于，德国应当被完全占领，失去主权，所有内政外交问题必须执行苏、美、英三国政府的指示。⑦

斯大林接受了苏联驻英大使迈斯基的建议，倾向于从经济上削弱德国，从而消除它再度发动战争的可能性。对苏联来说，从1944年起，赔偿问题越来越被视为从经济上和军事上削弱德国的手段。⑧ 1944年10月，斯

---

① 王绳祖主编《国际关系史》第六卷，第299—267、283页。
② 沈志华主编《苏联历史档案选编》第17卷，第484页。
③ W. R. Smyser, *From Yalta to Berlin: The Cold War Struggle over Germany* (New York: St. Martin's Griffin, 1999), p. 9.
④ ФилитоваА. М. СССР игерманскийвопросповоротныепункты (1941-1961 гг.)//Холодная война. 1945-1963 гг. Историческая ретроспектива: Сб. Ст. Рос. Акад. Наук. Ин-т. всеобщей истории/Отв. Ред. Н. И. Егорова, А. О. Чубарьян.М., 2003.с. 226.
⑤ СССР и германский вопрос. 1941-1949: Документы из Архива внешней политики Российской Федерации. Т. I: 22 июня 1941 г.-8 мая 1945 г.с. 487-488.
⑥ СССР и германский вопрос. 1941-1949: Документы из Архива внешней политики Российской Федерации. Т. I: 22 июня 1941 г.-8 мая 1945 г.с. 537-538.
⑦ Великая Отечественная война 1941-1945 годов. В 12 т. Т. 8. Внешняя политикаидипломатияСоветского Союзагодывойны. с. 441-442.
⑧ СССР и германский вопрос. 1941-1949: Документы из Архива внешней политики Российской Федерации. Т. I: 22 июня 1941 г.-8 мая 1945 г.с. 20.

大林在与来访的丘吉尔会谈时指出,《凡尔赛和约》并没有铲除德国报复的可能性。"任何控制措施不可避免地在德国引起复仇情绪。"为了预防德国复仇,"必须把德国重工业以及所有能进行军工生产的工业部门削减到最低程度。如果盟国不铲除德国进行报复的能力,那么每隔25—30年就会不可避免地与德国打一仗"。斯大林还和丘吉尔讨论了分割德国的问题,但不愿发表长篇大论,只简要地阐述了其观点。斯大林唯独对艾登提出的第三种方案很感兴趣,即"对鲁尔、莱茵和萨尔州建立长期的国际监督,此后俄国和其他盟国从德国工业中没收仪器和机床,用以赔偿它们遭受的损失"。斯大林称:"这是个好计划。德国的重工业是它的实力之源。"① 显而易见,这一方案是符合斯大林的意愿的,苏联既可以用德国赔偿来恢复国内经济,又可以借此消除德国东山再起的机会,真可谓"一石二鸟"。

  苏、美、英三大国在讨论关于包括德国问题在内的战后安排问题时,既没有征求戴高乐的意见,也没有让他的代表参加会议,更没有向他通报有关情况。所以,戴高乐基本上不清楚大国对战后世界安排的设想。但对于大国有意冷落和轻视法国的做法,戴高乐是绝不能接受的,他领导法国人民进行抗争,不仅是为赶走德国侵略者,还是为洗刷法国蒙受的耻辱,使法兰西再度焕发出伟大的光彩。尽管法国在战争中损失惨重,元气大伤,恢复法国的大国地位是法国政治家和广大民众梦寐以求的目标。到1943年,戴高乐觉得提出自己关于战后欧洲蓝图的时机成熟了。首先,对反法西斯同盟来说,战局发生了根本性转折,法西斯轴心国集团开始土崩瓦解,盟军开辟第二战场只是时间问题,法国解放为期不远了。其次,戴高乐彻底战胜了美国扶持的吉罗,成为法国内外抵抗运动无可争议的领袖。最后,戴高乐指挥的法军实力大增,从1942年不足10万人增加到1943年底的40万人,而且全副美式装备;法国的军队已经在非洲和意大利与盟军并肩作战。戴高乐在盟国中的地位由此空前巩固。②

  1943年9月初,在与苏联驻阿尔及尔遣返委员会代表阿维洛夫的谈话中,戴高乐阐述了自己对战后欧洲安排问题的观点:第一,欧洲应当以苏

---

① 奥·阿·勒热舍夫斯基编《斯大林和丘吉尔(1941—1945)》,第427、477—478页。
② 弗朗索瓦·凯索迪:《戴高乐与丘吉尔》,第344页。

联、法国和英国的长期友好为基础。但只有苏联和法国应当在组织欧洲中发挥首要作用。至于英国，戴高乐是这样表述的："英国当然是大国，它的利益主要是在欧洲以外，因此让它处理非欧洲事务吧。""美国当然不能放弃国际事务，但欧洲应当而且能够管理自己。"第二，战争表明小国的独立存在非常困难，有时是不可能的、不适宜的。因此，必须创造为这些国家与东西欧大国联合的可能性。关于这种联合或小国联邦的形式应当进行讨论，因为届时必须给予这些国家发展其经济文化的可能性。特别是应当讨论组织中欧的问题。第三，法国致力于恢复其以前在欧洲的作用时，也不会放弃世界大国的地位，因为在远东和地球上其他地区有自己的利益。戴高乐最后说："法国想仍然成为世界大国。"[1]

对戴高乐来说，恢复法国的大国地位，其关键在于如何处置宿敌德国。1944年11月22日，戴高乐在一次协商会议上说："实际上，德国的命运是世界的中心问题。"[2] 从历史上看，法国的兴衰荣辱总是与德国问题分不开的，法国人认为德国是导致法国失去权力和荣耀的最终原因，如果不能一劳永逸地消除"普鲁士化的日耳曼主义狂热势力"，[3] 法国的复兴无异于天方夜谭。戴高乐深知，单凭法国的实力是难以抗衡德国的，必须和其他大国结盟以遏制德国，这是他为什么如此看重与苏联和英国结盟，特别是寄希望于和苏联结成反德同盟的原因。根据以往的经验教训，大国同盟只能起到遏制德国的作用，还不可能从根本上削弱德国。为此，戴高乐考虑采取釜底抽薪的狠招，即肢解德国，控制德国西部重要的工业区。这样做的本质，一是延续传统的"天然疆界"政策来保障法国的安全；二是使德国回到四分五裂的状态，从而消除欧洲安全的隐患；三是利用德国的资源恢复和发展法国经济，以期在剥夺德国大部分工业潜力的同时，使法国在经济上压倒德国。[4]

一战后，法国企图将边界推进到莱茵河，把莱茵河左岸地区并入法

---

[1] Советско-французские отношения во время Великой Отечественной войны 1941-1945: Документы и материалы. В 2-х т.т. Т. 1. 1941-1943. с. 266-267.

[2] 阿尔弗雷德·格鲁塞：《法国对外政策：1944—1984》，陆伯源、穆文等译，世界知识出版社，1989，第27页。

[3] 布赖恩·克罗泽：《戴高乐传》，商务印书馆，1978，第326页。

[4] 张锡昌、周剑卿：《战后法国外交史（1944—1992）》，世界知识出版社，1993，第13页。

国，由于英美的反对，法国只得放弃这一打算。二战中法国遭受的苦难和屈辱的经历，更促使法国人决心一劳永逸地消除来自莱茵地区的威胁。①1944年12月，戴高乐对斯大林说："对于法国人来说，在地理上、历史上能够掩护法国的一条线，就是叫作莱茵河的那条河流。法国人认为，根据一切理由，莱茵河应当是在东方对付德国和德国威胁的最后堡垒。"他认为，从政治、经济、军事的观点来看，都必须使莱茵区脱离德国而并入法国。②法国驻苏代表加罗指出把莱茵河和摩泽尔河之间的德国领土并入法国的重要性，因为萨尔矿区也将划归法国。他认为，同盟国同意把法国东部边界确定在莱茵河，这将使德国失去多次进攻法国的永久阵地，从而有助于保障持久和平。③戴高乐相信，鲁尔区的煤矿对于法国、荷兰和意大利的经济至关重要，鲁尔区应当脱离德国而置于国际委任统治之下，以免再成为德国的兵工厂。萨尔区将被给予政治上的自治。④奥地利应当永远与德国分开。不允许重建中央集权制的德意志国家，把德国分裂成一系列结成松散联邦的州。此外，法国还要求从德国获得大量的战争赔偿。⑤戴高乐的战后计划是否能实现，很大程度上取决于苏联和英美的态度。鉴于法国和英美的矛盾与分歧，戴高乐最初希望依靠苏联的支持取得对战后欧洲安排问题的发言权，尤其是确保法国能参与处理德国问题。

三

1944年6月，英美联军在法国北部的诺曼底登陆，不久法国获得解放。10月23日，法国临时政府被美国、苏联和英国承认。戴高乐一面派法军主力参加盟军进攻德国本土的作战，以实际行动促使三大国承认法国

---

① Fedgar. S. Furniss, Jr, *France, Troubled Ally: De Gaulle's Heritage and Prospects* (New York: Happer & Brothers, 1960), p. 3.
② Советско-французские отношения во время Великой Отечественной войны 1941-1945: Документы и материалы. В 2-х т.т. Т. 2. 1944-1945.с. 161-162.
③ Советско-французские отношения во время Великой Отечественной войны 1941-1945: Документы и материалы. В 2-х т.т. Т. 2. 1944-1945.с. 150-151.
④ J. F. V. Keiger, *France and the World since 1870* (London: Arnold, 2001), p. 142.
⑤ 张锡昌、周剑卿：《战后法国外交史（1944—1992）》，第13页。

的战胜国地位和处理德国事务的权利；一面展开积极的外交活动，力争使法国"重新出现在国际舞台上"。① 1944年9月11日，法国临时政府正式请求欧洲咨询委员会允许法国代表参加该委员会对德国投降条件的口头讨论。② 10月30日，法国驻英大使马西格里提醒迈斯基，法国临时政府希望被邀请参加欧洲咨询委员会讨论与德国有关的问题，还希望法国代表和三国代表一起长期参加欧洲咨询委员会。③ 苏联政府原则上同意法国作为第四个常任成员国参加欧洲咨询委员会。④ 11月11日，访问巴黎的丘吉尔和艾登宣布，法国将被邀请作为第四个常任成员国参加欧洲咨询委员会。⑤ 同日，三大盟国驻法大使发表了相应的联合声明。⑥ 这样，法国终于取得了与三大国讨论德国问题的资格。

根据12月7日法国代表团提交欧洲咨询委员会的备忘录，法国要求能作为四大战胜国之一参加对德国的军事占领，并在共同管制德国方面享有与其他盟友同等的权利。⑦ 然而，当欧洲战争临近尾声时，法国和美国的矛盾又趋于尖锐化，其一是罗斯福迟迟不肯承认法国临时政府；⑧ 其二是欧洲盟军最高统帅艾森豪威尔限制法军的军事行动，不愿让法军进入德国境内作战。因此，戴高乐觉得在处理德国问题上实难指望美国的支持，只能通过加强与苏联的关系来获得更多的行动自由。此外，战争时期，戴高

---

① 夏尔·戴高乐：《战争回忆录（第三卷）：拯救（1944—1946）》，陈焕章译，中国人民大学出版社，2005，第47页。

② Советско-французские отношения во время Великой Отечественной войны1941-1945: Документы и материалы. В 2-х т.т. Т. 2. 1944-1945.с. 101.

③ Советско-французские отношения во время Великой Отечественной войны1941-1945: Документы и материалы. В 2-х т.т. Т. 2. 1944-1945.с. 134-135.

④ Великая Отечественная война 1941-1945 годов. В 12 т. Т. 8. Внешняя политикаидипломатияСоветского Союзагодывойны. с. 435.

⑤ Обичкина Е.О. Внешняя политикаФранцииотдеГоллядоСаркози (1940-2012). М., 2012.с. 17.

⑥ Великая Отечественная война 1941-1945 годов. В 12 т. Т. 8. Внешняя политикаидипломатия Советского Союзагодывойны. с. 435.

⑦ Советско-французские отношения во время Великой Отечественной войны1941-1945: Документы и материалы. В 2-х т.т. Т. 2. 1944-1945.с. 224-225.

⑧ 严双伍、胡德坤：《第二次世界大战时期的美法关系》，武汉大学出版社，1997，第127页。

乐的支持者就担心战后美国企图将法国纳入英美的势力范围，① 戴高乐也想借助苏联来抗衡英美对他的压力，② 从而使法国在东西方盟友之间发挥仲裁者的作用。③

对于戴高乐来说，法国要想占据世界强国的地位，与苏、英、美平等地解决世界问题，④ 最有效的办法就是与苏联结盟，早在战争初期戴高乐就萌生了这个想法。⑤ 戴高乐认为："美国和英国都不想过度削弱德国，英国还准备称赞德国。如果俄国想一劳永逸地解决德国问题，它只能依靠法国和欧洲大陆其他民主国家。"⑥ 1944年12月初，戴高乐应邀以法国临时政府首脑的身份访问了苏联。戴高乐此行事先没有与英国人和美国人磋商。⑦ 12月10日，两国在莫斯科签订为期20年的《苏法互助同盟条约》。戴高乐称该条约为承认自由的法国作为独立大国的体现，⑧ "象征着法国和苏联在导致建立欧洲未来地位的所有行动中的密切合作"。⑨ 但是，实际情况并非如此，双方对谈判结果都不甚满意，特别是戴高乐没有实现其既定目标，即获得与其他三大国平等的权利来参加德国问题的实际解决，实现在德国的占领区与其他三大国完全平等地参与对德国的国际管制。⑩

法国和苏联都警惕德国东山再起，均致力于削弱德国，但在处理德国问题上，双方的立场不尽一致。首先，两国在战略层面上难以协调一致。就苏联而言，除了力图与英、美、法长期合作外，优先考虑的是与美

---

① Советско-французские отношения во время Великой Отечественной войны1941-1945: Документы и материалы. В 2-х т.т. Т. 2. 1944-1945.с. 23.

② Докуметы внешней политикиСССР. 1943. Т. XXVI: В 2-хкн.-Кн.1. Январь-август / Министерство иностранных дел Россиёской Федерации. с. 264, 397.

③ ОбичкинаЕ.О. Внешняя политикаФранцииотдеГоллядоСаркози (1940-2012). с. 17.

④ АВП РФ, Ф. 0136 «Референтурапо Франции», оп. 28, п. 188, д. 22, л. 1.

⑤ 1942年1月底，戴高乐对苏联大使迈斯基说："在外交领域，我认为法苏同盟是必要的，从政治和其他观点来看，法国需要这个同盟。"参见Советско-французские отношения во время Великой Отечественной войны1941-1945: Документы и материалы. В 2-х т.т. Т. 1. 1941-1943.с. 69.

⑥ Советско-французские отношения во время Великой Отечественной войны1941-1945: Документы и материалы. В 2-х т.т. Т. 2. 1944-1945.с. 57.

⑦ Warren F. Kimball (ed.), *Churchill & Roosevelt: The Complete Correspondence*, III (London: Collins, 1983), p. 433.

⑧ M. Mourin, *Les Relations Franco-Soviბâtiques (1917–1967)*, Paris, 1967, p. 276.

⑨ Советско-французские отношения во время Великой Отечественной войны1941-1945: Документы и материалы. В 2-х т.т. Т. 2. 1944-1945.с. 219-220.

⑩ АВП РФ, Ф. 0136 «Референтурапо Франции», оп. 28, п. 188, д. 22, л. 2.

国划分在欧洲的势力范围，以确保在政治、经济和军事上对东欧国家的控制；戴高乐追求的不仅是恢复法国的独立自由，还要让法国重新成为世界强国，除了维持殖民帝国外，还要在欧洲发挥主导作用，建立西欧国家的战略和经济联盟，以便在战后平衡苏联的权力和影响。① 苏联出于利用英法矛盾的考虑，支持法国恢复大国地位来平衡战后英国在西欧的优势，②但不容许法国挑战自己的优势地位。1944年1月，苏联副外长迈斯基指出，促进法国恢复欧洲大国地位，对苏联是有利的，但特别尽力恢复其军事威力，则是不利的。在他看来，如果战后能够建立强大的法国军队，这在一定程度上只能削弱苏联作为欧洲唯一陆军强国的地位，而便利于形成任何反苏集团。③

1944年，戴高乐提出建立由法国领导的欧洲集团的倡议，苏联对此感到非常不安，认为这具有反苏倾向。1944年3月，苏联副外长要求法国驻苏代表加罗对此做出解释。加罗说，当下谈不上制订西欧政治经济广泛联合的计划，还没有就这个问题进行谈判，并称戴高乐的做法有欠考虑。④ 1944年12月，斯大林也向来访的戴高乐提到西欧集团问题，后者否认法国有这样的意图。⑤ 双方在东欧问题上也存在分歧。苏联不允许西方染指东欧地区，戴高乐则不愿放弃与东欧国家的传统联系。双方的矛盾分歧体现在波兰问题上。作为和法国缔结盟约的条件，斯大林试图说服戴高乐承认波兰民族解放委员会，断绝与波兰流亡政府的关系，以造成西方国家承认卢布林政府的先例。实际上，苏联要求法国承认苏联的"安全区"，同意苏联在包括波兰在内的东欧国家的"决定性影响"。⑥ 然而，戴高乐拒

---

① Georges-Henri Soutou, "De Gaulle's Plan for Postwar Europe," in Antonio Varsori, Elena Calandri (eds.), *The Failure of Peace in Europe, 1943-1948*, p. 51.

② Великая Отечественная война 1941-1945 годов. В 12 т. Т. 8. Внешняя политикаидипломатиясоветского союзавгодывойны. М., 2012.с. 431.

③ СССР и германский вопрос. 1941-1949: Документы из Архива внешней политики Российской Федерации. Т. I: 22 июня 1941 г.-8 мая 1945 г.с. 339, 340; Великая Отечественная война 1941-1945 годов. В 12 т. Т. 8. Внешняя политикаидипломатияСоветского Союзавгодывойны. с. 431.

④ Советско-французские отношения во время Великой Отечественной войны1941-1945: Документы и материалы. В 2-х т.т. Т. 2. 1944-1945.с. 38.

⑤ Советско-французские отношения во время Великой Отечественной войны1941-1945: Документы и материалы. В 2-х т.т. Т. 2. 1944-1945.с. 178.

⑥ АВП РФ, Ф. 0136 «Референтурапо Франции», оп. 28, п. 188, д. 22, л. 9.

绝了斯大林的要求，只同意法国和波兰互派非正式代表。

其次，法国兼并德国领土的要求也得不到苏联的支持。戴高乐需要苏联支持法国对德国的领土要求，即莱茵区脱离德国并入法国。戴高乐认为，既然德国东部领土大部分划给波兰，那么理应也将德国西部的莱茵地区分割出来，或并入法国或受法国控制。斯大林指出，苏联和法国不能单独解决这一问题，因为英美军队正在这个地区同德国作战。他认为，必须与英美进行协商，没有他们这个问题是解决不了的。① 戴高乐只是从法国安全角度考虑问题，而没有考虑历史和现实因素。如果说一战后法国对德国的领土要求都没能如愿以偿，更何况现在法国衰落到如此地步；德国西部是英美盟军的作战区域，鉴于英美不同意法国的要求，② 如果苏联非要干预，这势必会危及苏联与西方大国的合作关系。因此，法国的要求是不可能得到国际社会认可的。斯大林告诫戴高乐，边界本身不能解决法国安全问题。所有国家都相互依赖，为了同德国斗争需要反德国家的同盟。③

再次，苏联不愿让法国分享其胜利果实。第一，从 1944 年下半年起，苏联和英美之间的矛盾和互不信任日益明显。苏联领导人基本上已放弃了分割德国的念头，而考虑必须阻止德国的潜力完全或大部分落入英美之手。按照苏联的看法，法国将不可避免地屈从于英美保护者，④ 德国最重要的工业区割让给法国，无疑将会增强英美的实力。第二，从战争赔偿的角度看，苏联亦不能同意法国的领土要求。苏占区工业基础相对薄弱，大部分是农业区。1943 年 1 月，迈斯基建议赔偿方式是获得德国当时的工业设备，⑤ 苏联主要依靠从西占区获得赔偿，一旦莱茵地区划给法国，苏联

---

① Советско-французские отношения во время Великой Отечественной войны1941-1945: Документы и материалы. В 2-х т.т. Т. 2. 1944-1945.с. 162, 163.

② Susan Butler (ed.), *My Dear Mr. Stalin: The Complete Correspondence between Franklin D. C. Roosevelt and Joseph V. Stalin* (Yale University Press, 2008), pp. 270-271, 274；温斯顿·丘吉尔：《第二次世界大战回忆录》第6卷，斯祝译，时代文艺出版社，1995，第250页；WarrenF. Kimball (ed.), *Churchill & Roosevelt: The Complete Correspondence*, III, p. 442.

③ Советско-французские отношения во время Великой Отечественной войны1941-1945: Документы и материалы. В 2-х т.т. Т. 2. 1944-1945.с. 163.

④ Wilfried Loth, translated by Robert F. Flogg, *Stalin's Unwanted Child: The Soviet Union, the German Queston and the Founding of the GDR*, (London: Palgrave Macmillian,1998), p. 3.

⑤ Документы внешней политики СССР. 1943. Т. XXVI: В 2-хкн.-Кн.1. с. 28.

必然失去相当大一部分赔偿物资。1945年1月，苏联副外长维辛斯基指出："萨尔矿区甚至整个莱茵河左岸可能是法方对德国领土要求的对象。但是，以后我们将以拒绝法国这样无根据的要求为出发点。"①第三，在国际关系中，国家间力量对比决定着权力分配。戴高乐想让法国与其他大国平等地处理德国问题，但苏联认为法国对击败德国作出的贡献太小，不能提出过高的要求。②

最后，由于双方缺乏必要的互信，在外交领域难以进行有效的合作。戴高乐选择和苏联接近，主要是基于现实的考虑，谈不上对苏联有多么信任，反倒担心苏联支持在反法西斯斗争中力量壮大的法共起来夺权。苏联意识到，戴高乐"像英国人一样害怕法国革命，但他希望在目前战争形势下，通过忍受外国占领痛苦和屈辱的法国加速民族主义高涨来防止革命"。③况且，不管法国与英美存在多么深刻的矛盾，但从历史文化、价值观念和社会制度来看，法国总归还是西方世界的一员，一旦战后东西方关系恶化，法国何去何从就很难说了。在法苏条约签订后，戴高乐力图获得三大国更多支持以巩固巴黎的国际地位，照他的想法，英美应当改善与法国临时政府的关系，以便使法国留在西方阵营。④苏联副外长李维诺夫已敏锐地察觉到这一点，告诫苏联领导人不要被法国人的友好姿态迷惑，因为其目的只是促使英美做出让步，想必基本上还会和英美合作对付苏联。⑤此外，戴高乐在谈判中表现得毫不妥协，令苏联领导人大为恼火。总之，通过与戴高乐的接触，斯大林相信他压根不会成为苏联真正的盟友，至多是可以利用的对象而已。

---

① СССР и германский вопрос. 1941-1949: Документы из Архива внешней политики Российской Федерации. Т. I: 22 июня 1941 г.-8 мая 1945 г.с. 598.

② Советско-французские отношения во время Великой Отечественной войны 1941-1945: Документы и материалы. В 2-х т.т. Т. 2. 1944-1945.с. 284-285, 295-296.

③ АВП РФ, Ф. 0136 «Референтурапо Франции», оп. 27, п. 184, д. 11, л. 15.

④ Фалалеев Пётр Игоревич. Внешняяполитика Французского Комитета Национального Освобожденияи Временного Правительства Французской Республики(1943-1946 гг.).диссертацияна соискание ученой степени доктора исторических наук. «Московский ГосударственнЫЙ Университетимени М. В. Ломоносова. 2016.с. 224.

⑤ Великая Отечественная война 1941-1945 годов. В 12 т. Т. 8. Внешняя политикаидипломатия Советского Союзавгодывойны. с. 431.

在没有得到苏联和英美支持的情况下，法国表面上放弃兼并德国领土的要求，转而变通方法，提出将上述地区划归法国占领。为此，法国打算争取苏联的理解与支持。1945年1月1日，法国驻欧洲咨询委员会代表马西格里对迈斯基说，法国政府想要莱茵河左岸的德国领土作为自己的占领区。马西格里指出，莱茵河左岸的斯特拉斯堡和莱茵河右岸的基尔港是一个整体，在《凡尔赛和约》签署后，给予法国监督这两个港口的权力，以后法国政府将提出把上述两个港口转交给它控制的问题。马西格里强调，为了预防德国未来的侵略，法国军队参加对德国的占领，不仅对法国自身而且对于保障欧洲安全，都是相当重要的。①

对于法国参加占领德国的问题，斯大林最初是赞成的。② 在雅尔塔会议上，斯大林改变了原先的立场。丘吉尔建议英国和美国将各自占领区的一部分交给法国，斯大林对此不持异议，但不同意法国参加对德管制机构。由于罗斯福改变了态度，斯大林这才松口，但仍坚持由三大国组成管制委员会。③ 丘吉尔之所以竭力主张法国作为四大国之一参加对德国的占领，主要是因为恢复法国的大国地位有利于英国平衡德国和抗衡苏联。④ 丘吉尔的态度对罗斯福产生了重要影响，一旦英美协调好立场，斯大林再坚持就没有意义了。他认可包括德国西部在内的西欧地区属于美国的势力范围，英美的意见具有决定性作用；法占区是从英美占领区划出来的，没有损害到苏联的利益；再者，在德国问题上，苏联的要求基本上得到满足。

苏联虽然没有支持法国的要求，还是希望维持与法国的友好关系，至少表面上是把法国当作大国对待。对斯大林来说，恢复法国的国际威望，是对付德国威胁复活和美英控制西欧的保证之一。⑤ 在德国问题上，苏联领导人不直截了当地拒绝法国的要求，而是把球踢给英美，以此博得法国

---

① Советско-французские отношения во время Великой Отечественной войны 1941-1945: Документы и материалы. В 2-х т.т. Т. 2. 1944-1945. с. 226.

② 奥·阿·勒热舍夫斯基编《斯大林和丘吉尔（1941—1945）》，第487页；АВП РФ, Ф. 0136 «Референтура по Франции», оп. 28, п. 188, д. 22, л. 20.

③ 沈志华主编《苏联历史档案选编》第18卷，社会科学文献出版社，2002，第411—412、415、564、568页。

④ 严双伍、胡德坤：《第二次世界大战时期的美法关系》，第127页。

⑤ Великая Отечественная война 1941-1945 годов. В 12 т. Т. 8. Внешняя политика и дипломатия советского союза в годы войны. с. 435.

的好感，从而离间法国和英美的关系。1945年2月19日，法国大使卡特鲁就法国占领莱茵河左岸的问题询问苏联政府的看法。莫洛托夫说，苏联政府赞成在这一地区给予法国占领区，但关于占领区的边界问题还没有研究，将在近期讨论。①3月19日，卡特鲁问斯大林，假如法国单独占领莱茵河左岸，苏联政府会不会反对，斯大林回答说，他自己也不知道是应该赞成国际监督还是应当把该地区交给法国。1944年12月戴高乐和皮杜尔在莫斯科访问的时候，斯大林对他们表示，没有英美参加，这个问题不能解决，因为英美的部队驻扎在莱茵地区。②

法国政府包括戴高乐本人基本上接受雅尔塔会议的决议，尽管对处置德国问题的决定表示不满。③罗斯福去世后，美苏就战后世界安排问题的争论日趋激烈。美国总统杜鲁门出于遏制苏联的考虑，越加重视法国在欧洲政治中的作用，法国终于获得大国待遇。可见，戴高乐的不懈努力，战争末期东西方矛盾的尖锐化，为法国恢复大国地位铺平了道路。戴高乐原指望苏联支持法国的要求，没料到反而是英美力主做出有利于法国的安排。雅尔塔会议后，戴高乐最终相信，在与英美讨论德国问题时，苏联是不会为他火中取栗的。从1945年8月起，法国不得不对苏法同盟条约做出否定的结论。戴高乐认为，"法国应该到莫斯科以外的地方去寻求支持"。④最新解密的法国国家档案馆的一份文件反映了这一时期法苏分歧的加深。12月4日，饶克斯领导的戴高乐秘书处指出，苏联的立场"变得更为强硬"，莫斯科"要求毫不动摇地履行波茨坦协议"。⑤换句话说，苏联主张鲁尔属于德国，建立德国中央行政部门。然而，战后戴高乐的主要目的在

---

① Советско-французские отношения во время Великой Отечественной войны1941-1945: Документы и материалы. В 2-х т.т. Т. 2. 1944-1945.с. 276-277.

② Советско-французские отношения во время Великой Отечественной войны1941-1945: Документы и материалы. В 2-х т.т. Т. 2. 1944-1945.с. 295-297.

③ Советско-французские отношения во время Великой Отечественной войны1941-1945: Документы и материалы. В 2-х т.т. Т. 2. 1944-1945.с. 248.

④ 让－巴蒂斯特·迪罗塞尔：《外交史（1919—1978）》上册，李仓人等译，上海译文出版社，1982，第414页。

⑤ 1340 AN. Fonds de Gaulle. 3AG4/1. Dossier 8. Réunion Joxe. Conseil des Ministres du 4 Décembre 1945.Фалалеев Пётр Игоревич. Внешняяполитика Французского Комитета Национального Освобожденияи Временного Правительства Французской Республики (1943-1946 гг.).с. 303.

于肢解德国，从而一劳永逸地消除德国对法国的威胁。①

尽管法国对苏法同盟条约感到失望，②但战后初期法国并没有立即寻求和英美结盟，而是选择在美苏之间保持中立或玩弄平衡，对美英显示法国的独立自主，以提高同美英打交道的地位。③对德国侵略势力死灰复燃的警惕，也是维系苏法关系的重要纽带。战后初期，同盟国讨论德国问题时，法国是唯一支持苏联要求严厉处置德国的西方国家。冷战的兴起阻碍了德国问题的最终解决，法国只得加入以美国为首的西方阵营。然而，德国问题在相当长时间内始终是笼罩在两国头上的阴影。联邦德国经济的飞速发展，美国重新武装联邦德国的计划，使法国感到忧心忡忡；苏联担心美国利用联邦德国增强北约的军事力量，进一步威胁东方阵营的安全。因此，苏联试图借助德国威胁复活的幽灵对法国外交施加影响，促使法国议会拒绝批准欧洲防务集团的方案。为此，苏联在事关法国重大利益的问题上持谨慎态度，尽量避免激化矛盾，从而为戴高乐复出后两国关系的恢复和发展创造了有利条件。

---

① ОбичкинаЕ.О. Внешняя политикаФранциииотдеГоллядоСаркози (1940-2012). с. 30.
② ОбичкинаЕ.О. Внешняя политикаФранциииотдеГоллядоСаркози (1940-2012). с. 25.
③ 张锡昌、周剑卿：《战后法国外交史（1944—1992）》，第17页。

1984年戈尔巴乔夫英国之行：
苏联外交"新思维"探源

欧阳洛奇[*]

摘　要：1983年6月，英国撒切尔政府决心调整其过于强硬的对苏政策。为在苏联内部寻找合适的对话者，英国邀请时任苏共中央第二书记戈尔巴乔夫于1984年12月来访。撒切尔夫人与戈尔巴乔夫围绕东西方关系、军备控制、苏联国内改革、人权等诸多问题展开会谈。虽然总的基调是分歧大于一致，但此次会谈还是在良好的氛围下展开，为两人未来关系的稳定发展奠定了基础。此次会谈推动了苏联外交"新思维"的产生，英苏两国也积极利用了此次访问所取得的政治成果，深刻影响了戈尔巴乔夫执政时期的内外政策。

关键词：撒切尔夫人；戈尔巴乔夫；英国；苏联；"新思维"

在冷战史中，戈尔巴乔夫（Mikhail Gorbachev）所推行的"新思维"外交被认为对终结冷战起到了重要作用。它使得苏联在对外政策中逐渐抛弃了过去那种两极对立的世界观，缓和了与世界各大国间的紧张关系，并在核裁军领域取得重大进展。加拿大学者雅克·莱韦克（Jacques Lévesque）对此评价道："我们见证了历史上罕见的一幕：一个大国的政策，突破重重困难与阻碍，坚持以一种基于普遍和解的理想主义世界观为指导，而在这种世界观中，敌人的形象逐渐地变得模糊起来，直至事实上消失不见。"[①]

---

[*] 欧阳洛奇，南京大学国际关系研究院博士研究生。
[①] 弗拉季斯拉夫·祖博克：《失败的帝国：从斯大林到戈尔巴乔夫》，李晓江译，社会科学文献出版社，2014，第417页。

关于戈尔巴乔夫"新思维"外交思想的起源，有学者认为这一思想反映了苏联当权派和知识分子对世界的新看法，其根源可远溯至20世纪四五十年代。另有些学者指出，"新思维"是戈尔巴乔夫从国际上的各种源头及其具有自由主义倾向的幕僚们那里吸收的。而戈尔巴乔夫本人则明确提出了其思想产生的一个时间节点，即1984年12月他作为苏共中央第二书记对于英国的访问。①国内外学界对于戈尔巴乔夫此行的研究散见于战后英国史、苏联史或相关传记类著作中，多重在从英苏关系的角度阐述撒切尔夫人（Margaret Thatcher）同戈尔巴乔夫建立政治关系的过程。②本文拟在主要收集和利用英国解密档案的基础上，探究戈尔巴乔夫此次英国之行对自己执政时期的内外政策和改革思维的影响，加深对冷战结束源起的认识。

一、英国对苏政策的调整

1979年5月撒切尔夫人上台时，正值美苏冷战的第二个阶段。美国于卡特（Jimmy Carter）政府后期开始对苏联奉行新遏制政策，重新强调加强军备，宣布了高达1570亿美元的国防预算，并在第三世界执行"反击战略"以全面挤压苏联的战略空间。1981年1月里根上台后，其对苏政策更加强硬。他以实力地位为出发点，采取了更加全面的扩军政策，对苏发动尖锐的意识形态战，继续在第三世界执行"反击战略"，甚至实行了极富挑衅意味的对苏"心理战"，使得东西方关系陷入极度紧张的状态。

---

① Зимянин Л. М. Горби и Мэгги. Запискипосла о двухизвестныхполитиках - М. Горбачёве и М. Тэтчер. М.: 1995. с. 21.

② 主要成果包括：Archie Brown, "The Change to Engagement in Britain's Cold War Policy: The Origins of the Thatcher-Gorbachev Relationship," *Journal of Cold War Studies* 10, no. 3 (Summer 2008): 3-47; Archie Brown, "Margaret Thatcher and Perceptions of Change in the Soviet Union," *Journal of European Integration History* 16, no. 1 (2010): 17-30; Andrei Grachev, "Political and Personal: Gorbachev, Thatcher and the End of the Cold War," *Journal of European Integration History* 16, no. 1 (2010): 45-56; Попов В.И. Маргарет Тэтчер: человек и политик.М.: «Прогресс». 1991; 陈乐民主编《战后英国外交史》，世界知识出版社，1994；阿奇·布朗：《改变世界的七年》，韩凝等译，新华出版社，2013；乔纳森·艾特肯：《撒切尔夫人：权力与魅力》，姜毓星、罗小丽译，重庆出版社，2016。

美国奉行的新遏制政策，与撒切尔夫人在对外战略上的看法是相一致的。第一，这与她强烈的反苏反共意识形态观点相契合。早在撒切尔夫人上台前，她就以强硬的反苏立场而著称。1976年1月的一次讲话中，她激烈抨击苏联实行"邪恶的共产主义"，是对西方的"最大威胁"，若英国不明白这点，那么注定会被"扫进历史的垃圾堆"，由此获得了"铁娘子"的绰号。① 第二，撒切尔夫人对于20世纪70年代的东西方缓和表示极度怀疑。在她看来，缓和实乃一种绥靖政策，反而让苏联借机在"缓和"的旗号下不断扩充其军事力量，并在第三世界大搞扩张政策。因而她乐见终结缓和，实行更加强硬的对苏政策。第三，撒切尔政府对外战略的实施迫切需要借重美国的力量。撒切尔夫人不仅要维护英国的战略安全利益，而且将振兴和恢复英国的国际地位作为一项重要使命。而要实现这些目标，她认为单凭英国自身，或依靠欧洲共同体的力量是远远不够的，只能将希望寄托在英美特殊关系上，从而通过影响美国来影响世界。

基于上述考量，在第一届撒切尔政府时期（1979年5月至1983年6月），英国在对苏政策上采取了坚定的西方立场，其对抗性色彩较为浓厚。1979年12月，北约通过了所谓的"双轨决议"，决定于1983年秋在西欧部署572枚美国新式中程导弹。在西欧诸国在导弹部署上表现迟疑之际，英国率先宣布接受部署160枚美国导弹。苏联入侵阿富汗后，英国又坚决支持美国对苏制裁。里根上台后，撒切尔夫人与他高度一致的内外方针使得二者间建立起很好的个人关系，也推动英美在对外战略上实现了高度合作。受美国对苏高压政策的影响，英苏关系也变得越发僵冷。当然，撒切尔政府也并未完全抛弃英国外交的实用主义传统。在紧随美国对苏联进行施压的同时，英国也尽可能与苏东国家保持接触。例如，英国在对苏制裁中并不急于压缩两国实际的业务关系，在实际接触中也尽可能保持和发展与东欧国家的正常关系。然而，在东西方关系高度紧张的背景下，这些措施并未从实质上改善英国与苏东国家的关系。

1983年6月，撒切尔政府在议会大选获胜连任后不久，开始认真考虑改善东西方关系的可能，将这一问题放在了优先考虑的地位。9月8—9日，

---

① 陈乐民主编《战后英国外交史》，第155页。

撒切尔夫人在伦敦郊区的契克斯庄园召开了一次对苏东国家政策的研讨会，邀请和召集政府外苏联问题专家、内阁成员和外交部官员提出建议和看法，在调整对苏东政策的问题上初步达成了共识。① 当年9月末访问华盛顿期间和两周后的保守党大会上，撒切尔夫人公开表达了愿与苏联和平共处的新基调，称"我们生活在同一个星球上，我们不得不继续共同拥有这颗星球"，如果环境允许，英国政府已经准备好与苏联领导人展开对话。②

撒切尔政府之所以调整其"东方政策"，首先源于避免东西方局势失控的考量。撒切尔夫人认为西方在军事和战略方面都已胜过苏联，但东西方间的紧张状态又令西方陷入了另一种危险，他们必须避免冒任何不必要的危险以赢得冷战。③ 1983年初，英国双面间谍、时任克格勃驻伦敦情报站副站长戈尔季耶夫斯基（Oleg Gordievsky）向军情六处通报，西方的遏制政策令苏共领导层误判了形势，他们认为西方正积极准备对苏发动突然性核打击，为此克格勃第一总局命令国外情报站注意搜集这类情报。④ 当年11月，戈尔季耶夫斯基又报告苏联误将北约"优秀射手83"（Able Archer 83）军演视作西方发动核打击的前奏，为此苏联情报部门和部分武装力量采取了"前所未有"的防范措施。这些情报引起了撒切尔夫人和外交大臣杰弗里·豪（Jeoffrey Howe）的重视。1984年4月10日，撒切尔夫人召开特别会议，决议加强与苏东国家间高级别官员的互访，明确向苏东国家领导人表示西方不会威胁他们的安全，完善双方的建立信任措施机制，从而规避因误判而带来的危险；更重要的是，英国应立即将相关情报

---

① 撒切尔夫人执政时期，在做出重大外交决策前，她非常乐于召开类似的研讨会。会上，她通常更青睐于专家们的意见，而不是英国外交部的观点。这一方面固然反映了她对专家的看重，但另一方面也反映了她对外交部的不信任，从而借专家之口以反驳外交部的看法。参见 Percy Cradock, *In Pursuit of British Interests: Reflections on Foreign Policy under Margaret Thatcher and John Major* (London: John Murray, 1997), pp. 17-18。

② Nicholas Wapshott, *Ronald Reagan and Margaret Thatcher: A Political Marriage* (New York: Sentinel, 2008), p. 198.

③ Margaret Thatcher, *The Downing Street Years* (New York: Harper Collins, 1993), p. 450.

④ David E. Hoffman, *The Dead Hand: The Untold Story of the Cold War Arms Race and Its Dangerous Legacy* (New York: Doubleday, 2009), pp. 54-55.

通报给美国,警告其过往政策产生了反效果。①

其次,撒切尔政府认为调整政策有助于英国在东西方间发挥其独特作用。1983年9月1日,国防大臣赫赛尔廷（Michael Heseltine）在致撒切尔夫人的备忘录中指出,这届政府过去避免太过发挥英国的独特作用,这取得了一定好处,如英国审慎地让盟友们听从了其观点,但缺乏独特立场也令英国付出了代价,不仅军控问题未取得多少进展,而且也未赢得国内民众的支持。赫赛尔廷感到英国能够在战略核武器问题上发挥其独特作用,最优先目标是维持和开展与美国的对话,同时一有机会也要与苏联开展更深层次的对话。②杰弗里·豪则提出要马上提升与苏东国家接触的级别和频率。在当时的西方国家首脑中,只有联邦德国总理科尔（Helmut Kohl）能够与苏联人保持紧密而直接的接触,而美国和法国在近期内都无法做到这点。在这种形势下,撒切尔夫人与里根的特殊关系,更兼她在欧洲以及世界各地的地位,使她能够在西方联盟内发出英国的声音,这在中程导弹危机达到白热化的情况下是西方所迫切需要的。③

最后,撒切尔政府认为增加与苏东国家的接触,能够推动这些国家内部体制发生变化。1980年2月,撒切尔夫人获知苏联深刻的经济、科技、社会和政治困境后,提出在这样一个危险状态下,苏联体制不久后就会崩溃。④1983年9月的契克斯研讨会上,英国外交部在题为《东西方关系》的报告中指出,苏联作为一个强大的军事帝国正在衰落,其中一个突出问题是苏联无法发展出新的权力交接方式或更新其领导层,这就使得苏共领导层日益老化,"病夫治国"的现象屡次出现。有利的形势是苏共中央总书记安德罗波夫（Yuri Andropov）在国内改革中展示出对苏联体制进行根本性

---

① Geoffrey Howe, *Conflict of Loyalty* (New York: Pan Macmillan, 1995), pp. 349-350; Document 7: UK Ministry of Defense, "Soviet Union Concern about a Surprise Nuclear Attack," April 10, 1984, https://nsarchive.files.wordpress.com/2013/11/document-7.pdf.

② "Cold War: Heseltine Minute to PM for Chequers Seminar on USSR (Britain and Arms Control)," September 1, 1983, Margaret Thatcher Foundation, https://www.margaretthatcher.org/document/111067, accessed April 28, 2022.

③ "Cold War: Howe Minute to PM on Chequers Soviet Seminar (Strategy Meetings on Foreign Affairs & Defence)," September 5, 1983, Margaret Thatcher Foundation.

④ Rodic Braithwaite, "Gorbachev and Thatcher," *Journal of European Integration History* 16, no. 1 (2010): 32.

改革的意愿，英国应传递积极支持的信号。① 政府外专家则指出，西方对苏联的影响手段是十分有限的，但在东欧地区则有较为广阔的空间。英国应通过增加接触来对东欧国家施加渐进式的影响，使其政治体制变得更加多元化。此外，英国需要进一步对一些东欧国家与苏联实行"区别对待"的政策，增强二者间的离心趋势，鼓励东欧国家脱离苏联模式。为达到上述目标，英国应扩大与东欧国家的部长级会谈，重视文化的作用，从而让东欧民众尤其是年轻人更多了解西方社会。② 研讨会最后达成共识，与苏东国家的接触应在接下来数年里稳步建立起来。撒切尔政府承认西方对苏联施加影响的能力并不大，应"认识到苏联体制至少在近期内不会发生根本性的变化。而东欧国家有着更广阔的影响空间，但其体制变革最好应渐进式地展开"。③

1983年9月的契克斯研讨会对撒切尔政府的政策转向产生了重要影响。1984年2月，撒切尔夫人选择匈牙利作为她成为首相以来访问的第一个华约国家。她对于匈牙利的经济改革很感兴趣，且在她看来，与匈共第一书记卡达尔（Kádár János）等东欧国家领导人的接触不仅能够间接地了解苏联，而且这些领导人也可以成为向苏共领导人进行传话的重要渠道。匈牙利之行结束后，撒切尔夫人进一步明确对东欧国家的外交策略。首先是与现政权建立起更多的经贸关系，让它们减少对经济互助委员会的依赖，接着在人权问题上施加压力，最后待苏联对东欧的控制减弱时再帮助它们推行内部的政治改革。④ 撒切尔夫人还抓住一切机会与苏共领导人进行直接接触。2月9日，安德罗波夫去世。她一反常态地前往莫斯科出席葬礼，与新任苏共中央总书记契尔年科（Konstantin Chernenko）进行了会晤，表明英国决心松动过于僵冷的英苏关系。

---

① Archie Brown, "Margaret Thatcher and Perceptions of Change in the Soviet Union," p. 22.
② "Cold War: Chequers Soviet Seminar (minute of meeting)," September 8, 1983, Margaret Thatcher Foundation.
③ Archie Brown, "Margaret Thatcher and Perceptions of Change in the Soviet Union," p. 24.
④ Margaret Thatcher, *The Downing Street Years*, pp. 454-458.

二、戈尔巴乔夫与苏联的内外困境

20世纪70年代末，苏联逐渐陷入一种衰颓甚至濒死的状态。美国发起的新遏制政策、苏联在第三世界的过度扩张、高额的军费开支、新技术革命的挑战、体制的僵化等种种因素加重了苏联的经济停滞，也使其亟须在内外政策上进行改革。1982年11月，安德罗波夫上台后提出了一些改革新思路，如改善经济管理和计划体制，给予国有企业以更多管理权，为提高劳动效率提供动力，打造企业的主动性和企业精神等。他还强调要实行严格的标准，加强纪律性和控制政府的决策过程，为此他在全国范围内发动了整顿秩序和加强纪律的运动，并开展大规模反腐肃贪。[①] 对外关系方面，安德罗波夫认识到控制军备竞赛和冻结核武库的重要性。1982年12月末，他以苏联政府的名义提出了拆除相当一部分已部署的SS-20导弹的新建议。次年3月，他又提出将苏联在国土欧洲部分部署的中程导弹数量削减到英法同类导弹数量的总和。[②] 6月15日，他进一步公开表示，"双方（苏联和西方）减少军备数量和军事开支，着手裁军事宜"，这是苏联"所积极寻求的"。苏联的目标"不仅是防止战争，更是寻求从根本上改善国际关系"。[③]

安德罗波夫的国内改革部分缓解了苏联的社会经济困境，提高了苏联民众对于经济质量改善的预期，此即所谓的"安德罗波夫现象"。然而，苏联同西方的紧张关系并未缓解。究其根源，一方面是安德罗波夫仍属苏共强硬派领导人，对于来自西方的核威胁尤为警惕；另一方面是美国对苏联的步步紧逼也使得安德罗波夫没有机会也没有精力去改变苏联的外交

---

① 米·谢·戈尔巴乔夫：《孤独相伴：戈尔巴乔夫回忆录》，潘兴明译，译林出版社，2015，第231页。

② 罗伊·麦德维杰夫：《人们所不知道的安德罗波夫：前苏共中央总书记尤里·安德罗波夫的政治传记》，徐葵等译，新华出版社，2001，第368页。

③ 梅尔文·P. 莱弗勒：《人心之争：美国、苏联与冷战》，孙闵欣等译，华东师范大学出版社，2012，第361页。

政策。①

安德罗波夫去世后，新上任的契尔年科充其量只是名职业办公人员。更糟糕的是，由于严重的疾病，他实际上已完全丧失工作能力。②因而，国内外都明白他的执政将为期很短，带有过渡性质。契尔年科缺乏继续改革的魄力，他的上台使苏联社会普遍产生了某种挫折感，认为国家在他的领导下再次进入了停滞不前的时期。苏联社会普遍支持国际关系的缓和，他们希望苏共领导层提出更多外交倡议而不只是对事件的被动反应。③尽管苏联社会普遍要求苏共继续深化内外改革，但首要问题是缺乏强有力的领导力量。苏共中央政治局委员大多年迈且疾病缠身，他们的世界观相当教条，既缺乏意愿，也未掌握资源对现行的体制进行必要的改革。苏共内支持改革的主要力量是安德罗波夫提拔的一批干部，包括戈尔巴乔夫、利加乔夫（Yegor Ligachev）、雷日科夫（Nikolai Rizhkov）等。他们此时已进入苏共中央，但还未能放开手脚，仍需等待时机。

安德罗波夫时期，西方专家描绘了一个最理想的苏联领导人形象：60岁左右，俄罗斯人，受过高等技术教育，在担任过一个重要的州或共和国第一书记后被提升为政治局正式委员，在中央书记处工作过数年，具有工业、农业、民族、外交等方面的广泛经验，与克格勃和军队保持密切联系，受大多数政治局委员的欢迎，既不是保守派，也不是改革家，应是中间派，还是一个有效率的行政管理者，具有领导人的素质。④显然，此时的苏联没有人全面具备这些素质，但有人认为当时主管经济事务的中央委员会书记戈尔巴乔夫更符合这种形象。

1983年9月的契克斯研讨会上，牛津大学圣安东尼学院教授阿奇·布朗（Archie Brown）向撒切尔夫人指出，未来苏联最高领导人的竞争者主要有两人，分别是戈尔巴乔夫和列宁格勒州委第一书记罗曼诺夫（Grigory Romanov）。但相较于后者，戈尔巴乔夫是政治局中最年轻的正式委员，

---

① Anatoly Dobrynin, *In Confidence: Moscow's Ambassador to America's Six Cold War Presidents (1962-1986)* (New York: Random House, 1995), p. 557.
② 叶夫根尼·恰佐夫：《健康与权力——一个克里姆林宫医生的回忆》，纪玉祥译，红旗出版社，1993，第200页。
③ 阿奇·布朗：《改变世界的七年》，第41页。
④ 若列斯·麦德维杰夫：《戈尔巴乔夫》，王德树等译，华夏出版社，1987，第142页。

在中央委员会有更丰富的工作经历，受过的正规教育程度是最高的，而且也很可能是最思想开明的。对于苏联民众和外部世界来说，这个选择是最充满希望的。阿奇·布朗的介绍引起了撒切尔夫人的兴趣。她当即和杰弗里·豪初步设想了邀请戈尔巴乔夫访问英国的可能。① 撒切尔夫人在9月访问加拿大期间，加拿大总理皮埃尔·特鲁多（Pierre Trudeau）又向她特别介绍了戈尔巴乔夫，称丝毫不见他有传统的苏联领导者都怀有的敌意。②

上述二人的介绍使撒切尔夫人开始特别关注戈尔巴乔夫，她认为后者并非政治局内的老军人和官僚，受过良好的教育且思想上较为开明，有能力对苏联的体制发起挑战，而这样一个人正是英国所要"栽培"和"支持"的。③ 1984年2月，撒切尔夫人参加完安德罗波夫的葬礼后感到契尔年科根本无法成为苏联的领导者，英国急需在苏联内部找到一位更合适的对话者。最终在1984年6月5日，撒切尔夫人同意向戈尔巴乔夫发出邀请，特别指出她届时将亲自予以接见。④

对于戈尔巴乔夫来说，此次出访英国也有着非同寻常的意义。首先，它有助于调整苏联的欧洲政策，提高英国的战略地位，打开另一条向美国传递信号的渠道。在葛罗米柯（Andrei Gromyko）任苏联外长时期，英国在苏联的对外战略中仅处于一个次要地位，认为英国屈从于美国的全球战略，且"欧洲意识"不足，难以将其视作值得注意的国际行为体。与之相比，法国和联邦德国有着独特的对苏政策，因而它们在苏联的欧洲战略中更为重要。后来担任戈尔巴乔夫外交顾问的切尔尼亚耶夫（Anatoly Chernyaev）对于苏英关系的萎缩感到担忧，指出苏共不应仅限于与英国共产党、工党和贸易联盟领袖发展关系，更应该积极与撒切尔夫人建立起正常的政治关系。⑤ 当戈尔巴乔夫接到英国方面的邀请后，切尔尼亚耶夫向

---

① Archie Brown, "The Change to Engagement in Britain's Cold War Policy: The Origins of the Thatcher-Gorbachev Relationship," *Journal of Cold War Studies* 10, no. 3 (Summer 2008): 13-14.
② Margaret Thatcher, *The Downing Street Years*, p. 321.
③ Margaret Thatcher, *The Downing Street Years*, pp. 452-453.
④ "Soviet Union: No.10 Letter to FCO (Contacts with the Soviet Union) [MT Agrees to Invite Gorbachev, Aliev and Gromyko to UK]," June 5, 1984, PREM 19/1394, The National Archives, UK.
⑤ Andrei Grachev, "Political and Personal: Gorbachev, Thatcher and the End of the Cold War," p. 46.

他强调此行是苏联推行"欧洲政策"的一个行动，是对美国的对峙政策的背道而驰。①戈尔巴乔夫则特别看重英美特殊关系和撒切尔夫人与里根的良好关系，认为英国是苏美不错的"中间人"。因而他对英国驻苏大使提出，希望就国际形势与撒切尔夫人展开不受外交礼仪拘束的坦率会谈，其中部分重要议题已超脱苏英两国层面，包括讨论苏联将在与美国的军控谈判中提出的新建议。②

其次，此行是戈尔巴乔夫在外交事务上的一次重要历练，可借此机会向国内外兜售自己的外交理念。在这一时期，戈尔巴乔夫对于苏联的外交政策进行了反思，认为若没有有利的国际环境，苏联经济生活与政治体制的改革就行不通。③他通过大量阅读苏共内部限量出版的西方社会主义政治家、思想家的著作，与其政治小圈子④开诚布公的讨论，以及在西方国家的走访，于1984年末初步形成了自己的一套外交理念，一些内容成了他日后所称的"新思维"外交的重要组成部分，包括：（1）改变对世界战争与和平的看法，指出冷战是带有战争威胁的不正常关系状况；（2）强调核战争不可能有赢家，在核时代里需要有"新的政治思维"；（3）树立新的安全观，提出在国际关系中无论对谁而言，都绝不可能靠损害他人来保障自身的安全。⑤总的来说，戈尔巴乔夫要求苏联放弃过去那种两极对峙的世界观，退出全球性的权力争夺，承认苏联的安全与包括美国在内的所有国家的安全利益是不可分割的，也是可以共存的。

最后，此行能够向西方传达苏联新一代领导人对于国内改革的看法，争取西方对改革的理解和支持，为改革扫除阻力。自20世纪70年代起，戈尔巴乔夫一直在思考苏联的改革方向。他长期担任苏共地方党政首脑，对于苏联体制存在的效率低下、贪污腐败、计划不周、缺乏新思想等弊病

---

① 阿·切尔尼亚耶夫：《在戈尔巴乔夫身边六年》，徐葵等译，世界知识出版社，2001，第22页。
② "Soviet Union: UKE Moscow to FCO (Gorbachev's Visit) [UK Ambassador to Moscow Meets with Gorbachev]," December 4, 1984, PREM 19/1394, The National Archives, UK.
③ 弗拉季斯拉夫·祖博克：《失败的帝国：从斯大林到戈尔巴乔夫》，第384—385页。
④ 主要成员包括其妻子赖莎（Raisa Gorbacheva）、雅科夫列夫（Alexander Yakovlev）、博尔金（Valery Boldin）、普里马科夫（Yevgeni Primakov）、谢瓦尔德纳泽（Edward Shevardnadze）等人。
⑤ 米·谢·戈尔巴乔夫：《孤独相伴：戈尔巴乔夫回忆录》，第268—270页。

有着较为切身的认识。此外，通过对联邦德国、荷兰、加拿大等西方国家的访问，他认识到苏联的官方宣传与真实情况间存在巨大差距。他发现西欧民众在生活水平上比苏联高得多，西方对苏联民众并不具有多大敌意，最重要的是，西方尤其是西欧拥有一个功能强大的公民社会和政治体系。这些发现使他的原有观念发生了动摇。①

在安德罗波夫的提携下，戈尔巴乔夫深入参与了前者主持的改革。1984年12月，他在全苏意识形态工作学术实践会议上谈到了苏联的改革方向，包括扩大企业权力和经营自主权、更积极地利用市场机制、发挥科技对国民经济的拉动作用、提高公开性等。②此时的戈尔巴乔夫在改革问题上仍战战兢兢、小心翼翼，直到1985年4月的苏共全会和5月的列宁格勒之行中才委婉地提出苏联需要进行"重组"（Перестройка）。③但经过1984年12月会议，苏共内部和经济精英认为他提出了"不少新思想，指出了光明的前途"，把他看作一名年富力强、精力充沛的改革者。④戈尔巴乔夫也在努力塑造其改革者的形象，尝试与西方领导人建立起良好的个人关系。

三、英苏首脑契克斯会谈

英国外交部对于戈尔巴乔夫的来访进行了精心准备，提出英国的总体目标是：向戈尔巴乔夫介绍西方机制的运行方式，展示自由市场经济的功效；建立起个人和政治联系；向苏联人表明英国在国际问题上的独立立场，而不只是美国政策的反映。在一些具体问题上，英国的目标包括：强调西方特别是里根与苏联讨论一系列问题和达成军控协定的真诚和意愿；表示核武器、化学武器、外层空间武器谈判能够取得进展；寻机与戈尔巴乔夫签订英苏贸易协定；让一些有影响力的议员和工业、媒体及其他领域的领

---

① 阿奇·布朗：《改变世界的七年》，第170—171页。
② 《人民生气勃勃的创造（1984年12月10日在全苏意识形态工作学术实践会议上的报告）》，载米·谢·戈尔巴乔夫：《戈尔巴乔夫言论选集（1984—1986年）》，苏群译，人民出版社，1987，第1—37页。
③ 俄语一般意义的改革（реформа），是指在原有基础上进行改良、改进。而戈尔巴乔夫使用的"Перестройка"则有"重建""重构"甚至"推倒重来"之意，二者在程度上有根本性不同。
④ 瓦·博尔金：《戈尔巴乔夫沉浮录》，李永全等译，中央编译出版社，1996，第65页。

头人与苏联代表团进行接触，向戈尔巴乔夫展示英国的普选制和英国人的日常生活；观察戈尔巴乔夫的个性和资质，通过他来透视苏联面临的问题、内外政策的优先目标和意图。①

1984年12月15日，戈尔巴乔夫率苏联最高苏维埃代表团抵达伦敦。值得注意的是，这次会面的地点不是通常的唐宁街10号，而是在契克斯庄园。由于撒切尔政府将此行视为对未来苏共中央总书记的摸底会见，因而特地把地点选在这个专门用来接待正式访英的外国领导人，首相希望与之推心置腹进行特殊重要谈话的地方。②12月16日，戈尔巴乔夫与撒切尔夫人会谈两次，总计持续时间约5小时。中午的会谈气氛相对紧张，两人在苏联人权问题和英国矿工罢工运动等问题上进行了一番唇枪舌剑。而下午的会谈则相对轻松，两人均抛开了事前准备的稿子，围绕东西方关系展开了广泛而坦率的讨论。③

英苏首脑的会谈主要围绕以下四个方面。第一，苏联国内改革问题。戈尔巴乔夫谈到苏联正面临的一些内部困难，包括缺乏基础设施、浪费现象严重、难以将所有加盟共和国和自治州协调一致等。为此苏联已实行了一些改革，包括加紧在农村和边疆地区引进企业和工厂、大规模建设灌溉系统、将大工厂转变为较小的工程和商业部门、根据劳动力数量来调整工业产量以解决失业问题等。撒切尔夫人认为这些改革仍未打破苏联体制中由中央来包办一切的窠臼。她根据自身在国内的改革经验，指出苏联的改革应立足于自由企业制度，鼓励和放手让地方企业进行自主经营，而不是全然听从中央的指令。

---

① "Soviet Union: FCO Letter to No.10 (Gorbachev's Visit: UK Objectives)," November 19, 1984, PREM 19/1394, The National Archives, UK.

② 尼·伊·雷日科夫：《大国悲剧：苏联解体的前因后果》，徐昌翰等译，新华出版社，2010，第10页。

③ 撒切尔夫人和戈尔巴乔夫两次会谈的记录，参见 "Soviet Union: No.10 Record of Conversation (MT-Gorbachev) [Private Lunchtime Conversation: Trade, USSR Economy, Human Rights, Miners' Strike, Communism and Free Enterprise]," "Soviet Union: No.10 Record of Conversation (MT-Gorbachev) [Afternoon Meeting: East/West Relations, Arms Control, Anglo-Soviet Relations]," December 16, 1984, PREM 19/1394, The National Archives, UK; Горбачев Фонд. Собрание сочинений. Том 2. Март 1984 -октябрь 1985. М.: Издательство «ВесьМир», 2008, с. 116-121. 本节引文如无特殊注明，均综合利用这些记录。

撒切尔夫人特别强调在改革过程中应解放"人"的作用，指出政府要激励民众，让他们能够凭借自身努力获得收益和提升其生活水准，否则国家就很难创造出新的财富。在英国，他们就正尝试通过减税以激励人们去创造更多财富和参与世界市场竞争。撒切尔夫人实际上概述了"撒切尔主义"（Thatcherism）的一些核心理念，如自由市场政策、去国有化、减税、颂扬财富创造而非财富再分配等。这些理念与戈尔巴乔夫在这一时期的改革思路有一定契合度。在12月的中央意识形态工作会议上，他也谈到要扩大企业权力和自主经营权、更积极地利用市场机制、调动民众的劳动积极性和社会积极性。但撒切尔夫人谈这些并不只是要推销其改革理念，还要对苏联体制进行批判，从而引出对东西方体制孰优孰劣的评判。

第二，东西方体制和苏联人权问题。在中午的会谈中，戈尔巴乔夫极力为苏联体制进行辩护，坚称它不仅创造了更高的经济增长率，而且为苏联人民带来了更好的生活。对此，撒切尔夫人秉承了尖锐的冷战语调，直言她对于苏联国家体制的反对，质问苏联为何对犹太人和异见者的离境加以各种限制。戈尔巴乔夫则辩称苏联移民申请的成功率已高达89%，那些未成功的人是由于他们从事与国家安全相关的工作。撒切尔夫人的发难一度令会谈气氛十分紧张。下午的会谈中，撒切尔夫人的调门有所缓和，不再对苏联体制进行谴责，转而声称东西方体制是可以共存的，双方都没有理由去改变对方的体制，他们都有权利在自己的领土范围内捍卫其生活方式和安全。而要做到这些，双方应在相互尊重、承认既存不同的基础上进行更多接触。

第三，东西方关系，主要是核军备控制问题。英苏两国对此是有高度共识的，均积极推动美苏相关议程的开展。对于撒切尔夫人来说，美苏当时重启各类军控谈判是她所乐见的，因为这与她对苏政策调整的目标是相契合的。她在会谈中对日内瓦军控谈判的举行表示了欢迎，提出东西方相互对立的体制应肩并肩地共存，在此基础上减少敌对和军备，让双方在自己的国界内享有安全。而戈尔巴乔夫则极力展示苏联对于达成军控协定的真诚。他首先转达了契尔年科致撒切尔夫人的口信，口信表达了苏联对于接下来的日内瓦谈判极为重视，但担心美国会在谈判中再次谋取单边优势，逼迫苏联单方面裁军。契尔年科指出在当前形势下，阻止在外太空开展军备竞赛是非常重要的。苏联将继续遵守《赫尔辛基最后议定书》,与欧洲国家开展和平合作。①

在援引了契尔年科的口信后,戈尔巴乔夫随后从三方面论证了达成军控协定的迫切性:(1)东西方在军控问题上需立即做出决定,若当前的机会错失了,以后要改善形势会面临诸多困难。(2)国家间应相互尊重对方的利益。他引用了帕默斯顿的名言,"我们没有永恒的朋友,也没有永恒的敌人,只有永恒的利益",指出当今时代里,这句话背后的政治哲学已不再适用。若一个国家忽视他国的正当利益,它将很难推行其对外政策。(3)明确提出当今核武器的数量已远远超过了实际需要。戈尔巴乔夫展示了一张《纽约时报》绘制的图表,图上标明了美苏核武器的爆炸当量,并与二战期间的爆炸当量进行了对比。他指出若双方继续囤积核武器将很容易导致意外事件的发生,因为相关决策时间仅有几分钟;若国家仍要保有核武器,就必须使其规模保持在尽可能低的水平上。

戈尔巴乔夫此次来访,除了要在军控问题上与英国交换意见外,还希冀通过英国人来了解美国人的立场,并通过英国来对美国施加压力。他坦言,在苏共中央内部,仍有人对参加日内瓦谈判的必要性提出质疑,其核心问题是美国是否真的想开展谈判。他指责里根上台后破坏了美苏缓和时代所达成的军控协定,两国间的政治对话、贸易关系、经济关系、文化关系均降到了历史最低值。里根政府的这些行为记录显示它是不值得信任的。尽管如此,苏联仍准备在日内瓦谈判上提出新的具有建设性的建议,甚至准备采取大胆行动以达成协议。对于苏联来说,美国"星球大战计划"的存废更是一个利益攸关的问题。戈尔巴乔夫带有挑衅意味地让撒切尔夫人转告里根不要研制太空武器,否则苏联要么也研制自己的太空武器,要么开发优于"星球大战计划"的新式进攻性系统。②

对于撒切尔夫人来说,在涉及美苏关系的问题上,她既要协助美国推动军控谈判的开展,又要发挥英国的独特作用,将其对外政策与美国相区

---

① "Soviet Union: General Secretary Chernenko Message to MT (Anglo-Soviet Relations and the Arms Race)," December 16, 1984, PREM 19/1394, The National Archives, UK.

② "Soviet Union: MT Message to Reagan (Account of MT's Meeting with Gorbachev)," December 22, 1984, PREM 19/1394, The National Archives, UK.

别。为此，她明确向戈尔巴乔夫表示了英美特殊关系的稳固性，指出这一关系使英国有很大的国际影响力。相较于他国，英国能够与美国更轻易而坦率地展开沟通。她极力为美国的行为进行辩护，称美国人是可以信赖的，美国从没有统治世界的愿望，证据是二战结束后，美国享有核垄断的优势，但并没有用核武器来威胁他国。至于里根，他的优先目标在于重振美国国威。现在经过其第一个总统任期，他已经实现了这一目标，因而他当前的目标是改善美苏关系，降低爆发核大战的危险。里根的行动有着扎实的国内基础，得到了公众舆论的拥护。

撒切尔夫人对于美国的"星球大战计划"同样存有疑虑。在她看来，它会削弱核武器的威慑作用，使欧洲的威慑平衡失衡，且对英国的"三叉戟"（Trident）核导弹计划产生不良影响。但她认为要说服里根去放弃该计划是没有意义的，最好的办法是对美国表示支持的同时，对该计划进行一定的限制和引导。因此她向戈尔巴乔夫表示："不要浪费时间劝我说服里根放弃'星球大战计划'，没有用的。"[①] 与此同时，她也坦率地承认了对该计划的保留态度，指出通过该计划让全世界完全消除核武器是不可行的。因为建立导弹防御系统反而会导致军备竞赛，还会鼓励敌方去研发新型进攻性核武器。无论如何，制造核武器的知识都不会消失。

第四，两人还讨论了英国的矿工罢工运动。撒切尔夫人指责苏联正出资支持罢工运动，要求苏联工会立即停止这一行为。戈尔巴乔夫则认为该问题纯属英国内政，苏联当局没有给英国工会提供任何帮助。会谈最后，两人还就英苏贸易问题交换了意见。

12月18日，戈尔巴乔夫在英国议会的演讲引起了强烈反响。他提出："核时代不可避免地要求有新的政治思维，现在比任何时候都更需要有建设性对话，寻求对关键性国际问题的解决办法，找到可以达成协议的领域，引导各国加强彼此间的信任，在国际关系中营造一种没有核威胁、没有恶感和怀疑、没有担心和敌视的气氛。"其中一段话被各国媒体频频引用："无论是什么将我们分隔开来，我们却只有一个地球。欧洲是我们共同

---

① "Cold War: Margaret Thatcher Interviewed about Ronald Reagan [released 2002]," January 8, 1990, Margaret Thatcher Foundation.

的家园，是家园，而不是战区。"①总的来看，戈尔巴乔夫在演讲中充分地表达了其外交理念，很多内容成了后来"新思维"外交的组成部分。他在《改革与新思维》一书中提到，此次访英帮助他重新思考了欧洲的作用和地位，决心提高欧洲在苏联对外政策中的地位，使其具有独立性。苏联要推行一种"全欧政策"，从而降低冷战在欧洲的对抗程度，加强苏联与欧洲的联系，推动苏联回归欧洲。②

戈尔巴乔夫的来访在英国引起积极反响。撒切尔夫人感到他的性格与一般的苏联官员有着极大差别，认为他是一个敏锐的辩论家，说话很自信，但也会很尊敬地引用契尔年科的话来为自己增色。谈到一些颇具争议的问题时，他没有丝毫的不自然，且从不照着事前准备好的稿子念。总而言之，这是一个"能够与之共事的人"。③撒切尔夫人的私人秘书查尔斯·鲍威尔（Charles Powell）也感到他一改苏联领导人的刻板形象，能即兴与他人进行辩论，让人们觉得他在行为和思想上更像一位西方政治家。④英国新闻界则把他称为"金童"，《星期日泰晤士报》的头条标题更是冠之以"一颗红星从东方升起"。⑤

四、戈尔巴乔夫访英的影响及评价

戈尔巴乔夫此次访英是自1967年苏联总理柯西金（Alexei Kosygin）访问伦敦以来苏联最高级别领导人的首次来访，而且在高度紧张的冷战背景下，它也对缓和国际局势起到了关键作用。

戈尔巴乔夫此行的深远意义主要体现在以下方面。

第一，推动了美苏重新对话，为美苏峰会的举行打下了基础。在英国

---

① *Горбачев Фонд. Собрание сочинений. Том 2. Март 1984 -октябрь 1985*, с. 124-132.
② 米·谢·戈尔巴乔夫：《改革与新思维》，岑鼎山等译，世界知识出版社，1988，第168—186页。
③ Margaret Thatcher, *The Downing Street Years*, pp. 461-463.
④ "MT: Interview with Charles Powell (MT's Policy on Europe, East & West)," September 12, 2007, Margaret Thatcher Foundation.
⑤ 科里斯丁·施米特·霍尔：《戈尔巴乔夫——通往权力之路》，邹明等译，沈阳出版社，1988，第4页。

政府在苏联内部寻找对话者的同时，里根也在尝试与苏共首脑建立起正常的个人关系。自1981年1月上任以来，里根与勃列日涅夫、安德罗波夫和契尔年科三位苏共中央总书记多次通信。但由于双方在重大问题上的原则性分歧以及苏共首脑的频繁更迭，这种联系始终没有建立起来。1984年春，里根积极探索与苏联举行最高级会谈的可能，但苏联未做出积极回应。更糟糕的是，美国情报部门对于苏共领导层的内部情况缺乏了解，无法把握苏联的未来走向。美国国务卿舒尔茨（George P. Shultz）不得不承认，"我们对克里姆林宫知之甚少，我发现中央情报局对其判断实际上是错误的"，因而后来"戈尔巴乔夫访问英国的举动引起了我们的好奇"。①

与戈尔巴乔夫的会谈结束后，撒切尔夫人飞赴戴维营与里根举行会晤。她完整通报了与戈尔巴乔夫的会谈内容，并将会谈记录交给了里根。她强调戈尔巴乔夫"不同于一般的苏联领导人，不那么拘谨，更有魅力，喜欢交流和辩论，不拘泥于事前准备的稿子"。总的来说，"他确实是一个可以与之共事的人"。尽管戈尔巴乔夫将忠于苏联体制，但他已准备好聆听来自西方的声音，开展真诚的对话，他已经下定决心了。②在撒切尔夫人这种正面评价的影响下，里根也开始关注戈尔巴乔夫。1985年初，中情局通过英国和加拿大的情报部门获取了更多有关戈尔巴乔夫的资料，咨询与他有过接触的政治家或其他人士的观点，使美国决策层对他有了更多了解。③1985年3月10日，戈尔巴乔夫接任苏共中央总书记后，里根决心不再"浪费时间去了解这位新的苏联领导人"。他立即给戈尔巴乔夫发出邀请，希望后者能尽早访问华盛顿。后者则在回信中表示，包括他在内的苏共领导层均希望采取积极行动，找到共同方法改善两国关系。④最终，美苏决定于当年11月在日内瓦举行峰会。

---

① George Shultz, *Turmoil and Triumph: My Years as Secretary of State* (New York: Charles Scribner's Sons, 1993), pp. 507, 509.

② "US: No.10 Record of Conversation (MT, President Reagan) [Strategic Defence Initiative, Civil Aviation, US Economy, Middle East, Famine in Africa, UK-Irish Relations]," December 22, 1984, PREM 19/1656, The National Archives, UK; "Soviet Union: MT Message to Reagan (Account of MT's Meeting with Gorbachev)," December 22, 1984, PREM 19/1394, The National Archives, UK.

③ Robert Gates, *From the Shadows: The Ultimate Insider's Story of Five Presidents and How They Won the Cold War* (New York: Simon & Schuster, 1996), p. 330.

④ Ronald Reagan, *An American Life* (New York: Simon and Schuster, 1990), pp. 612-614.

舒尔茨认为，撒切尔夫人的观点在里根的决策中有很大影响力，里根对她信心十足。① 里根后来也评价道："她告诉我戈尔巴乔夫与克里姆林宫的其他领导人不同，坚信这是美苏开展新一轮对话的机会。当然，她已被证明是完全正确的。"② 戈尔巴乔夫上台后，英国继续在美苏间扮演"中介"和"参谋"的角色。例如，1989年1月布什（George H. W. Bush）政府上台后，戈尔巴乔夫担心布什有意背离里根的对苏政策。撒切尔夫人则驳斥了这种说法，指出布什是个更"平衡"的人。相比于里根，他更注重细节。但总体而言，他会继续里根的路线，在美苏共同利益的基础上努力达成新的协议。③

第二，此行建立起撒切尔夫人与戈尔巴乔夫的政治关系，加强了英国对苏联内外政策的影响。戈尔巴乔夫访问结束后，撒切尔夫人给出了非比寻常的评价。1984年12月17日，她在接受英国广播公司的采访时表示，"我喜欢戈尔巴乔夫先生，我们可以共事"。④ 实际上，访问的成功在很大程度上是撒切尔政府主动塑造的结果。英国极力想让外界认为此次访问是成功的，从而维持撒切尔夫人匈牙利之行以来英国与苏东国家接触的良好势头，为英国与苏东国家开展更广泛的接触打下基础。此外，撒切尔夫人非常希望是戈尔巴乔夫而不是其他人成为新的苏共最高领导人，因而频频在公开场合高调称赞戈尔巴乔夫以提高其政治声誉。⑤

戈尔巴乔夫执政时期，两人的互访变得更为频繁。1987年3月28日至4月2日，撒切尔夫人对苏联进行了正式访问。她以西欧国家代言人的身份再度与戈尔巴乔夫讨论欧洲安全和东西方关系问题。同年12月7日，两人又在英国布莱兹诺顿皇家空军基地进行了两小时会晤。1989年4月、9月以及1990年6月，两人举行了另外三次正式会晤。总体来看，正如1984年12月会谈所体现的那样，撒切尔夫人对戈尔巴乔夫实行了一条双轨政策。

---

① George Shultz, *Turmoil and Triumph: My Years as Secretary of State*, p. 509.
② Archie Brown, *The Gorbachev Factor* (New York: Oxford University Press, 1996), p. 335.
③ "Record of Conversation between Thatcher and Gorbachev," April 6, 1989, London, National Security Archive, Electronic Briefing Book (EBB) No. 422.
④ "TV Interview for BBC (I Like Mr Gorbachev. We Can Do Business Together)," December 17, 1984, Margaret Thatcher Foundation.
⑤ Archie Brown, *The Gorbachev Factor*, pp. 77-78.

一方面，她全力支持后者的国内改革。另一方面，她又只对后者的对外政策做有限的支持。1987年3—4月的会晤后，撒切尔夫人在致里根的信中表示，戈尔巴乔夫已"全面掌控了局势"，"决心继续推进其国内改革"。她认为戈尔巴乔夫"以近乎救世主般的热情来谈论他的改革目标"，她相信其改革思想的严肃性，并希望帮助他。但撒切尔夫人指出他们在一个最关键的问题上存在分歧，即戈尔巴乔夫追求的是欧洲的无核化，她"毫不犹豫地离开了他"，并"永远不会接受这点"。①

在巩固与戈尔巴乔夫的政治关系的同时，英国在苏联社会层面的影响也取得突破。苏联改革时期，英国加强了与苏联的经贸关系和科技文化交流，使得苏联社会有更多渠道接触西方。撒切尔夫人也充分利用了苏联民众渴望与西方接触的心理。1987年访苏期间，她广泛地与苏联民众进行接触，还通过与3位苏联电视台记者的电视辩论充分展示了自己的能力和风采。这些行动使得苏联社会对英国乃至西方有了更多认同感。当全苏民意调查中心在1989年12月进行"年度女性"调查时，撒切尔夫人成了获胜者。②

第三，对于戈尔巴乔夫来说，1984年的访英之旅也产生了深远的政治影响。他认为与撒切尔夫人的会晤所结出的果实是很有生命力的，两人都很重视已建立起来的接触。也正因如此，他出任苏共中央总书记后的苏英对话一下子就有了一个良好的开端。③ 更重要的是，1987年末以前，他与撒切尔夫人及其他西欧国家领导人的政治关系拓宽了苏美沟通的渠道，这种政治关系又使他更加关注欧洲事务，并借助西欧国家领导人的视角来观察国际事务。④ 但他也不得不承认英国对苏联外交政策的支持是有限的。在他上台后，英国的对苏政策仍不是很友好，还在带头支持美国的"星

---

① "Letter to Reagan from Thatcher about Her Meetings with Gorbachev in Moscow," April 1, 1987, National Security Archive, EBB No. 544.

② 阿奇·布朗：《改变世界的七年》，第173页。

③ 米·谢·戈尔巴乔夫：《戈尔巴乔夫回忆录》全译本，述弢等译，社会科学文献出版社，2003，第804页。

④ James J. Sheehan, "The Transformation of Europe and the End of the Cold War," in Jeffrey A. Engel (ed.), *The Fall of the Berlin Wall: The Revolutionary Legacy of 1989* (New York: Oxford University Press, 2009), pp. 36-68.

球大战计划"并正式参与其实施,将美苏雷克雅未克峰会视作失败并将责任推到苏联身上,大张旗鼓地驱逐苏联使馆的外交人员等。[①]撒切尔夫人在与他的会晤中仍不时展现出进攻性姿态。例如,在1987年3月的会谈中,撒切尔夫人一上来就指责苏联"勃列日涅夫主义"的余毒未尽,还在也门、安哥拉、尼加拉瓜、埃塞俄比亚、莫桑比克、阿富汗等地大搞扩张政策。[②]

1987年4月,戈尔巴乔夫还在政治局会议上称,他从撒切尔夫人的来访中"没有得到什么实际东西,尽管也不会失去任何东西"。[③]然而,1989—1991年,随着他的改革在苏联国内陷入困境,西方各国领导人的态度也越发悲观,撒切尔夫人对改革的支持就显得弥足珍贵。切尔尼亚耶夫承认,撒切尔夫人在苏联改革问题上的坚定立场,"为西方各国政府广泛承认我国改革开了个头"。戈尔巴乔夫也对撒切尔夫人的支持十分感激,称赞她是"真诚地动员西方的力量以帮助我们实行改革"。[④]

戈尔巴乔夫执政末期,随着苏联社会政治状况越发混乱,他在国内的影响力急剧下降,来自西方领导人的支持成了他维持政治合法性的重要资源。1988年以后,戈尔巴乔夫与西方领导人的会谈记录清楚地显示,他从西方找到了国内所没有的理解、倾听的意愿和对改革宏图的欣赏,这客观上推动他对西方做出更多让步,进一步加速了冷战的结束。

但正如戈尔巴乔夫的批评者所言,他个人在西欧和美国取得的巨大成功,扰乱了他对于对外政策的判断,把自己与西方领导人的关系看得比国家利益还重。苏联外交官多勃雷宁(Anatoly Dobrynin)和科尔尼延科(Georgy Kornienko)就指责,戈尔巴乔夫为了一时的人气和与西方领导人的良好关系而浪费了苏联的谈判潜力。在多勃雷宁看来,西方政治家利用了戈尔巴乔夫急于结束冷战的心态,因为他在国内的政治前景不太乐

---

① 米·谢·戈尔巴乔夫:《戈尔巴乔夫回忆录》全译本,第804页。

② "Record of Conversation between Mikhail Gorbachev and Margaret Thatcher," March 30, 1987, Moscow, National Security Archive, EBB No. 422.

③ "Politburo Discussion of Margaret Thatcher Visit," April 16, 1987, Notes of Anatoly S. Chernyaev, National Security Archive EBB No. 250.

④ Andrei Grachev, "Political and Personal: Gorbachev, Thatcher and the End of the Cold War," pp. 48-49.

观,需要在对外政策方面有所突破,结果他在与美国及其盟友打交道的过程中,往往占不到便宜。科尔尼延科则认为戈尔巴乔夫过于在乎西方的意见和建议,所以仓促行动,建立新的政治体制,包括一心想用国际公认的"苏联总统"头衔来代替"共产党首脑"这个称谓。[①] 可以说,戈尔巴乔夫"新思维"外交中的一系列缺陷,也为苏联的最终解体埋下了隐患。

---

① 弗拉季斯拉夫·祖博克:《失败的帝国:从斯大林到戈尔巴乔夫》,第437—438页。

英国国内对德国统一问题的分歧与协调
——兼论英国外交决策的内在缺陷

王 帅*

摘 要：1989年，随着戈尔巴乔夫"新思维"的出台以及东欧民主化浪潮的兴起，德国统一问题回归国际政治议程。英国政府内部针对统一问题形成了"反统一"的首相派和"不寻求反统一"的外交部之间的分歧。双方在经历各行其是、针锋相对后，以首相的最终妥协而收场。对外政策上的内部矛盾造成英国在这一时期的对外立场摇摆不定，这进一步致使其影响力逐渐被德国、美国边缘化。分歧的长期存在及未能得到及时化解主要是由于英国的外交决策行政等级森严、决策过程缺乏民主以及政治文化保守。

关键词：英国；外交决策；德国统一；国内分歧

1989年，随着戈尔巴乔夫"新思维"的出台以及东欧民主化浪潮的兴起，德国统一问题再次回到国际政治议程中。[①] 作为西方阵营中坚力量的英国在这一问题上面临着巨大的外交政策挑战——究竟应恪守战后对德

---

* 王帅，南京师范大学社会发展学院讲师。
① 关于德国统一的外交史研究综述，参见王帅：《两德统一的外交史：史料、论争与前景》，《世界历史》2016年第4期。

国重新统一的承诺，壮大大西洋联盟的力量，[①] 还是应坚持"海外制衡者"（offshore-hand）的价值传统，力阻德国重新统一并确保欧洲大陆的势力均衡，这在英国国内引发了首相和外交部之间的对立性分歧。一些国内外学者将英国视为整体的政治单元来探究其对德国统一问题的政策，[②] 但鲜有人关注英国国内在此问题上的不同立场及其带来的影响。本文正是要在阐释英国国内分歧的形成、发展和最终协调之基础上，窥探英国的外交决策过程及其内在缺陷。

一、分歧的形成

（一）英国外交部对统一的态度

1989年夏，民主德国的"度假者"开始大规模向匈牙利和捷克斯洛伐克出逃，他们随后又戏剧性地占领了联邦德国驻布拉格使馆，德国统一问题自1949年其被分裂并建立两个德国以来第一次成为现实可能。1989年9月10日，匈牙利政府批准民主德国民众通过匈牙利前往奥地利，民主德国危机愈演愈烈。联邦德国媒体和联邦德国总理科尔本人都相继公开承认德

[①] 二战之后，英国外交大臣贝文、首相艾德礼、外交大臣休姆以及特威兹穆尔夫人等在英国议会和一些公开场合都表达过支持性的观点。参见Colin Munro, "Britain, Berlin, German Unification, and the Fall of the Soviet Empire," British Diplomatic Oral History Programme（BDOHP，英国外交口述史项目），http://www.chu.cam.ac.uk/archives/collections/BDOHP/, accessed April 28, 2022。

[②] 以英国为视角探究其对德国统一问题之政策的英语著述主要有Colin Munro, "Britain, Berlin, German Unification, and the Fall of the Soviet Empire," BDOHP; Markus Mehlig, *"Germany 1990 Is Not Germany 1939"—The British Response to German Unification* (München: GRIN Verlag, 2009). 部分德文文献也不尽相同地把英国作为封闭的政治单元考察了它对德国统一的反应，如Karl-Günther von Hase, "Britische Zurückhaltung: zu den Schwierigkeiten Englands mit der deutschen Einheit," *Die Politische Meinung*, November-December 1990, pp. 13-18; GüntherHeydemann, "Britische Europa-Politik am Scheideweg:Über Deutschland nach Europa？" *Deutschland Archiv*, December 1989, pp. 1377-1382; Richard Davy, "Grossbritannien und die Deutsche Frage，" *Europa Archiv*, February 25,1990, pp. 139-145。国内的研究主要有王帅、张迅实：《撒切尔与德国统一（1989—1990年）》，《德国研究》2014年第2期；王帅：《英国对德国统一问题的政策及演变（1989—1990年）》，《欧洲研究》2015年第1期。

国统一问题已重新提上国际议程。① 在英国驻联邦德国大使马拉比爵士（Sir C. Mallaby）和驻民主德国参赞芒罗（Colin Munro）的建议下，② 英国外交大臣梅杰（John Major）20日访问波恩时，对民主德国危机和德国统一问题做了公开表态："对于德国人民自决的意愿，英国将坚持它30多年来的立场不动摇。"这一立场受到了德国媒体的一致好评。③

1989年10月6日，苏联最高领导人戈尔巴乔夫在民主德国成立40周年之际访问民主德国，其间，他以一句"危险只等待那些对生活不能做出反应的人"回馈那些聚集起来欢迎他的民众，而相对于民主德国领导人昂纳克保守的态度，这一"放行"信号直接导致第二天东柏林、德累斯顿、波茨坦和莱比锡等地发生大规模群众游行。英国驻民主德国大使布卢姆菲尔德（Nigel Broomfield）认为民主德国已经到了"分水岭"的地步，④ 驻联邦德国公使内维尔-琼斯（Neville-Jones）也认为，统一"不再是遥远将来的事情"。⑤ 到了10月20日，英国外交部政治主管弗莱特维尔爵士（Sir J. Fretwell）已将德国问题视为英国面对的一项中心议题，他认为不论英国是否乐见，事情都将持续下去，英国没有能力阻止事态的发展。⑥

大规模的民众游行迫使英国外交部不得不考虑梅杰的"强调自决"的立场是否能够跟得上局势的进展。常务副部长帕特里克·怀特爵士（Sir P. Wright）认为有必要对这一公开立场进行"再定义"，他要求外交部讨论并递交一份针对统一所采取的公开路线的报告。外交部先后起草了三份建议英国公开立场的报告。

第一份报告认为，梅杰在波恩的评论已经收到良好的效果，德国人自

---

① "Teleletter from Sir C. Mallaby (Bonn) to Mr Ratford," in Patrick Salmon, Keith Hamilton, and Stephen Roberttwigge (eds.), *Documents on British Policy Overseas,* Series 3, Vol.7, German Unification 1989-1990 (London and New York: Routledge, 2010), pp. 25-27. *Documents on British Policy Overseas* 下文简称"*DBPO*"。

② 马拉比和芒罗都建议英国应该坚持往届政府的一贯政策，即强调自治的同时重申支持统一。参见"Teleletter from Sir C. Mallaby (Bonn) to Mr Ratford," "Teleletter from Mr Munro (East Berlin) to Mr Ratford," *DBPO*, Series 3, Vol.7, pp. 25-30。

③ "Sir C. Mallaby (Bonn) to Mr Major," *DBPO*, Series 3, Vol.7, pp. 33-34.

④ "Mr Broomfield (East Berlin) to Mr Major," *DBPO*, Series 3, Vol.7, p. 43.

⑤ "Letter from Miss Neville-Jones (Bonn) to Mr Synnott," *DBPO*, Series 3, Vol.7, pp. 38-41.

⑥ "Minute from Sir J. Fretwell to Mr Synnott," *DBPO*, Series 3, Vol.7, pp. 65-66.

身都不谈重新统一问题,所以强调"民族自决是关键,自由先行,我们尊重德国人民的自主选择"。① 第二份报告建议:"应继续强调自决……在必要时才重申1955年的立场……除非统一在某种环境下变成了现实,否则我们不能使自己陷入一些细节问题。"② 第二份报告在征集政策规划司、波恩使馆、政策研究室等的意见后,在10月25日形成外交部对德国统一问题的最终文件(第三份报告),文件总结道:"总的来说,我们不应寻求阻止重新统一(不管怎么说我们的力量都不足以这么做)。但我们是一个潜在的主要影响力量,并且我们应该在(统一的)速度和时间上施展作用。到了一定时候,很可能不是当下,两德间接近的各种可能形式朝着有利于我们一方的倾斜将变得明显,对此我们应谨慎评估,并将其作为我们长期政策的一项指引。"③

第三份报告和原先的报告相比虽然在态度上变得消极了,但鉴于当时联邦德国自己都没释放出关于统一的信号,以及民主德国每天都在发生变化的局势,英国不太可能单独出面讨论统一问题。对"强调自决"这一长期政策的"重申"而不是"再定义"也得到了包括怀特爵士本人在内的各个外交部副部长助理的认可。④ 总的来说,维护德国的民族自决权以及不寻求阻止统一反映了柏林墙倒塌前英国外交部对德国统一问题的整体思路。

(二)英国首相对统一的态度

尽管英国首相撒切尔夫人1984年与联邦德国总理科尔达成了"历届英国政府确信,只要德意志民族在违背其意愿的情况下被割裂,欧洲便难以实现真正永久之和平"的联合声明,⑤ 但这丝毫没能促使她在反对德国统一问题上有所克制。由于对德国持有根深蒂固的怀疑与不信任态度以及英国传统的欧陆均势政策,撒切尔夫人在柏林墙倒塌前对德国统一问题做过三

---

① "Submission from Mr Synnott to Mr Waldegrave, with Minute by Mr Ratford," *DBPO*, Series 3, Vol.7, p.36.
② "Letter from Mr Ramsden to Mr Budd (Bonn)," *DBPO*, Series 3, Vol.7, pp.50-51.
③ "Submission from Mr Synnott to Mr Ratford," *DBPO*, Series 3, Vol.7, p.75.
④ "Minute from Sir P. Wright to Mr Wall," *DBPO*, Series 3, Vol.7, p.87.
⑤ "Letter from Mr Ramsden to Mr Budd (Bonn)," p.46.

次"反统一"的表态。

第一次是1989年9月1日她与法国总统密特朗在英国首相官方乡间别墅契克斯（Chequers）的会谈。撒切尔在会谈中提出："她在假日期间阅读了大量的德国历史并感到非常烦恼。德国重新统一就像单一货币那样让人无法容忍。"第二次是9月23日她在访问苏联时与戈尔巴乔夫的会晤，她认为"虽然北约一直宣称支持德国人重新统一的抱负，事实上我们根本不欢迎这一点……英国和西欧不想要德国统一，这将导致战后边界的改变，我们不能容忍这些，因为如此发展下去将损害整个国际局势的稳定并可能危及我们的安全"。第三次是10月18—24日在吉隆坡举行的英联邦国家首脑会议上，她在公开发言时说道："德国统一的险情再次抬头，巨大的不确定可带来巨大的不安，有必要对这一问题进行关注。"① 虽然撒切尔夫人没有公开发表她的赤裸裸的反对德国统一的言论，但联邦德国和美国已知道她的倾向并感到错愕与不满。②

（三）外交部和首相对彼此的态度

英国外交部对首相反对德国统一的立场十分担忧，怀特爵士害怕她的这些"爆炸性"观点被大范围传播，因而在和撒切尔的私人秘书鲍威尔（Charles Powell）磋商后决定删除撒切尔在英联邦政府首脑会议上的发言记录，其后又暗示新上任的外交大臣赫德（Douglas Hurd）应该尽快向首相表达美国方面的不满（时任外交大臣梅杰认为当时不适合将"美国对撒切尔反感态度"的备忘录直接递交到唐宁街10号）。③ 三天后（1989年11月2日），撒切尔在与马拉比爵士会谈时也向外交部提出："官方已花费过多时间来推测德国的地缘政治位置以及它将如何发展，这固然重要，可英法苏从根本上反对德国统一……想要看到的是我们的外交重心转移到德国

---

① "Minute from Sir P. Wright to Mr Wall," pp. 79-80.
② 美国早在9月18日就由布莱克威尔向英国驻北约代表亚历山大表达了布什对于英国对德以及对欧政策的不满，但这一消息直到最后都没能传达给首相本人。参见"Letter from Sir M. Alexander (UKDEL NATO) to Sir P. Wright," "Minute from Sir P. Wright to Mr Wall"。德国已获知撒切尔夫人与戈尔巴乔夫的会谈内容，参见"Minute from Sir P. Wright to Mr Wall," pp. 31-32, 80-81。
③ "Minute from Sir P. Wright to Mr Wall," pp. 79-81.

经济和欧洲一体化上。"①

柏林墙倒塌前英国外交部和首相在德国统一问题上的不同态度已然出现，双方虽对彼此态度有所忧虑，但并没有形成正面的交锋与对抗，而呈现出各行其是的局面。

二、柏林墙倒塌后分歧加剧

柏林墙的倒塌让德国离统一更近了一步。英国外交部和首相之间的正面冲突也随之逐步升级，这前后表现在两个方面：一是在德国统一问题上英国应以何种立场与美国协调，二是英国应如何面对德国自身要求统一的意愿。

英美特殊关系是战后英国外交政策的基石，但凡遇到重大国际问题，英国事先与美国沟通协调已成惯例，德国统一问题也未能例外。外交部和首相在"持何种立场同美国协调"上产生了非但不同反而针锋相对的政策取向。

柏林墙倒塌当天，撒切尔的外交顾问柯利达爵士（Sir Percy Cradock）在递交给首相的备忘录中建议："不论首相的个人保留意见如何，我们都应尽快公开赞成我们无法阻挠的事。从更广泛的视角看，当下所发生的，对西方以及她带头提倡的价值而言，是一个巨大的胜利。对她来说这可能不是件纯粹让人高兴的事。不过，如果因为她个人的限制，我们没能获得应有的赞誉，或是任凭自己被即将到来的新欧洲的影响中心逐渐边缘化，那将是一个悲剧。"②

外交大臣赫德则要求外交部起草一份用于他与首相谈话的意见备忘录，这份备忘录随后成了英美协调（撒切尔与布什会谈）的重要政策文件。怀特起草的备忘录在获得外交部美洲亚洲事务部副部长助理大卫·吉尔默（David Gillmore）、负责欧共体事务的副部长助理约翰·克尔（John Kerr）以及负责欧洲事务的副部长助理大卫·拉特福德（David Ratford）的一致

---

① "Letter from Mr Powell (No. 10) to Mr Wall," *DBPO*, Series 3, Vol.7, pp. 84-85.

② Percy Cradock, *In Pursuit of British Interests: Reflections on British Foreign Policy under Margaret Thatcher and John Major* (London: John Murray, 1997), pp. 111-112.

同意后，被递交到弗莱特维尔处征求其意见，弗莱特维尔表达了现阶段对德的整体思路与英美协调的大致方向："我确信，如果我们选择一种公开或私下反对德国统一的政策，我们将很快发现我们的孤立无援，并且随之而来的是对英德关系以及英美关系的严重损害。当历史的潮流给东欧带来自由和民主之机遇时，且还伴随削弱甚至驱逐苏联存在的前景，美国是不会对这样一种政策有所同情的，即为保持德国的分裂而把所有的一切（自由、民主以及削弱苏联的存在）都置于危险之中。法国也不会反对这一趋势，无论他们私底下怎么说。"①

经弗莱特维尔修改后的、外交部最终定稿的45号文件建议撒切尔夫人与布什会晤时遵循这样一种基本态度："您同布什的戴维营会谈，其中心主题应是支持科尔……真正危险的是，我们表达出的担忧，无论是怎样私下的，最终都有可能传到科尔和他的顾问耳中……我们必须清楚地对布什表明，我们已经全面准备好加入，而且我们接受一个合理的欧洲政治和安全框架。在这个框架中，英国、法国和德国将紧密合作，这是将联邦德国锁进联盟和共同体的最好办法。"②

然而，赫德与首相的对话却达成一个与外交部建议相反的共识："首要的任务必须是在民主德国和东欧其他地区建立起真正的民主，其他问题应在其之后……德国统一并不是当下需要解决的问题。"③ 在这一共识指导下，撒切尔夫人在1989年11月17日致电布什总统时提出："应避免讨论德国统一问题，这在苏联和欧洲仍能激起强烈的情感，谈论统一将严重造成不稳定并损害诸如军控谈判等其他事务的积极势头。"④ 11月24日，她在与布什的戴维营会晤中再次重申了上述观点："统一对戈尔巴乔夫来说意味着有所失，他将失去华沙条约的完整性。一个统一的德国将成为一个位于欧洲中心的拥有8000万人口的国家，并且还有巨大的贸易顺差。如果他们想

---

① "Minute from Mr Adams to Sir J. Fretwell, with Minute by Sir J. Fretwell," *DBPO*, Series 3, Vol.7, pp. 115-116.

② "Minute from Mr Adams to Sir J. Fretwell, with Minute by Sir J. Fretwell," pp. 115-116.

③ 无法得知赫德与撒切尔夫人谈话的具体内容，也就无法了解赫德在会谈中多大程度上表达了自己的观点，但他与首相之间达成的共识是明确的。参见 "Letter from Mr Powell (No. 10) to Mr Wall," p. 120。

④ "Letter from Mr Powell (No. 10) to Mr Wall," p. 126.

要统一，我们最终不能阻止它的发生。不过当下应集中关注民主。这将解决一些基本问题并且不会带来将出现的恐惧。"① 布什总统虽没有直接反驳撒切尔夫人的上述言论，但提出了"是否会给科尔带来麻烦"这一提示性的质问。外交部对此感叹道："不但德国把英国的态度看作是非主流观点，美国也是如此了。"②

英美协调失败后，联邦德国自己提出了以重新统一为政策目标的"十点纲领"（Ten-Point Programme），撒切尔夫人与英国外交部在对待联邦德国自身要求统一的意愿问题上产生了严重分歧，首相多次对外交部的建议提出批评。

外交部官员以及驻外大使们认为，对"十点纲领"的积极表态是缓和、改善业已被撒切尔夫人损害的英德关系的最好契机。"十点纲领"公布的第二天（1989年11月29日），弗莱特维尔便向赫德表示，英国在德国统一问题上已被看成比其他盟国更为消极的国家，英国政府需要做出更加积极的姿态以避免陷入孤立的危险。③ 马拉比当天也向赫德阐述了其对"十点纲领"颇为中肯的评论，撒切尔夫人却对马拉比的电报不无讽刺地批注道："马拉比看起来是欢迎统一的。"④

1989年11月30日，马拉比再次向赫德建议英国应该对"十点纲领"和德国统一表现出的公开立场："德国问题的基本原则是，德国人民应有机会实现自治并且不应对结果抱有偏见。欢迎科尔对需要维护欧洲安全的强调。很高兴科尔没有设置时间表，且把解决德国问题的道路与整个欧洲的进步结合在了一起。"撒切尔夫人认为这些建议是"最不明智的"。⑤

1990年1月5日，马拉比向赫德发出电报称，由于德国人眼中的英国是三大盟国里最消极、最不重要的，因而英国应尽可能以最积极的姿态呈现自身的政策。⑥ 撒切尔夫人对这份电报再次提出了严厉的批评，认为这

---

① George Bush and Brent Scowcroft, *A World Transformed* (New York: Alfred A. Knopf, 1998), pp. 192-193.
② "Minute from Sir J. Fretwell to Mr Wall," pp. 143-144.
③ "Minute from Sir J. Fretwell to Mr Wall," pp. 143-144.
④ "Sir C. Mallaby (Bonn) to Mr Hurd," *DBPO*, Series 3, Vol.7, pp. 142-145.
⑤ "Sir C. Mallaby (Bonn) to Mr Hurd," pp. 142-145.
⑥ "Sir C. Mallaby (Bonn) to Mr Hurd," pp. 190-191.

种"对政策理解的缺失令她感到担忧"。①

由于撒切尔夫人的反对以及赫德的无所作为，英国在联邦德国自身提出统一意愿后相当一段时期内非但没能够展现出支持、同情联邦德国的一面，反而拉拢法国一起对"德国人不事先磋商就提出诉求的做法"给予打压、批判。1989年12月8日在法国召开的斯特拉斯堡欧洲理事会重申："德国人民有权通过自决以重新获得统一，同时强调统一的过程必须尊重现有的协议并在东西方合作以及欧洲一体化的背景下发生。"② 撒切尔夫人与法国总统密特朗的合作让英法对德外交取得了暂时性胜利。

三、走向首相官邸会议：分歧的化解

斯特拉斯堡欧洲理事会结束后，撒切尔夫人要求外交部和国防部提出一些可行的外交举措和应急方案以应对民主德国的紧张局势甚至是苏联的干涉。赫德一方面要求新上任的外交部政治主管韦斯顿（John Weston）在外交国务大臣沃尔德格雷夫（William Waldegrave）的监督下组织起草一揽子政策建议方案，另一方面向首相提议尽快召开一次集体式的部长级研讨会（也即后来的首相官邸会议）来评估当前局势。③

英国外交部的内部立场并没有从一开始就达成一致。1989年12月19日，怀特主持的副部长助理月度会议总结道："德国重新统一正在进行中，并且比预期的要快……重要的是，我们不应被视为动用我们的剩余权利（四大国权利）阻止统一，这么做不仅会损害与德国的关系（甚至可能激发两德更大的统一压力），还可能在美国与我们之间制造一条破坏性的裂痕。"④ 这一结论得到了沃尔德格雷夫的认可，⑤ 沃尔德格雷夫要求韦斯顿这样起草即将递交给首相的建议："不论私人偏好如何，都不应对德国重新统

---

① "Letter from Mr Powell (No. 10) to Mr Wall," p. 195.
② "Sir C. Mallaby (Bonn) to Mr Hurd, December 10, 1989," Note 3, No. 73, *DBPO*, Series 3, Vol.7, p. 168.
③ "Letter from Mr Wall to Mr Powell (No. 10)," *DBPO*, Series 3, Vol.7, p. 171.
④ "Submission from Sir P. Wright to Mr Waldegrave and Assistant Private Secretary," *DBPO*, Series 3, Vol.7, p. 185.
⑤ "Minute from Mr Waldegrave to Mr Weston," *DBPO*, Series 3, Vol.7, p. 192.

一将更快而不是更慢发生存有任何疑问。"①

韦斯顿对此不以为然,他和他的团队试图创设一种更为稳妥和平衡的政策建议:"我希望您能感觉到,最终的结果比早先的草案更能平衡地折射出这些问题……虽然最近几个月的事件超出了我们的期望和预测,并且接下来可能依旧如此,但这并不意味着在我们有能力的条件下而不努力施加影响以实现我们的主要目标。"②

沃尔德格雷夫对韦斯顿这一明显策略性的态度并不满意,他说:"我并不反对在与唐宁街10号打交道中带有明智的策略,但当下正是政府机构应提出什么是可能发生的、什么是一些赤裸裸的事实并避免传达幻想的时候。在我看来,草案备忘录相对于我们期望送达唐宁街10号的观点做了过多的让步。"③

撒切尔夫人方面继续保持强硬。马拉比在1990年1月5日发给赫德的电报中建议英国应展现出更为积极的姿态,韦斯顿本打算提请赫德当面向首相阐释马拉比的这些合理建议,但在看到撒切尔夫人对马拉比这一电报的批评后他不得不放弃这一想法。④

到了这时,韦斯顿和外交部西欧事务部主任辛诺特(Hilary Synnott)都已感到当前的各项工作已处在矛盾对抗的中心且无法再进行下去。辛诺特于1990年1月9日向韦斯顿汇报说:"沃尔德格雷夫1月8日的备忘录与鲍威尔1月9日的备忘录体现了根本方式上的不同,这在巴黎会谈(撒切尔夫人与密特朗的会晤)前将很难协调。"⑤ 重压之下的韦斯顿向赫德挑明:"外交大臣与首相阐明政策将会给外交部带来帮助……重新确认所有被关注的问题是重要的,否则行政人员就不得不在没有清晰的政策指引下冒险运作。"⑥

事态发展到了外交大臣赫德不得不做出决断的时候,但这依然经历了一个短暂过程。赫德先后三次向首相表达了外交部的"不能阻止德国统一"

---

① "Submission from Mr Weston to Mr Waldegrave," *DBPO*, Series 3, Vol.7, p. 191.
② "Submission from Mr Weston to Mr Waldegrave," p. 192.
③ "Submission from Mr Weston to Mr Waldegrave," p. 192.
④ "Letter from Mr Powell (No. 10) to Mr Wall," p. 195.
⑤ "Minute from Mr Synnott to Mr Weston," *DBPO*, Series 3, Vol.7, p. 196.
⑥ "Minute from Mr Weston to Mr Wall," *DBPO*, Series 3, Vol.7, pp. 195-196.

的立场，且态度逐渐强硬。

赫德第一次表态发生在1990年1月10日他与首相的会晤中。为了准备与密特朗十天后的巴黎会谈，撒切尔夫人要求赫德提交如何加强英法之间密切合作的建议，并指示不应简单地把德国统一看成是不可避免的。赫德委婉地回应说："英国现在已不能设计出一张阻止德国统一的蓝图。"撒切尔夫人虽然接受了这一点，但同样强调不能本着"重新统一是不可避免的而且所有我们不得不做的只是调整自身以应对它"的精神来处理德国问题。①赫德认为首相未被说服。②

赫德在1990年1月16日递交给首相的备忘录中做出了第二次表态。他在该备忘录中提出："如果联邦德国和民主德国的人民自由、民主地决定想要统一，那便不能阻止它，并且也缺乏军事手段。四大国剩余权利与责任提供了进程中的法定权利。《赫尔辛基最后议定书》《欧共体条约》《北大西洋公约》的文本同样如此。这些权利能够合法地用以影响事件的路径和性质，但它们不等于拥有否决权……如果进程走向开始统一，问题也就变成如何最好地影响实现统一之进程，目的是使英国和西方的利益最大化并且使苏联的敌对反应最小。"③

赫德第三次表态是在1990年1月27日召开的首相官邸会议上。巴黎会谈失败以后，④ 撒切尔夫人在1月25日接受《华尔街日报》采访时恼羞成怒地向全世界公开表达了她的态度："德国统一进行得太快了，它可能带来推翻戈尔巴乔夫政权这一灾难性的后果，无论怎样统一都将破坏已被联邦德国主导的欧共体之平衡。"⑤ 外交部和国防部的官员认为必须在计划已久的首相官邸会议上集体要求撒切尔夫人做最后决定。赫德强硬地说他不喜欢使用"减速"这个词，它将英国置于"无效刹车器"的位置，这是一个应

---

① "Letter from Mr Powell (No. 10) to Mr Wall," pp. 199-200.

② "Minute from Mr Wall to Mr Weston," *DBPO*, Series 3, Vol. 7, p. 200.

③ "Minute from Mr Hurd to Mrs Thatcher," *DBPO*, Series 3, Vol. 7, pp. 208-210.

④ 密特朗基本退出了潜在的英法反统一联盟。参见 "Letter from Mr Powell (No. 10) to Mr Wall," pp. 215-219.

⑤ Elizabeth Pond, *Beyond the Wall: Germany's Road to Unification* (Washington, DC: The Brookings Institution, 1993), p. 157.

该避免使用的最为糟糕的词。① 这次会议的最终结果"终结了首相关于重新统一的原则并使她认识到了事态目前的进展"。② 外交部与首相之间从柏林墙倒塌前便形成的对德分歧以撒切尔夫人的最终妥协而告一段落。

需要指出的是，撒切尔夫人最终妥协的原因是多方面的。正如她在回忆录中所认为的那样，英美、英法协调的失败使她无奈地承认德国统一不可避免。③ 不过，外交部后期的持续施压也在一定程度上左右了她的看法。与密特朗的巴黎会谈失败后，她依旧不屈不挠地向全世界发表反统一言论，直到在首相官邸会议上面对外交部和国防部诸多官员义正词严的规劝，她可能才真正意识到原来自己已经是英国国内唯一一个反对德国统一的"异教徒"了。

四、英国外交决策的内在缺陷

1989年，英国外交部与英国首相这两个外交决策的权力核心，出于对英国的外交战略定位以及德国统一后对英国国际地位的影响等不同的考虑，在德国统一问题上产生了彼此对立的分歧。分歧致使该时期的英国对德政策犹豫不决、摇摆不定：一方面，首相在公开和私下场合频繁地抛出反统一论调；另一方面，外交部官员和驻外大使却积极向联邦德国释放善意与同情。左右摇摆的立场给联邦德国及西方盟国一种印象——英国首相的态度并不是英国政府的态度，这进一步造成了撒切尔夫人连同整个英国

---

① "Minute by Mr Hurd," *DBPO*, Series 3, Vol. 7, pp. 229-230.

② 关于首相在这次会议上到底有没有被说服，国防部和外交部的高官有不同的看法：赫德日记记载，"按照惯例抨击德国人的自私但渴望阻止统一变得较少出现，并且我们进入了转变时期"；柯利达爵士在他的著作中也认同这次会议"终结了首相关于重新统一的原则并使她认识到了事态目前的进展"；国防部国务大臣阿兰·克拉克在他的日记中回忆认为，"没有用，她决定不（接受和利用德国重新统一）"。不过，赫德在这次会议后第二天就前往美国与布什、贝克会面寻求一个框架来解决德国统一问题，其间，他说"统一事实上是不可避免的"。可见，如果首相依旧坚持她的立场，外交大臣在同布什的会晤中不太可能不顾及首相的建议而擅自发表肯定性言论，因此撒切尔夫人在这次会议上基本已经"屈服"。赫德日记以及克拉克日记转引自 Preface, *DBPO*, Series 3, Vol. 7, p. xix; 柯利达的观点参见 Percy Cradock, *In Pursuit of British Interests: Reflections on British Foreign Policy under Margaret Thatcher and John Major*, p. 112; 赫德与布什的会谈参见 "Sir A. Acland (Washington) to FCO," *DBPO*, Series 3, Vol. 7, pp. 230-231。

③ Margaret Thatcher, *The Downing Street Years, 1979-1990* (New York: Harper Perennial, 1995), pp. 792-799.

政府逐步遭到联邦德国、美国的边缘化。英国故而也就无法在德国问题上进一步发挥其作为四大国之一所应有的影响力与作用。对英国而言，外交政策的国内分歧让它既没能有效地阻止统一，也没能给统一后的德国留下好印象。如马拉比所言，英国在德国统一问题上仅仅获得了"铜牌"（美法获得了金牌和银牌），沃尔德格雷夫也把这一时期的英国外交看作是"英国外交史上最为遗憾的时段之一"。①

英国外交部的政策主张同美法的公开立场相比虽说稍显保守，但基本上还符合历史趋势与政治现实的需要，反倒是撒切尔夫人不合时宜、根深蒂固的反德情绪将英德关系带进了支离破碎的境地。不过，简单地把英德关系的困境连同英国外交的失败归咎于撒切尔夫人个人并不完全客观。为什么撒切尔夫人与外交部之间的分歧能够从1989年10月一直持续到1990年1月底？外交部出于什么原因未能及时劝阻固执己见的首相？通过对这一时期的往来信件以及备忘录的梳理不难看出，这实际上与英国外交决策的程序以及决策文化密切相关。

其一，外交部行政等级森严，信息沟通不畅。通过这一时期外交部和首相间的来往电报和备忘录可知，外交部各部门提出的所有政策建议都要层层汇总到外交大臣赫德或他的私人秘书沃尔那里，同时首相给外交部的所有指导意见和命令也都要通过赫德或沃尔转达到各个相关部门，如此单通道式的垂直沟通结构往往使首相错过了一些重要的甚至是关键的信息。如1989年9月18日，美国国家安全委员会的布莱克威尔（Robert Blackwill）向英国驻北约代表亚历山大爵士（Sir Michael Alexander）发出的意在传达布什总统对英国的对德、对欧政策不满的备忘录，由于时任外交大臣梅杰的阻挠，直到最后都没能以它原本的形式呈交首相。如果撒切尔夫人在柏林墙倒塌前便明确获悉美国方面的态度，她很可能不会置英美特殊关系于不顾而强硬地走上反统一道路。

其二，首相独揽外交决策权，决策过程缺乏民主。英国虽说是一个议会制民主国家，可行政权与立法权过度结合、没有最高司法监督的特质赋

---

① Timothy Garton Ash, "Britain Fluffed the German Question. Now Britain Is Europe's Great Puzzle," http://www.theguardian.com/commentisfree/2009/oct/21/britain-fluffed-german-question, accessed April 28,2022.

予了首相部分专权空间。身为议会多数党领袖的首相能够在不受司法审查的前提下利用自身党派优势总揽行政与立法权，而"幕僚对于首相的主要作用只是证明首相既有的政策意向"。① 事实证明，在英美协调、英法接触以及英国直接对德态度问题上，撒切尔夫人能够丝毫不顾柯利达、赫德、怀特以及马拉比等人的政策建议并按照自身的想法和观念独自决策。除了制度缺陷，撒切尔夫人本人也"比和平时期的其他任何首相都更想对国家实施集权化的掌控"，② 她频繁地更换内阁成员并排除异己以满足政策统一之需要。1989年，财政大臣劳森（Nigel Lawson）因与撒切尔夫人在欧洲政策上产生分歧而被迫辞职，时任外交大臣梅杰接替劳森出任财政大臣，而赫德则在柏林墙倒塌前的关键时刻接替梅杰成为外交大臣。一方面，时间上的调配失当让赫德难以充分把握德国问题的背景局势，更谈不上根据现实情况的变化做出相应的调整。另一方面，在诸多前车之鉴的阴影下，一名新上任的、连脚跟都没站稳的官员，又怎能决心抵抗上级下达给他的、虽说不合时宜的指令呢？

其三，政治文化保守，外交文官安于顺从且不愿谏言。英国宪法学家白芝浩（Walter Bagehot）将英国的政治文化特点归总为"顺从"，这一说法获得了普遍认可。"顺从"文化一方面使与首相隶属同一党派的外交大臣严格地忠于党内纪律和党领袖，另一方面使外交文官乐于支持权力的阶级控制。③ 这也就不难解释为何刚刚走马上任的赫德在面对外交部和首相间的分歧时始终脱离不了模棱两可的路线，直到形势迫不得已，他才敢正面对首相提出相左的意见，只不过错过了最佳时机。另外，柏林墙倒塌以后，当赫德想让首相明确获知美国方面对她的看法并知难而退时（将9月18日备忘录递交给首相），外交部官员却告诉赫德，美国的备忘录在副首相杰弗里·豪（Geoffrey Howe）的知允下已经由亚历山大本人以"更为柔和与折中的方式"递交给了撒切尔夫人，怀特本人甚至请求赫德在与撒切尔夫人对话时不要提到备忘录的原始内容，因为这会让亚历山大感到非常

---

① 梁晓君：《英国欧洲政策之国内成因研究》，世界知识出版社，2008，第59页。
② Arthur Marwick, *A History of the Morden British Isles, 1914-1999* (Malden, Mass.: Blackwell Publishers, 2000), p. 312.
③ 参见梁晓君：《英国欧洲政策之国内成因研究》，第60页。

"尴尬"。① 撒切尔夫人本人的专权偏好加之外交文官们的顺从无为，使独断专行、孤立无援的她不能像密特朗和其他欧洲领导人那样具备灵活的外交手腕和策略，这导致她对密特朗和戈尔巴乔夫态度的误判而坚定地走向了反对德国统一之路。

---

① "Minute from Sir P. Wright to Mr Wall," p. 105.

墨子与加尔通战争观比较及其现实意义

宋艳华[*]

摘要：战争观是军事思想的核心。约翰·加尔通（Johan Galtung）确立了和平学的理论范式，被誉为"和平学之父"。墨子是春秋战国之际独具开拓精神的军事家和思想家，他提倡的"兼爱、非攻"主张是中国古代和平主义的典范。两人所处时代不同，但他们的战争观对世人产生了重大影响。二者的战争观存有共通之处，均认为战争的根源在于人与人之间的抗争与不相爱，并反对战争，主张兼顾民众，但由于时代背景不同，他们对反战范围、兼顾民众的层面以及防卫方式的看法又存在巨大的差异。比较两人的战争观，旨在弘扬文化自信，推动中华优秀传统文化创新性发展，并为当前疫情之下中国的和平建设提供有益启迪。

关键词：加尔通；墨子；战争观；和平；疫情

习近平同志在中共十九大报告中指出："推动中华优秀传统文化创造性转化、创新性发展，继承革命文化，发展社会主义先进文化，不忘本来、吸收外来、面向未来，更好构筑中国精神、中国价值、中国力量，为人民提供精神指引。"[①] 墨家文化是中国优秀传统文化的重要组成部分，将它与现实文化相结合，有利于墨家文化焕发新生从而更好地为现实社会服务。比较墨家学派创始人墨子与"和平学之父"加尔通的战争观，既是对传统文化的再挖掘及创新，也是对战争这一人类基本现象的反思。只有对战争

---

[*] 宋艳华，青岛大学历史学院讲师，中国—上海合作组织经贸学院研究员。
[①] 习近平：《决胜全面建成小康社会　夺取新时代中国特色社会主义伟大胜利——在中国共产党第十九次全国代表大会上的报告》，新华网，http://www.xinhuanet.com//2017-10/27/c_1121867529.htm，访问日期：2022年5月5日。

更深刻地剖析，才能更好地维护现实和平。自2019年新冠肺炎疫情暴发以来，中美关系急速恶化引发国际社会的焦虑不安。美国将中国视为最有潜力的竞争者，对华采取不断升级的科技战与外交战，在此情形下中国政府该如何应对？本文尝试梳理和比较墨子与加尔通的战争观，通过深入分析和平学大师视野下的战争观与防御措施，探讨疫情之下中国的和平建构之策。

一、加尔通的战争观

在很长时期内，人们将暴力狭隘地界定于涵括肉体伤害、痛苦战争的直接暴力层面。加尔通提出"文化暴力""结构暴力"等概念，将战争发生的可能性置于更深层次进行探析。战争是直接暴力的极端表现形式，结构暴力、文化暴力在一定条件下可转化为直接暴力，引发冲突与战争。

（一）战争与暴力观念

加尔通认为，暴力可分为自然暴力、直接暴力、结构暴力、文化暴力和时间暴力五种类型。其中，直接暴力指有意损害他者的利益需求，通过压制和恐吓对人的身体、精神造成损伤，战争是直接暴力的极端表现形式。结构暴力上升至制度化领域，存在于社会和世界结构内部，以剥削和压制的手段来损害他人利益，导致不公平现象的产生。"不公正的社会、经济和政治结构冲突形成的暴力，不亚于人们在战争中遭受的肉体上的痛苦。"[①] 当人们理应享受的教育资源、医患治疗、住房工作的权利被剥夺时，结构暴力便发生了。结构暴力日常呈现稳定状态，但一旦发生质变便转化为外部暴力，引发冲突甚至战争。

文化暴力存在于宗教、法律、意识形态等领域，不仅有催生战争的可能，同时部分国家借文化之名赋予战争合法性。文化暴力一般通过混淆真相以及赋予道德色彩的方式，将暴力推至道德制高点。加尔通引用美帝国

---

① Swee-Hin Toh, "Building a Peace Education Program: Critical Reflections on the Notre Dame University Experience in the Philippines," *Peace Education Miniprints*, No. 38, 1992, p. 40.

决策者的话语:"美国军队的实际作用是为我们的经济发展提供一个安全的世界环境,为我们的文化侵略提供一个开放的世界环境。为了达到目的,我们要进行相当数量的杀戮。"① 也就是说,美国为保护政治与经济的结构暴力而实施直接暴力,同时又以文化暴力赋予暴力行动以合法性。文化暴力通过合法性的宣传手段,不仅令直接暴力和结构暴力看似"事出有因",也使个体运用暴力的心理机制发生内化,受害者在占支配性地位的文化背景的影响下利益受损。

在加尔通的暴力观念中,战争属于直接暴力,结构暴力在一定条件下也可外化为战争。实现和平,首要任务是减少和避免暴力的发生,最大限度地消除暴力。人类历史上战争不断,人们解决暴力问题主要采取两种方式,一是采取正义战争来制止暴力,二是站在正义的一方进行干涉和调停。但这两种方式本身就与暴力相连。在和平主义者看来,非暴力是实现和平的重要手段,为了建立有秩序的社会,暴力反而成了手段。加尔通提出解决暴力问题的方法是诊断—预后—治疗,通过分析暴力的动态变化轨迹来减少暴力发生的可能性。

(二)政体与军事防卫

加尔通认为,民主制在国内运转良好的情况下,理论上部分群体会因大部分需求得到满足而相对满意,进而导致在国内出现"剩余和平"。在国际竞争格局中,民主常担任非暴力仲裁者角色,但这并不能保证其国内的剩余和平会转化为国家间体系的和平运动。民主政体经常标榜热爱和平,并非好战,甚至没有诉诸战争的倾向,只有特殊情况下才会被迫诉诸武力。加尔通并不赞成民主政体代表和平,并指出,"第二次世界大战后,卷入战争最多的国家有美国、英国、法国和以色列,它们都是民主国家"。② 除却大国,加尔通认为较小的民主国家之所以表现出和平,并非因为民主,而是缘于国家规模过小。

在加尔通看来,支撑战争的因素有很多,其中包括"父权制、垄断暴

---

① 约翰·加尔通:《美帝国的崩溃——过去、现在和未来》,阮岳湘译,人民出版社,2013,第12页。
② 约翰·加尔通:《和平论》,陈祖洲等译,南京出版社,2006,第74页。

力的国家体系以及操纵霸权的超级国家体系"。在对待军队问题上,加尔通不主张废除军队制度,而是要赋予其新使命。军队制度有一定优点,如组织良好,富有牺牲、奉献精神等。与此同时,军队存在不良弊端,如"在统治精英的要求下,借助对外战争和内部战争实施杀戮和破坏"。① 加尔通主张,要像废除奴隶制和殖民主义一样,废除作为制度的战争。国家、民族或其他群体有时因矛盾纠纷引发攻击,甚至诉诸武力,而防止暴力的方法就是防卫。首先,军队应依靠自卫性防御来替代侵略性的对外战争,且防御程度不宜引起恐慌;其次,减少常规和准军事部分安排,建立非军事防御体系并转向国际和平。

加尔通认为,暴力与非暴力是一个两难的选择,传统防卫辩论中的极端立场主要有两种,一是纯军事防卫,包括进攻性进攻、防卫性进攻、进攻性防卫和防卫性防卫四种类型,即"使用暴力手段,摧毁对方具有破坏力的设施";② 二是纯非暴力防卫,包括不合作和温和抵抗、增强自身抵抗力量和绝不伤害对方三种类型,即"使用非暴力手段,目的是使对方无法从进攻中获利"。③ 目前来看,没有国家采取纯非暴力防卫,相反,纯军事方式更多被采纳和实施,"当我们加入战争蹂躏的人和世界时,目前这个饱受战争蹂躏的社会变得更加深刻和惨烈"。④ 在绝对主义者看来,敌方是无条件的恶,解决问题的唯一方式就是使用纯军事防卫。而相对主义者会反省自身的行为是否会激怒对方,进而采取减少对方暴力行为的相对措施。加尔通认为,最根本的问题是深层的文化使人们的思维偏离相对主义,更倾向绝对主义,无法实现兼顾。

(三)和平及冲突转化

加尔通将和平定义为暴力的缺失和非暴力的冲突转化,由此衍生出"消极和平"和"积极和平"概念。消极和平聚焦于直接暴力的不在场,并

---

① 约翰·加尔通:《和平论》,第8页。
② 约翰·加尔通:《超越和转变——如何调节冲突》,高秀平、郭沛源译,华文出版社,2010年,第72页。
③ 约翰·加尔通:《超越和转变——如何调节冲突》,第73页。
④ Johan Galtung, *Peace by Peaceful Means: Peace and Conflict, Development and Civilization* (London: Sage, 2006), p. 124.

希望通过谈判和调解来解决纠纷。然而，它所建立的安全环境并不稳定，且集体性安全所强调的稳定通常建立在强权之上，因此消极和平意味着对结构暴力的容忍。加尔通认为，积极和平是以非暴力形式实现冲突转换，包括以下方面：第一，自然和平，物种间开展合作而非斗争；第二，直接的积极和平，释放善意与爱，关心所有人的基本需求、生存、幸福、自由和身份；第三，结构积极和平，以对话、整合、参与等方式实现自由代替压制、平等取代剥削；第四，文化积极和平，以和平的合法性代替暴力的合法性。总之，和平没有界限，应以"所有人的和平"作为追求的目标。

加尔通认为人类之间充满冲突，冲突的转化是永无止境的过程。"冲突更多是人与人之间的斗争，为了生存、自由和身份认同的抗争，这些都是人类最基本的需求。"[1] 人类作为生命本身，唯一无冲突的群体是"死亡的人类"。[2] 冲突的转化在时间中产生，并分为量和质的时间。在质的时间下，过高或过低的复杂性都不利于转化冲突，应化繁为简。转化结构暴力导致的冲突，可通过对立、斗争、分离和复合四个步骤实现。加尔通主张，非暴力必须成为公共话语的一部分，以非暴力和创造力来处理冲突，创造各方均能接受且持续有效的途径，并通过平等和公正来预防暴力。和平研究的任务就在于在和平与暴力之间寻找更好的动态平衡。

整体来看，加尔通将战争视为直接暴力的表现形式，认为结构暴力在一定条件下可外化为直接暴力，而文化暴力又试图将直接暴力与结构暴力合法化。民主政体不能保障和平，反而涉战颇多。国家、民族或其他群体为追逐利益产生冲突及战争，防止暴力的方法就是做好适度防卫。导致战争的因素多样，消除战争只能实现"消极和平"。若要实现真正的和平，不仅要致力于直接暴力的防控，也要从文化暴力和结构暴力层面减少战争爆发的可能性。

---

[1] 约翰·加尔通：《超越和转变——如何调节冲突》，第1页。

[2] Johan Galtung, C. G. Jacobsen & Kai Brand-Jacobsen, *Searching for Peace: The Road to Transcend* (London: Pluto Press, 2002), p. 6.

二、墨子的战争观

墨子①早年师出儒门，因对儒家倡导恢复等级制的周礼不满，自立墨家学派，与儒家并称为"世之显学"。在《非攻》中，墨子对侵略战争进行深刻谴责，其兼爱、非攻的思想主张对后世产生深远影响。

（一）战争危害巨大

墨子曾是手艺精湛的匠人，以平民的立场心系苍生，对战争的危害有深刻理解。首先，战争给民众带来灾难。统治者为兼并他国领土，操练军队，攻打没有罪过的国家，"入其国家边境，芟刈其禾稼，斩其树木，堕其城郭，以湮其沟池，攘杀其牲牷，燔溃其祖庙，劲杀其万民"。战争虐害上天的子民，毁坏神位，颠覆社稷，"夫取天之民，以攻天之邑"，上不利于天；战争致使民众流离失所，死伤万千，且耗费百姓财用，"夫杀之人，为利人也博也"，②下不利于民。因此，墨子非常同情平民在战争中的遭遇，认为战争不符合国家的根本利益，耽误农时，动摇国本，且在战争面前生命毫无尊严可言。

其次，战争无利可图，"计其所得，反不如所丧者多"。战争绵延时间持久，"久者数岁，速者数月"，使国家荒废法度，民众失去生计，得不偿失。"上不暇听治，士不暇治其官府，农夫不暇稼穑，妇人不暇纺绩织纴，则是国家失卒，而百姓易务也"，战争扰乱国家上至君王、下至百姓的正常生活秩序。墨子认为，攻战使民众伤亡惨重，致使劳动力严重不足，靠征战得来的土地因无人开垦而变得毫无价值。民众才是君王所应爱护的财富，用百姓的性命来换取城池，君王的行为无异于"弃所不足，而重所有余也"。发动战争的国家所取得的收益远不能弥补其损耗，"五分而得其一，则尤为序疏矣"。③发动战争以达到扩张领土的目的，享有胜战的荣光，但在墨子看来得不偿失，即使有成功的也仅仅是个例。

---

① 约生于公元前480年，卒于公元前389年。
② 张永祥、肖霞译注《墨子译注》，上海古籍出版社，2016，第168页。
③ 张永祥、肖霞译注《墨子译注》，第158、170页。

从人类发展的角度来看，战争对于强国来说是积累原始资本的捷径。但在墨子看来，战争破坏生产，损失大量劳动力，对国家的发展起着阻碍作用。墨子的"非攻"思想是站在百姓的立场，呼吁停止以私利为目的的相互攻伐。

（二）非攻尚诛

墨子以"义"来区分战争性质，并非是反对一切战争的绝对和平。"义者，正也。何以知义之为正也？天下有义则治，天下无义则乱。"墨子非常看重"义"，认为义就是正道，义人处于上位，天下必将大治，百姓也会从中获益。墨子认为窃人桃李、杀人越货均是不义之举，且"以亏人愈多，其不仁兹甚，罪益厚"。①损害他人越多，罪过越大，而最大的不义就是攻打其他国家。针对君子对待杀人犯法之事尚知谴责，但面对造成无数伤亡的不义战争非但不谴责，反而称赞的行为，墨子加以唾弃，认为君子理应辨别是非。在墨子看来，民众在大是大非面前容易丧失原则或持双重标准，这为恃强凌弱者提供了便利，无疑会加重人类社会的动荡不安。

墨子严格区分"诛"与"攻"，非攻尚诛。墨子认为，汤伐夏桀，武王伐纣，这是"诛"，是上天的指令，与"攻"有本质区别。夏桀被征讨时，日月不时、五谷焦死、鹤鸣数天；商纣被征讨时，夜出太阳、天降肉雨，这些都是上天要诛杀暴君的征兆。残暴的君王鱼肉百姓，致使民不聊生，因此汤和武王攻打暴君是服从上天的指令，符合百姓的切身利益，并非行不义之事。攻伐和诛讨均诉诸武力，在形式上类似，但在墨子看来性质却截然相反。攻伐是邪恶的，它颠倒黑白，损人不利己；诛讨是正义的，乃伸张正义，为百姓福祉而斗争。诛讨虽也要付出代价，但换来的是和平，铲除的是战争的根源。由此可见，墨子对心系苍生顺正义而诛的讨伐持肯定态度。

（三）兼爱与治乱

墨子生活在礼崩乐坏的年代，那时社会上充斥着战争、饥荒与苛政。

---

① 张永祥、肖霞译注《墨子译注》，第152、238页。

墨子极为同情战火之下生活困顿的百姓，为减少恃强凌弱的掠夺性战争，提出了"兼爱"理念。"兼爱"是墨子的核心理论之一，其根本精神在于强调爱无等差，只有做到"兼爱"，才能达到"非攻"。兼爱要求打破阶级差别，不分亲疏贵贱，要以爱己的心态去爱他人，"视人之国若视其国，视人之家若视其家，视人之身若视其身"。① 墨家将天下大乱的根源归结于人性，人人自爱却不相爱，见利忘义。在墨子看来，"兼爱"能够消除由"自爱"带来的天下混乱，"若使天下兼相爱，国与国不相攻，家与家不相乱，盗贼无有，君臣父子皆能孝慈，若此则天下治"。② 用"兼爱"统一凌乱的个体意识，为永久和平打下牢固的根基，战争作为这场意识革命的对象之一，最终会减少和消除。

墨子虽推行"兼爱"来求和平，主张"非攻"，但也清楚地认识到在诸侯争霸时代让强国放弃攻打弱国并不现实，故墨子站在弱者的视角，研究并改进守城器具，牢固防御以抵抗外国的入侵。墨子的兵学思想重点在于指导弱小之国如何用牢固的军事工程和先进的武器装备击退强大的敌人。墨子指出，若大国以仁义之名立天下，以德怀诸侯，天下人可立即归附于他；大国若不义而攻打无罪小国，小国可团结一致相互援助。值得注意的是，墨子的防御思想是一种居安思危的防卫思想。墨子要求守城之主积极做好日常战备工作，"安则示以危，危则示以安"，百姓日常也要做好应对可能发生战争的准备，备好存粮。墨子虽认真研究防御之道，却是为了消弭战争，其真正关心的是"兼相爱，交相利"，用正义的力量来应对战争，捍卫和平。

简言之，墨子认为战争危害极大，上不利于天，下不利于民，战败国生灵涂炭，战胜国也得不偿失。墨子并非反对一切战争，而是以"义"区分战争的属性，认为诛讨是匡扶正义之举，攻伐则是害人害己的不义行为，从而尚诛非攻。为达"非攻"，墨子提出"兼爱"理念，要求以爱己之心兼爱他人，希冀为和平的实现奠定根基。

---

① 墨翟：《墨子》，朱越利校点，辽宁教育出版社，1997，第29页。
② 张永祥、肖霞译注《墨子译注》，第121页。

三、加尔通与墨子战争观异同之比较

（一）加尔通与墨子战争观的相通之处

1. 战争源于人的抗争

加尔通和墨子均认为战争和冲突的根源在于人与人之间的抗争。加尔通认同美国著名社会心理学家马斯洛的需求层次理论，认为"冲突更多是人与人的抗争，为了生存、自由和身份认同的抗争"，[①] 即为追求满足人类基本需求而产生摩擦和斗争。当人的需求受挫时，个体自我实现将存在障碍，暴力也与之相关联。此外，从文化层次看，人之所以认同杀戮，缘于从小接受暴力在某种情况下合法的教育，诸如此类的文化将暴力合法化。很多西方国家信仰基督教，中东国家信仰伊斯兰教，当其信仰对民族、性别、种族中的某一类人赋予传播和捍卫的责任时，如"上帝选民""原教旨主义"等观念极易挑起争端，但由此产生的暴力在信仰者看来却具备合法性。加尔通认为，此类观念充斥着暴力与战争，理应受到谴责。

墨子认为，社会动荡、战争频发的根源在于人与人不相爱，相互抗争。"当察乱何自起？起不相爱。"[②] 战国初期，各诸侯国为争夺领土，不断征战，整个社会陷入一片混乱。墨子在《兼爱（中）》中指出，"天下之人，皆不相爱，强必执弱，富必侮贫，贵必敖贱，诈必欺愚"。[③] 墨子认为，人们只爱自己及其所属家庭和国家，却不能推己及人地爱他人和他国，不相爱便产生损人利己的行为，进而造成社会动乱。此外，墨子认为天下最大的不义就是攻打别的国家。君子谴责偷人桃李、杀人越货之事，但对造成无数伤亡的不义战争却反加盛赞，将战争视如正义之事，墨子非常痛恨君子的此类行为。墨子注意到君子忽视战争的不义与加尔通关注文化暴力的合法性存在共同之处，二者均认识到教育对民众观念的塑造作用。

2. 反对战争

传统观点认为辉煌战绩是伟大统治者功成名就的重要标记。统治者被

[①] 约翰·加尔通：《超越和转变——如何调节冲突》，第1页。
[②] 墨翟：《墨子》，第28页。
[③] 张永祥、肖霞译注《墨子译注》，第125页。

必须勤勉地保护财产的贵族价值观所浸染,战争则是拓展财富的有效途径。墨子和加尔通均不赞同此类观念,并认为战争不能致富,也带不来和平,因而极力反对战争。

首先,墨子以身作则抵制战争。墨子游历齐、卫、宋、魏、越、楚等国,宣扬非攻兼爱理论,凭自己的满腔热忱阻止了三次即将爆发的战争:齐欲攻伐鲁国、鲁阳文君欲攻宋、楚国意欲攻打宋国。其次,墨子偏重从战争的实际后果来分析其危害,指出攻伐对战争双方来说均贻害无穷,无利可图。先秦时期,战争以冷兵器为主,人众则强,人寡则弱。墨子认为君主为了不可能获得的补偿而诉诸战争将带来巨大损失,并以夫差为例论证危害。夫差在父业的基础之上,向北攻打齐国,大败齐军,"九夷之国莫不宾服"。但他撤兵之后不施恩于百姓,致使他们有叛乱离散之心,后来勾践复仇,吴国灭亡。夫差因攻占变得强大,又因攻占而灭亡。墨家承认,确有少数国家在战争中得利,但这只是特例,好战亡国则是普遍规律。"古者封国于天下,尚者以耳之所闻,近者以目之所见,以攻战亡者不可胜数",① 这实质上是对战争发动者的警告。

加尔通极力反对战争,认为战争是直接暴力的极端表现形式,主张不仅要消除战争,同时也要消除结构暴力和文化暴力,进而达到真正意义上的和平。加尔通认为,战争导致人伤亡,丧生者会使其亲人遭受创伤,而创伤可能会转化为仇恨,进而导致报复,再加上获胜者可能产生的荣耀感和胜利感,可能会再度引发冲突和战争。加尔通坚信真正解决问题之道不在于"报复的恶性循环,因为暴力只会产生更多的暴力"。② 和平研究的主要任务是"揭露经济文化暴力背后的结构性暴力,以及军国主义文化暴力背后的直接暴力"。③ 若要避免冲突,则须强调联合发挥新规范的作用,各方超越国家和宗教界限来进行和平对话,"一起探讨诊断,预后和治疗"。④

---

① 曾海军:《诸子时代的秩序追寻——晚周哲学论集》,巴蜀书社,2017,第81页。
② Johan Galtung, Daisaku Ikeda & Pax Pacifica, *Terrorism, the Pacific Hemisphere, Globalisation and Peace Studies* (London: Pluto Press, 2005), p. 9.
③ Johan Galtung, Dietrich Fischer, *Johan Galtung: Pioneer of Peace Research* (Berlin: Springer, 2013), p. 40.
④ Johan Galtung, Dietrich Fischer, *Johan Galtung: Pioneer of Peace Research*, p. 60.

3. 兼顾民众

墨子以维护民众利益为出发点，针对好攻之国提出"非攻"理论，并以民众利益为标准来判断战争正义与否。墨子提出"兼爱"思想，即人与人之间要和平相处，互爱互利，将万千民众当作被爱的对象。墨子在《兼爱（上）》中指出："若使天下兼相爱，爱人若爱身，犹有不孝者乎……视人家若其家，谁乱？视人国若其国，谁攻？"[1] 墨子提出人们用"兼爱"代替"自爱"，用交互得利代替"亏人而自利"，如此天下便可安宁与富足。此外，墨子肯定生存和繁衍是人类的自然本性，将其框定为衣食住行、生儿育女等基本需求，对超出此范围的损人利己的欲望都加以否定。《墨子·非命（下）》提出，"饥者得食，寒者得衣，劳者得息"，强调基本的物质条件是人类的基本属性。墨子对人的自然本性有所限定，认为攻打他国、杀人越货则超出此范围。墨子认为，能否满足人的基本生存需求关系到社会安危。《墨子·七患》提及，"故时年岁善，则民仁且良，时年岁凶，则民吝且恶"。只有满足人的生活需求，才能真正安民救国。

加尔通强调无论是战争时期还是和平年代，都应关注民众的利益。首先，加尔通维护女性权益，非常注重个人内部的暴力消除，认为性别和代际间的暴力危害不亚于国家间暴力。社会存在大量男性施暴的现象，如家暴和社会犯罪行为。男性对暴力持积极取向，"像士兵那样作战、杀戮是男性的特权"。[2] 为减少暴力，加尔通提出尽可能增加男性的情商水准，关注男性的心理和生理区域。其次，受马斯洛需求理论的影响，加尔通关注人类最基本的需求，认为人类需要食物、水、空气、住房、健康、儿女、性以及教育等，而确保人类生存的关键在于冲突的转化，只有这样才能避免因冲突而导致的致命暴力行为。与墨子将民众利益看得比战争获益重要相类似，加尔通认为"衡量所有事物都以人类及其基本需求为标准，而不是政府的权力或资本的财富等抽象标准"。[3]

---

[1] 张兆端:《知者不惑之管子·墨家·法家·兵家》，群众出版社，2018，第54页。
[2] 约翰·加尔通:《和平论》，第61页。
[3] 约翰·加尔通:《超越和转变——如何调节冲突》，第152页。

（二）加尔通与墨子战争观的迥异之处

1. 反战范围不同

墨子反对的是非正义战争，对消灭不义而进行的正义战争持肯定态度。墨子以"义"为标准对战争性质进行分类，认为战争的正义性取决于是否为民众谋福利。在《墨子·非攻（下）》中提及，"今至大为攻国"，[①] 即最大的不义便是攻打他国。墨子认为，大国攻打小国、无故攻伐无罪之国均属非正义战争范畴，但为征讨残暴统治而进行的讨伐战争或为帮助小国抵抗侵略而进行的扶弱战争则属正义战争。在墨子眼中"诛"和"攻"有本质区别，墨子反对侵略战争和攻伐战争，倡导自卫战争和正义战争。由上可知，加尔通的反战范围要大于墨子，加尔通反对的是所有的暴力形式，战争无疑包含在内。除了消除战争，加尔通还追求积极和平，反对剥削和歧视。

加尔通的反战范围要大于墨子。加尔通将和平分为消极和平与积极和平。消极和平意味着战争或其他有组织国家暴力直接形式的缺失。以加尔通的视角，墨子反对的战争属于消极和平的范畴。加尔通追求的和平不局限于消极和平，"把和平研究限于战争避免研究，特别是避免大战（定义为大国或超级大国之间的战争），甚至更具体为废除或控制超级武器是相当狭隘的"。[②] 积极和平超越战争的不在场，也涉及消除社会剥削和不公正现象。积极和平意味着消除了饥饿、暴力、践踏人权、难民、环境污染等威胁和平的问题，意味着人们可以体面富足地生存。"任何人都有健康生活的权利及可能性，如果被剥夺了，那么暴力在发生着效力。"[③] 加尔通追求的积极和平旨在消除各种形式的歧视，认为消除结构性暴力是积极和平的前提条件。因此，加尔通关注的是持久的、全面的和平，不仅仅是战争或直接暴力手段的缺失，其目标是改善民众生活境况和提升生活质量。

[①] 张永祥、肖霞译注《墨子译注》，第152页。
[②] Johan Galtung, Dietrich Fischer, *Johan Galtung: Pioneer of Peace Research*, p. 36.
[③] Robert Woito, Robert Pickus, *To End War: A New Approach to International Conflict* (New York: Pilgrim Press, 1982), p. 440.

2. 防卫方式不同

墨子主张"非攻",但对于侵略战争,他主张弱国在战略上采取积极防御的"救守"思想。在强国进攻弱国的形势下,为保证弱国的安全,墨子提出应抵强扶弱,必须进行积极防御。墨子在《备城门》《备水》《备云梯》中,从微观角度详尽地剖析战争,指导弱小国家如何运用牢固的城墙和先进的装备去击败敌人。为达到这一目的,墨子和他的门徒积极奔走斡旋,频繁往来于各交战国之间,宣传他的"非攻"理论,发明并改进守城器具,认真研究防御战术,帮助遭受侵略的弱国组织防御战争。墨子在《备城门》中提及,"我城池修,守器具,推粟足,上下相亲,又得四邻诸侯之救,此所以持也",由此可以看出墨子的弱国自身做好准备以及他国相互扶持的防守思想。此外,墨家较多地阐述了全民皆兵的反侵略战争思想。墨子认为,弱国要打败强劲的进攻者,必须做到万众一心,民众积极备战。《备城门》中谈道,"吏民和,大臣有功劳上者多,主信以义,万民乐之无穷",墨子主张民众要以为诚信君主积极反侵略为重任。《旗帜》篇中记述,"五尺童子为童旗,女子为梯末之旗",即妇孺也要参与到抗战中来。再者,墨子主张在战争中一定要做到赏罚分明,以物质荣耀激励战士,同时及时安抚伤亡者家属,恩威并施。《号令》篇记载:"男子有守者爵,人二级,女子赐钱五千,男女老少先分守者,人赐钱千,复之三岁,无有所与,不租税。"① 由此看来,墨子着力于在战斗中激励斗志,鼓舞士气,认为这是夺取战争胜利的法宝之一。

加尔通的和平思想形成于二战后的欧洲,其认为将和平研究局限于研究如何避免战争非常狭隘。加尔通认为"暴力=直接暴力+结构暴力+文化暴力",② 诊断、预后和治疗是防止和废除暴力的方式,即诊断暴力状态,减少暴力,改善生活境况。加尔通认为由于压迫和剥削等结构暴力的存在,人们为了解放或阻止解放而导致暴力,"最根本的问题不是国防政策,而是深层的文化让人们的思维模式偏向绝对主义"。③ 而结构暴力的背后又存在着文化暴力,最终可能导致暴力引发暴力。加尔通认为可在维

---

① 张永祥、肖霞译注《墨子译注》,第152、489—490、561、572页。
② 约翰·加尔通:《和平论》,第289页。
③ 约翰·加尔通:《超越和转变——如何调节冲突》,第74页。

和行动中加入更多的非暴力角色以增加和平解决问题的空间,如增加女性的比重。但这与墨子支持女子参军卫国不同,加尔通更多是为了中和男性暴力的戾性。加尔通认为,构建和平的行动等同于建立结构文化与文化和平,要认清整个社会的结构暴力,使其富有创造性地向积极方面转化。

总体而言,墨子更多是从国家内部满足民众丰衣足食的需求来预防战争,利用国内积极反侵略备战和国家外部相互支援的手段来制止战争。加尔通突破单纯的反战争范围,综合考虑直接、结构、文化三重暴力形式,主张创造性地超越和转化冲突。

3. 兼顾民众的层面不同

墨子作为一个小生产劳动者,切身体会到生活的不易。对墨子来说,生存和繁衍是人类的基本欲望,"故食必常饱,然后求美;衣必常暖,然后求丽;居必求安,然后求乐",① 满足人的基本需求是福,否则将招致祸事。墨子肯定生存和繁衍是人类的自然本性,并将人类的自然本性框定为衣食住行、繁衍后代等范围,对超出此范畴的欲望持否定态度。对于上层阶级,墨子要求节用,"发令兴事,使民用财也,无不加用而为者"。② 墨子认为个人在追求利益时,必须考虑以天下人利益为前提,应对自身行为有所约束。

相对于墨子兼顾民众衣食住行的基本需求,加尔通兼顾民众的层面要更广泛。很长时期内,人们将暴力狭隘地限定在造成人的肉体伤害上,将战争的根源归结为人性的"恶"。但加尔通认为,和平不仅仅是直接暴力的消失,也意味着深层性的结构暴力的治理。国际冲突经常来源于对人类需求的忽视,"对于世界上多数人而言,国家安全……遭到破坏,是因为政府对人权的关心不够"。③ 只有同时消除结构暴力和文化暴力,才能实现"积极和平"。加尔通关注民众,不仅关心战争和暴力对民众造成的伤害,还关注人类如何更体面地生活。相对而言,加尔通在兼顾民众的层次方面超越了墨子。以美国为例,如果按照墨子的设想,美国是世界上最发达的国家,民众衣食富足,理应放弃战争行为,各守其职,但事实并非如此,

---

① 刘向:《说苑全译》,王瑛、王天海译注,贵州人民出版社,1992,第324页。
② 墨翟:《墨子》,苏凤捷校点,河南大学出版社,2008,第179页。
③ 大卫·巴拉什、查尔斯·韦伯:《积极和平——和平与冲突研究》,刘成译,南京出版社,2007,第460页。

显然单纯满足民众的衣食住行并不足以令人放弃战争。加尔通更深刻地意识到结构暴力和文化暴力对民众的剥削与压迫。加尔通将人的需求分为生物需求和精神需求，其中生物需求意味着物种的繁衍和个人的"不屈从于暴力"；精神需求则分为认同需求和自由需求两方面，"如果这些需求不能得到满足，他们就不再成其为人"。① 加尔通兼顾的民众范围要大于墨子，当然这与其各自生活的时代背景密不可分。

四、加尔通与墨子战争观的现实意义

新冠肺炎疫情在全球扩散正愈演愈烈，刷新着群众对风险社会的预估想象，引发了世界范围内人员伤亡及国际安全动荡。根据世界卫生组织实时统计数据显示，"截至中欧夏季时间（CEST）2022年3月7日，全球新冠肺炎确诊病例累计超过4.4亿例，全球死亡病例达5998301例"。② 这场疫情不仅对人类卫生健康与生命尊严造成损害，在国际经济与安全领域也造成了难以估量的影响。特朗普、蓬佩奥等西方政客屡次将新冠病毒污名化、政治化，其目的在于转移国内固有矛盾，同时激发西方民众的对华仇恨，遏制中国的发展态势从而稳固美国的霸权地位。

墨子与加尔通均认为战争和冲突的根源在于人与人之间的抗争，当人的需求无法得到满足便极易挑起争端。疫情之下，美国把关不严致使疫情在国内肆意蔓延。民众治愈病情的需求无法得到满足，心生不满情绪，美国将矛头转向中国，借机转移国内视线。此次新冠肺炎疫情的暴发为美国实施对华极限施压政策提供了借口。美国从公共卫生防控角度出发，将责任推卸给最先向世卫组织报告新冠病毒的中国，这种污名化行径为美国出台的一系列制裁中国的措施做了最佳辩护。也正如加尔通所言，美帝国的行径是"采用直接暴力来保护经济和政治的结构暴力，并由文化暴力将这一行为合法化"。③

拜登执政以来，基本上延续特朗普政府的对华强硬政策，将中国定性

---

① 约翰·加尔通：《和平论》，第188、274页。
② "WHO Coronavirus Disease (COVID-19) Dashboard," https://covid19.who.int/, accessed May 6, 2022.
③ 约翰·加尔通：《美帝国的崩溃——过去、现在和未来》，第12页。

为具有持续威胁的战略竞争对手，出台了打压中国的《2021年美国创新与竞争法案》，肆意对中国进行人权攻击和技术限制。加尔通认为，帝国主义结合了直接暴力、结构暴力和文化暴力。美国打着"民主"与"人权"的"正义"幌子，粗暴干涉他国内政，正是帝国主义的霸权体现。当前，美国试图加大对核心科技的保护，以维持对华长期竞争优势。拜登政府在5G网络通信、芯片合作、新能源技术等领域对华采取强硬的"脱钩"政策，以此遏制中国科技飞速发展势头。鉴于锂、钴等关键矿物为许多现代技术提供了基石，是清洁能源技术的关键要素，而中国控制着钴、锂、稀土和其他关键矿物加工、精炼的大部分市场，2022年3月，拜登宣布扩大美国关键矿产供应链，以打破对中国的依赖。① 可以说，高科技研发领域已成为美国对华遏制的主战场。诚如墨子所言战争无利可图，"计其所得，反不如所丧者多"。② 美国这一系列对华政策对美国及其盟友来说得不偿失，美国虽有很多替代华为的选择，但没有好的选择。美国前总检察长威廉·巴尔（William Barr）坦言，"对于政府对替代5G系统的研究"，除非是"天上掉馅饼"，否则很难达到效果。谈到开放式无线电接入网络软件时，他说："这种方法未经测试，将花费很多年才能启动。"③

美国试图将国内新冠肺炎疫情带来的压力转移至中国，企图对华炮制"新冷战"。加尔通曾预言，假如美帝国一味贪恋"强权政治"的延续，不能根除迷信武力的痼疾和滥用武力的冲动，那么它将走向法西斯主义，成为众矢之的。中方始终主张两国应共同推进以协调、合作、稳定为基调的中美关系，但美国国内对华政策已形成新的态势，由鼓励中国融入世界的"对华接触政策"转向"不接触政策"。④ 拜登政府对华政策同特朗普政府相比具有长期性、全面性和战略性的特点，防范与遏制成为竞争战略重

---

① "Fact Sheet: Securing a Made in America Supply Chain for Critical Minerals," February 22, 2022, https://www.whitehouse.gov/briefing-room/statements-releases/2022/02/22/fact-sheet-securing-a-made-in-america-supply-chain-for-critical-minerals/, accessed May 6, 2022.

② 张永祥、肖霞译注《墨子译注》，第158页。

③ "The Great 5G Technology Tussle Highlights Critical Infrastructure Shortcomings," https://nationalinterest.org/feature/great-5g-technology-tussle-highlights-critical-infrastructure-shortcomings-167129, accessed May 6, 2022.

④ 朱锋：《贸易战、科技战与中美关系的"范式变化"》，《亚太安全与海洋研究》2019年第4期，第3页。

心，其手段和做法也更为严厉，在人权、安全、经济与科技领域"四管齐下"打压中国。① 面对美国的对华无理打压行径，中国要坚定地捍卫国家利益，维护国家安全，从以下三点做好应对措施。

第一，继续严防疫情，刺激经济增长，满足民众的生活需求。墨子与加尔通的战争观均着力强调兼顾民众，疫情之下国家要防控疫情，保证民众的生存健康权利，诚如习近平同志所讲"以民为本、生命至上"。② 在疫情得到基本控制的情况下，中国各省市逐步复工复产，努力弥补疫情造成的经济损失，保障人民群众的生活质量。面对美国在国际上打压中国高科技产业的态势，中国需大力推进高科技产业的发展，攻克核心科技难关，使关键领域的核心技术不受制于他国，同时在国际上呼吁及尽力维护全球产业链、供应链稳定畅通，以促进世界经济复苏。

习近平指出，"团结合作是抗击疫情最有力的武器"。③ 中国在新冠肺炎疫情期间，呼吁全球团结合作战胜疫情，共同构建人类卫生健康共同体。为支持受疫情影响的国家及经济社会恢复发展，中国承诺提供国际援助，并建立中非对口医院合作机制，协助他国改善民生及管控疫情正是人类命运共同体理念的实践体现。只有民众的生存权利得到保障，才能逐步实现冲突的转化。

第二，战争无利可图，合则两利，斗则俱伤，应继续以"协调、合作、稳定"为基调推进中美关系。美国因中国崛起产生焦虑和不安全感，受疫情的催化对华实施无理打压，这只会引起中国政府乃至民众的反感与反抗。在墨子的战争观看来，发动战争的国家所取得的收益远不能弥补其损耗，攻打无辜国家是恃强凌弱的不义战争。中美合作符合两国民众的利益诉求，也契合世界民族的共同利益。中美作为世界前两大经济体，占据了全世界40%的经济规模，彼此利益共生，相互依存。两国开展合作的目的除却互利共赢，还有防止战争等最坏情形的发生。

---

① 朱锋、倪桂桦：《拜登政府对华战略竞争的态势与困境》，《亚太安全与海洋研究》2022年第1期，第12页。

② 习近平：《团结合作战胜疫情——共同构建人类卫生健康共同体》，《人民日报》2020年5月19日第2版。

③ 习近平：《团结抗疫，共克时艰》，《人民日报》2020年6月18日第2版。

墨子主张，面对强国进攻，被入侵国家在做好防御准备的同时，也要积极开展与他国相互扶持的合作。中国应主动调动国际社会的积极力量，尽可能维持中美合作与竞争共存的局势，避免因事故性因素造成直接军事冲突。同时，中国应继续推动贸易自由化，补足产业短板，加强科技领域的国际合作，全力提升美国对华强制"脱钩"的各项成本，以此遏制美国的排华倾向，更好地维护国家经济安全。

第三，中国要做好长期与美国进行博弈的准备，在增强国力的同时，制定适度防卫措施。"和平学范畴内的冲突分析及其化解的目的在于冲突的转化而不是冲突的解决，这是冲突化解理论的特征和我们理解该理论的关键。"[①] 中美关系状态由合作、竞争并重转为美国遏制打压中国，在很大程度上缘于美国对霸权地位动摇的忧虑心理。中国国力提升，在国际秩序中表达自身的利益诉求，这引发了美国政府的不安全感，做出了国际政治进入新一轮大国竞争的预判。只要中国国力持续上升，美国就无法真正消除对中国的忌惮，因此我们应致力于冲突的转化而非消除。

当下，中美对彼此存在疑虑，双方应在一定程度上增加政策的透明度，避免因信息误判而造成局势紧张。墨子主张"非攻"，但弱国面对侵略战争在战略上应采取积极防御措施。中国要增强综合国力，做好应对大国博弈的准备。同时，要保持必要的克制和冷静，防止大国对抗失控，守好最后一道"安全阀"，即"避免对对方的军事和战略意图出现致命误判和采取过激行动"。[②]

总之，疫病不分国界与种族，战争无利可图，任何国家均不应依托疫情挑起国际争端。面对疫情期间美国的对华全面施压策略，中国应在坚守国家主权及安全底线的前提下，增强国力，改善民生，并以"协调、合作、稳定"为基调推进中美关系。新冠肺炎疫情蔓延至200多个国家和地区，成为二战以来最严重的全球公共卫生突发事件。传染性疫病是人类共同的敌人，新冠病毒的管控是国际社会共同的责任，各国应通力合作防控疫情蔓延，加强全球公共卫生治理。

---

① 刘成：《转化而不是解决：和平学范畴内的冲突化解》，《南京大学学报（哲学·人文科学·社会科学）》2005年第6期，第17页。

② 朱锋：《重启军事对话，中美最后"安全阀"》，《环球时报》2020年8月3日第15版。

情报史研究

情报学与冷战史的交汇
——略论研究"情报与冷战史"的意义[*]

白建才[**]

摘　要：情报活动是人类历史进程中的一项重要活动。二战后持续 40 多年的东西方冷战事实上也是一场情报大战，斗争双方美英和苏联等国纷纷增设完善情报机构，提升情报活动手段，竭力开展隐蔽行动等情报活动。当今世界局势更为复杂，情报活动依然是各国维护国家利益、实现战略目标的重要手段。将情报学与冷战史相结合，开展跨学科研究，必将产生 1+1>2 的效果，产出更多有价值的成果。

关键词：情报活动；隐蔽行动；冷战史；跨学科研究

20 世纪 80 年代以来，交叉学科研究、跨学科研究在我国学界逐渐兴起，快速发展，取得了许多突破性成就，也催生了一些新的学科，如生物化学、生物物理、生物医学、生物信息工程、历史人类学、历史心理学、历史社会学、历史经济学、历史环境学、社会文化史、医学社会史等。2021 年 5 月 15 日，南京大学历史学院、中国南海研究协同创新中心、南京大学国际关系研究院、南京大学新中国史研究院、南京大学国际战略与安全研究中心等单位联合举办的"第一届情报与冷战史研究石城论坛"，便是一次跨学科的会议。本文试图就情报学与冷战史这两个学科交叉融合研究的意义谈一点粗浅的认识。

---

[*] 本文是国家社科基金重大项目"美国的非政府组织与东西方冷战研究"（项目号：17ZDA224）的成果之一。

[**] 白建才，陕西师范大学历史文化学院教授。

一、情报活动是人类历史进程中的一项重要活动

所谓"情报"（intelligence），或"情报活动"，按照国际著名情报学专家马克·洛文塔尔（Mark M. Lowenthal）在《情报：从秘密到政策》中的阐释，"是根据需求搜集、分析对国家安全具有重要意义的特定类型的信息，并（将分析结果）提供给决策者的流程；情报是以上流程的产品；情报通过反情报活动维护上述流程和所获信息的安全；情报是根据合法当局的要求采取的行动"。① 洛文塔尔曾在美国情报界工作近40年，担任过中央情报局（以下简称"中情局"）局长顾问、中情局助理局长、国家情报委员会副主席等众多职务。这部著作被誉为"美国著名高校专业标准教材，世界国家安全研究经典著作"，其观点具有代表性和权威性。作者将"情报"与"情报活动"糅合在一起，视作从收集、分析、反情报到行动的全过程，是一种广义的或全面的概念界定。美国参议院资深情报专家帕特·霍尔特（Pat M. Holt）在《秘密情报与公共政策》一书中，更明确地将情报（情报活动）的主要功能概括为四项：搜集、分析、反情报和隐蔽行动。② 这部著作也是美国一些高校的研究生教材。我国《辞海》对"情报"概念的解释是："获取的他方有关情况以及对其分析判断的成果。按内容和性质分为政治情报、经济情报、军事情报和科技情报等，其中军事情报按照范围，分为战略情报、战役情报和战术情报。"③ 这是一种狭义的解释，仅把情报看作是一种结果，忽略了过程和相关活动。我国学者赵冰峰在国内首部通用型情报学专著《情报学》一书中，借鉴美国现代情报学奠基者谢尔曼·肯特（Sherman Kent）在《战略情报：为美国世界政策服务》中阐述的"战略是知识""战略是组织""战略是活动"等观点④，将其高度概

---

① 马克·洛文塔尔：《情报：从秘密到政策》，杜效坤译，高金虎审校，金城出版社，2015，第11页。
② 帕特·霍尔特：《秘密情报与公共政策》，赵金萍译，耿晓华校译，金城出版社，2015，第8页。
③ 夏征农主编《辞海》缩印本，上海辞书出版社，1999，第1198页。
④ Sherman Kent, *Strategic Intelligence for American World Policy* (Hamden, Conn.: Archon Books, 1965).

括为"情报是组织的认知对抗活动","是以信息与知识为中介的社会对抗活动"。① 这个界定过于抽象,涵盖内容过于宽泛。无论就学术研究还是具体实践来说,从广义的角度界定"情报"更有意义。"情报"或"情报活动",是包括从过程到结果的一个完整的概念,一般所说的情报其实也涵盖了情报活动。"情报或情报活动是政府和政党组织等团体为实现其政策目标,通过各种手段收集和分析所需信息,并将之形成决策、付诸行动的活动。"具体来说,它包括搜集、分析、反情报和隐蔽行动。总之,上述表述虽然不尽相同,但都表明情报活动是为实现国家战略和政策的重要活动,也都凸显了情报在国家治理和人类社会发展中的重要性。

事实上,情报活动源远流长,如果我们从战争对抗的视角考察,它至少与战争一样古老。从人类社会有战争开始,交战双方为了战胜对方,取得胜利,必须收集和分析己方和对方以及战场环境等相关信息,破坏敌方的情报来源,由此便产生了"情报"和"情报活动"。当然,早期的情报活动方式是原始的、简单的,带有某种自发性质。随着人类文明的发展,也即生产力和科学技术的发展进步,文化教育和思想智慧的提高,情报活动方式也逐步走向多样化、复杂化和现代化。我国著名情报史专家高金虎教授在《中西情报史》中将世界情报史的发展精辟地总结为三个时期,"即萌芽时期(从远古至1789年)、发展时期(1789—1945年)、成熟时期(1945年至今)"。② 第三个时期的70多年来,大部分时间处于东西方冷战时期,情报活动成为东西方冷战的重要内容,同时也在东西方冷战中走向全面成熟。因此,研究冷战国际史不可不研究美苏等国在冷战期间的情报活动,研究情报史也不可不研究东西方冷战史。在这里,情报学和冷战史这两门不同的学科交织在一起。这是研究"情报与冷战史"的意义之一。

二、东西方冷战也是一场情报大战

冷战期间东西方两大阵营展开了激烈的政治、经济、军事、外交、意

---

① 赵冰峰:《情报学》,金城出版社,2018,第18页。
② 高金虎:《中西情报史》,江苏人民出版社,2017,第4页。

识形态、科技文化等各方面的争夺,其中情报大战尤其激烈,极大地影响了冷战的结局和世界历史的进程。

(一)情报机构的调整完善

1947年冷战爆发后,为适应冷战争夺的需要,美、苏、英等主要当事国都分别调整与完善了其情报机构。1947年7月,美国国会通过《国家安全法》,9月即成立国家安全委员会和中情局,负责领导和实施国家的安全和情报工作。除中情局外,美国还设立了国家安全局、国务院情报研究局、国防情报局、国家地理空间情报局、空中侦察计划与海陆空各军种情报单位以及10个联合战区司令部下设的情报部门,共有几十个情报单位,从事情报工作的人员达数万人,仅中情局人数最多时就有1.5万多人,组成了一个在美国历史上空前的、世界历史上最庞大的情报网络。

苏联在1946年即对情报与安全机构进行了改组,成立了内务部和国家安全部,翌年成立了情报委员会。之后,由于内部矛盾,几经调整,1954年成立国家安全委员会(克格勃),其国家情报机构最终定型。冷战时期苏联的情报组织由克格勃和格鲁乌(总参情报局)两大系统组成。苏联所有的情报活动,都由这两个机构执行。[①]

英国是十分重视情报活动的西方大国,在20世纪初即基本形成了以安全局(军情五局,MI5)和秘密情报局(军情六局,MI6)为主体的现代情报组织体系。二战期间,这两个情报机构在收集情报、反击法西斯国家的间谍活动、在敌后实施秘密行动等方面发挥了重要作用。二战后,随着东西方冷战的酝酿爆发,英国也对其情报机构进行了调整,1946年10月特种作战局并入秘密情报局,成为该局的"特别政治行动处",主要负责对外实施隐蔽行动。这一年,英国还把政府密码学校正式更名为"英国政府通讯总部",专门负责信号加密和解密,作为英国政府和军方信号情报和通信安全的重要来源和保障。[②] 此后,英国政府发布指令,明确规定:"与英国、殖民地及英联邦国家相关的秘密活动由安全局负责实施,而秘密情

---

① 闻敏:《苏联谍报70年》,金城出版社,2010,第35页。
② 迈克尔·华纳:《情报的兴衰:一部国际史》,黄日涵、邱培兵译,韩红校,社会科学文献出版社,2016,第125页。

报局在外国领土上实施相关情报活动,但是在特定情况下,即安全局和秘密情报局都得到指示的情况下,双方也可以在另一方活动范围内开展情报活动。"①

此外,法国、联邦德国、以色列、民主德国、波兰等两大阵营中的主要成员国也都建立了庞大的情报机构。

(二)情报手段的发展提升

二战后,世界进入第三次科技革命时期,随着计算机、航空航天、人造卫星、生物医学、生命科学等科学技术的快速发展,情报收集、情报分析、反间谍技术、隐蔽行动等情报活动的方法手段也变得更加丰富多样,也使东西方冷战争夺更加激烈。一个典型例子是美国从1956年开始用U–2侦察机对苏联进行高空侦察,传回有关苏联核武器、其他战略武器等的大量信息,甚至绘制了苏联的空防图,为美国战略空军司令部提供了军事打击目标。它所收集的情报让华盛顿"可以充满自信地面对苏联虚张声势的恐吓"。② 苏联的雷达虽然早就发现了U–2侦察机,但由于U–2侦察机飞行高度达2.1万米,起初苏联的导弹和战斗机都打不到。之后随着苏联导弹技术的提高,在1960年5月1日终于击落了美国的一架U–2侦察机,俘虏了飞行员,掌握了美国长期侵犯苏联领空的证据,导致两国关系迅速恶化,掀起第二次冷战高潮。1962年,美国U–2侦察机在古巴上空发现了苏联在古巴的导弹基地,触发了几乎走向核战争的古巴导弹危机。

(三)情报活动频繁激烈

冷战期间,美苏双方都开展了频繁的情报活动,掀起了隐秘而激烈的间谍大战、反间谍大战和隐蔽行动。

1. 间谍和反间谍大战

双方除了秘密派遣本国间谍以外交官、记者、学者、商人等身份为掩护,打入对方内部收集情报,还竭力收买对方的政府官员、情报人员、军

---

① 高金虎:《中西情报史》,第499页。
② 迈克尔·华纳:《情报的兴衰:一部国际史》,第138页。

人、科学家等为本国提供情报。在这方面，美国1952年11月收买了苏军总参情报局派驻维也纳的波波夫中校，1952—1958年，波波夫每月都和中情局特工会面一两次，向美国提供了大量有关苏联军事实力和苏联国际间谍活动的情报，包括苏联在欧洲的特工名单等重要情报，"至少为美国人节省了5亿美元的军备研究经费，同时对苏联的军事情报组织造成了极大的危害"。1961年，英国秘密情报局招募了苏军总参情报局的奥里加·潘考夫斯基上校，美国中情局很快插手，"在随后的16个月中，潘考夫斯基向英美两国情报机构提供了他们见过的质量最高的材料，包括苏联军事战略的最新情报、苏联武器系统的大量文件"，以及克格勃和总参情报局针对美国的谍报细节等。① 中情局还从收买招募的其他苏联间谍手里获取了关于苏联远程轰炸机、洲际弹道导弹、潜艇技术、核武器、军队战斗序列、科技发展等的大量资料。

苏联也不甘落后，在二战结束前即已在西方建立了高效的谍报网络，为苏联提供了美英研制原子弹的重要资料。20世纪50年代中期，苏联收买了美国军官威廉·亨利·惠伦中校（William Henry Whalen）。1957年，惠伦升职为美军联合情报调查局（Joint Intelligence Objectives Agency）副主席，1959年又当选为陆军参谋长情报顾问，这是美国最高级别的情报职位之一。居此高位，他为苏联提供了大量美国军事情报，成为充当苏联间谍的最高级别的美国军官。②

2. 隐蔽行动大战

所谓隐蔽行动（Covert Action, Covert Operation），根据1991年8月14日美国国会通过的《1991财政年度情报授权法》的界定："隐蔽行动意指美国政府影响国外的政治、经济或军事形势的活动，并且要使美国政府的作用不被暴露或公开承认"，但不包括主要目的是获得情报的活动、传统的反间谍活动、传统的外交或军事活动或对这些活动的日常支持等。该法也特别强调"不能采取旨在影响美国政治进程、公众舆论、政策或媒体的隐

---

① 徐维源：《美国中央情报局——从罗斯福到小布什》，学林出版社，2002，第73—75页。
② 爱德华·爱泼斯坦：《骗中骗：克格勃与中情局的无声战争》，杨哲译，金城出版社，2011，第149—150页。

蔽行动"。①

关于隐蔽行动是否属于情报活动的一部分，美国学术界有不同观点。有种观点认为，隐蔽行动是执行政策的一个手段，与情报的其他职能相去甚远，因此将隐蔽行动视为情报工作的一部分不准确，把它视为一种外交政策工具更为合理，它与外交手段、公开外交、经济援助、公开宣传、武力威胁等一样，同为外交政策工具。②对此，至少可以从三个方面分析：首先，从隐蔽行动的属性看，它是一种秘密活动，需要掩盖政府的作用，这与公开外交截然不同；其次，从它与情报收集和反间谍活动的关系看，它们联系紧密，同属秘密活动，在一些情报收集和反间谍活动中，需要采取隐蔽行动的手段；最后，隐蔽行动实施虽然有时也有外交、军事、商贸等部门参与，但主体是情报部门。因此，将隐蔽行动作为情报活动的一部分更为合适。从学科的角度看，它也应列入情报学。在情报学下，可将其设为一个专业来研究。

关于冷战期间美国对外实施的隐蔽行动，我国学界已有较多研究成果。特别是南京大学石斌教授主编的"美国海外隐蔽行动研究系列"丛书已出版10本，对冷战期间美国实施的一些重大隐蔽行动进行了系统深入的研究。浙江大学的张杨教授、程早霞教授、刘国柱教授，南开大学的赵学功教授，东北师大的李晔教授，南京大学的舒建中教授，长安大学的史澎海教授，西北大学的刘磊副教授，首都师大的翟韬副教授等学者的许多成果也属对美国隐蔽行动的研究。可以说，冷战时期美国的对外隐蔽行动无所不在、无孔不入，仍有大量研究工作需要去做，这里不再赘述。

关于苏联对外实施的隐蔽行动，目前国内学界的研究极其薄弱，还处于起步阶段，是需要大力开拓的研究领域。

事实上，冷战期间苏联也实施了大量隐蔽行动。冷战爆发后，美国制

---

① *Intelligence Authorization Act*, Fiscal year 1991, Public Law 102-88, 102d Congress, U.S.A.. 转引自 Twentieth Century Fund, *The Need to Know: The Report of the Twentieth Century Fund Task Force on Covert Action and American Democracy*, p.103。

② 艾布拉姆·N. 舒尔斯基、加里·J. 斯密特：《无声的战争——认识情报世界》第三版，罗明安、肖皓元译，高金虎审校，金城出版社，2011，第158页。

定实施隐蔽行动战略的一个借口即为苏联在对西方实施隐蔽行动。① 在隐蔽政治行动方面，苏联为了与美英等国争夺，长期秘密支持一些国家的共产党等左翼组织，给其提供活动经费，进行培训指导，帮助其竞选或武装夺权。在隐蔽经济行动方面，为了打破巴统组织的贸易禁运，苏联在荷兰、奥地利、瑞士、加拿大、法国等国设立掩护公司，与目标公司进行贸易。如克格勃的一个秘密情报员雅各布·凯尔默是以色列人，他在以色列成立了DEK电子公司，表面上是美国公司驻以色列的代表，美国商务部允许他为以色列购买可用于测试核武器、激光和其他军事装备的美国高频示波仪，这些仪器在运到维也纳后就不知去向了。此事暴露后，他又找到有犹太人血统的加拿大律师彼得·维拉格，求其帮助。随后，维拉格在加拿大注册了德·维米测试实验室，从事集成电路的测试和生产。该实验室从美国制造商那里购买了高级计算机和电子设备，这些设备被运到阿姆斯特丹，然后转运到了苏联。② 在隐蔽宣传行动方面，苏联暗中收买资助一些西方媒体、记者、学者等精英人士乃至操纵一些国际组织，进行亲苏亲共、批评西方社会和美国政策的宣传。如1976年，克格勃资助法国人皮埃尔·夏尔勒·巴斯创办了政治新闻报《综合报》(Synthesis)，在其后三年，该新闻社接触了大部分法国政治精英（70%的众议院成员一度都是其订户），诋毁攻击西方的利益和政策，夸大法国与其他北约成员国（尤其是联邦德国和美国）之间的利益和政策差异，为苏联及其盟国辩护。1979年，他在巴黎郊区秘密会见克格勃官员并接受其资金时被发现，事情败露后被捕。③ 在准军事行动方面，苏联也和美国一样，给一些国家的反政府武装提供经费、武器装备和军事训练等，以图推翻该国亲美政府，与美国争夺势力范围。冷战期间苏联的对外隐蔽行动由此可见一斑。

冷战期间，美、苏、英等国的情报活动频繁激烈，不胜枚举。可以

---

① NSC10/2, National Security Council Directive on Office of Special Projects, *FRUS, 1945-1950: Emergence of the Intelligence Establishment, Document 292,* http://www.state.gov/www/about-state/history/intel/290-300.html, accessed May 6, 2022.

② 约翰·巴伦：《今日克格勃》，群众出版社，1985，第219—222页。转引自闻敏：《苏联谍报70年》，第46页。

③ 艾布拉姆·N. 舒尔斯基、加里·J. 斯密特：《无声的战争——认识情报世界》第三版，第132页。

说,一场东西方冷战实际上就是美、苏、英等国的情报大战。

三、情报活动是当今国际社会大国竞争的重要手段

冷战结束迄今已30余年,世界并未因之走向太平,国家矛盾、民族冲突、种族骚乱、恐怖主义、地区动荡、大国竞争等一系列问题愈演愈烈。特别是作为唯一超级大国的美国,为了维护其世界霸主地位和国际金融资本利益,让21世纪仍然成为美国世纪,通过中情局、美国国家民主基金会、非政府组织等机构,到处策动"颜色革命",不断加剧国际紧张局势。

从美国对华政策和中美关系来说,克林顿政府时期美国即对中国实施了"边接触、边遏制"的政策。小布什上台后将中国确定为竞争对手,开始对中国实施更强硬的遏制政策,只是由于"9·11"事件的发生和反恐战争,打乱了其对华战略部署,他不得不寻求与中国的反恐合作。2010年,中国的GDP跃升至世界第二位,奥巴马政府不顾中国为美国摆脱金融危机提供的帮助,迅速调整对华政策,提出"亚太再平衡战略",将矛头直接对准了中国。2017年12月,特朗普政府在《美国国家安全战略》中将中国确定为美国最大的战略竞争对手,开始对中国实施全面打压遏制,力图挑起对华新冷战。拜登政府基本继承了特朗普政府的对华政策,正在竭力拉拢其西方盟国和中国周边国家,企图构建反华包围圈,对中国实施全面遏制。

美国与俄罗斯关系近年来不断恶化,跌至冷战结束以来的最低点,有些西方学者认为美俄已处于新冷战之中。英国在脱欧后颇有些失落孤独,为了扩大其影响,"刷存在感",积极追随美国,在世界各地搅局。此外,日本为了应对钓鱼岛争端,力图加强美日同盟。印度大国野心膨胀,不时越线蚕食我国领土,同时为了提升其国际地位,也在拉近与美国的关系。全球新冠肺炎疫情的迅猛发展更加剧了国际局势的紧张。国际关系如此错综复杂,世界正处于百年未有之大变局。在这样的形势下,各大国都在采取各种手段、使出浑身解数维护国家利益,实现国家战略目标,情报活动必然是重要手段之一,并将掀起一场新的情报大战。

事实上,冷战结束以来,美英等国从未停止情报活动。如美国国会在

1994年通过法案，再次设立"自由亚洲"电台，让其以民间电台的面目出现，对中国实施隐蔽宣传行动。①美国对"藏独""疆独""港独"势力给予公开与隐蔽的多方面支持，通过美国国家民主基金会提供大量经费并给予指导，阴谋分裂中国。2014年，香港发生非法"占领中环"运动，时任美国驻港总领事夏千福（Clifford A. Hart, Jr.）暗中参与策划，乱港头子李柱铭等人跑到美国，与美国国家民主基金会商讨行动计划，并受到美国时任副总统拜登的接见。2019年6月在香港发生的暴乱同样有美国的黑手，几个"港独"分子事前也与美国国家民主基金会进行了商讨，获得大量经费，并会见了美国时任副总统彭斯、国务卿蓬佩奥、总统国家安全事务助理博尔顿、众议院外交事务委员会主席艾略特·恩格尔和参议院议员鲁比欧等人。2019年8月，有人拍到"港独"分子黄之锋等几人与美国驻港总领事馆政治部主管朱莉密会的照片。②

1991年海湾战争以后，美国一直在伊拉克实施隐蔽行动，企图颠覆萨达姆政权，如实施隐蔽的政治战，培植反对派，分裂萨达姆政权的领导层等。只是由于萨达姆的高压统治和严密控制，隐蔽行动难以奏效，美国才于2003年发动伊拉克战争，用军事手段推翻了萨达姆政权，实现了其夙愿。2003年以来，格鲁吉亚、乌克兰、吉尔吉斯斯坦等国相继发生了"颜色革命"，在突尼斯、埃及、叙利亚等中东国家发生了"阿拉伯之春"，幕后均有美国的黑手操纵。在这些事件中，美国的一个典型做法是通过非政府组织扶植资助这些国家的反对派，大造舆论，攻击现政府，并利用全国选举等时机，发动所谓非暴力的"颜色革命"，推翻不能满足美国利益的政府，建立亲美政权。2004年11月，乌克兰发生"橙色革命"后，美国

---

① SEC. 309. (22 U.S.C. 6208) Radio Free Asia, *United States International Broadcasting Act of 1994* (Title III of Public Law 103–236, Enacted April 30, 1994), https://legcounsel.house.gov/Comps/United%20States%20International%20Broadcasting%20Act%20Of%201994.pdf. 从建立到1999年，美国政府给其拨款的数字为：1995年500万美元，1996年500万美元，1997年930万美元，1998年2410万美元，1999年2200万美元（估计）。Susan B. Epstein, *Radio Free Asia: Background, Funding, and Policy Issues*, Congressional Research Service (CRS) Report for Congress, 97-52 F, July 21, 1999.

② 罗斯义：《香港暴乱究竟谁在背后指使？》，中国日报网，2019年8月30日，http://www.news.cnr.cn/native/gd/20190830，访问日期：2019年10月2日。作者罗斯义系英国伦敦经济与商业政策署前署长，现为中国人民大学重阳金融研究院高级研究员。

国务院发言人鲍彻承认，美国通过美国国家民主基金会向乌克兰捐献了资金。美国国家民主基金会的官员则坦承，仅2003—2004年，美国就给乌克兰反对派资助了6500万美元。小布什总统也毫不讳言，他在2005年5月18日出席非政府组织国际共和学院组织的自由奖年度颁奖仪式时透露："为了在阿富汗和伊拉克推进民主、进行政权更迭，美国几乎耗费了3000亿美元；相反，在策划上述几个国家'颜色革命'的过程中，美国仅仅花费了不足46亿美元，可谓是花钱少，办事多，起到了事半功倍的效果。"①

近年来，随着第四次科技革命的展开，美英等西方大国的情报活动也具有了新的特点，更多地运用电子技术、无线网络、人工智能等高新技术，这就更增加了情报活动的复杂性和功效。在这样的背景下，开展和加强对情报与冷战史的研究，在历史中汲取智慧和力量，提供借鉴，具有重要的现实意义。

我国著名世界史专家钱乘旦教授认为："在20世纪下半叶，交叉之风盛行于理工科，由此造成科学技术的爆炸式突破。""我们静观过去半个多世纪文科的发展，重大的学术成就也离不开学科交叉，甚至是大跨度的交叉。"② 从学科的角度讲，"情报与冷战史"既属于情报学，也属于世界史学科下的冷战史，是这两个学科的交汇。如果我们充分发挥两个学科的优势，将情报学的理论性和实践性与世界史的宏观性和历时性、共性和个性等特点相结合，开展研究，必将产生1+1>2的效果，产出更多有价值的成果。

---

① 傅宝安、吴才焕、丁晓强编《"颜色革命"：挑战与启示》，江西人民出版社，2006，第159—161页。
② 钱乘旦：《文科为什么要交叉——兼论知识发展的一般规律》，《文化纵横》2020年第5期，第134页。

美国隐蔽行动的政策起源（1947—1948）

舒建中*

摘　要：自冷战格局形成以来，隐蔽行动一直是美国对外政策的工具。1947—1948年是美国隐蔽行动政策的形成时期，其间，美国政府内部围绕隐蔽行动展开了激烈争论。在政策内涵方面，美国的隐蔽行动理念经历了从心理战到隐蔽心理行动，再到政治战和隐蔽行动的演进历程，隐蔽行动的政策含义逐渐清晰。在执行机构方面，美国国务院和中情局围绕隐蔽行动主导权的争斗始终贯穿其中，并以中情局获得隐蔽行动的主导权宣告结束。正是在政策争论的过程中，美国的隐蔽行动政策基本定型，包含了政策内涵、执行机构以及行动类型和功能的隐蔽行动体系初步确立，一套完整的美国隐蔽行动政策框架和实施路径初具规模。

关键词：美国隐蔽行动；心理战；政治战；政策起源

　　自冷战格局形成以来，隐蔽行动就是美国对外政策和战略的重要工具之一。从某种意义上讲，美国的冷战战略可以理解为"吹黑哨、下黑棋、打黑枪"的政治博弈，隐蔽行动则是最符合冷战特征的政策手段，是冷战含义的集中体现。纵观冷战历程，隐蔽行动是美国进行冷战较量的特殊且持久的方式，是美国实施冷战战略的利器。鉴于此，厘清美国隐蔽行动的确立和发展过程，对于准确认识美国隐蔽行动战略的含义、类型和政策手段无疑具有重要意义。本文利用美国解密的档案材料，致力于探究美国政府内部围绕隐蔽行动的政策争论，进而梳理美国隐蔽行动的政策内涵以及隐蔽行动组织机构的创建历程，以期廓清美国隐蔽行动的政策起源。

---

* 舒建中，南京大学历史学院教授、博士生导师。

一、心理战与美国隐蔽行动的政策发端

二战结束后,美苏战时盟友关系迅速走向破裂,双方龃龉不断。为应对美苏关系的变化,维护美国在世界政治中的领导地位,美国总统杜鲁门早在1946年初就首度表示应构建新的美国国家安全结构。① 此后,美国政府内部就此展开了密集磋商。1947年2月,杜鲁门提请国会审议国家安全法案,主张设立美国国家安全委员会,同时成立中央情报局(中情局),该局应在国家安全委员会指导下行使与国家安全有关的情报职能。3月,杜鲁门主义出笼,美苏冷战格局正式形成,在此背景下,谋划具体的冷战对抗战略、遏制所谓共产主义扩张就提上了美国对外政策中最重要的议事日程。经反复讨论,美国国会于7月通过《1947年国家安全法》并经杜鲁门签署生效,美国国家安全委员会及其下属机构中情局随之建立,由此框定了美国现代情报体系的基本架构。

关于中情局的职责范围,在酝酿国家安全法之际,美国政府内部就展开了激烈争论。不管是陆军部、海军部,还是国务院,均不愿放弃手中的情报资源,反对设立一个可以掌控所有情报的中心化的新机构。② 尽管《1947年国家安全法》规定设立中情局,但根据授权,中情局的职责是:就情报活动提出建议;协调政府各部门的情报活动;情报搜集和评估;按照国家安全委员会的指示,履行与国家安全有关的其他职能。诚然,《1947年国家安全法》规定了中情局协调政府各部门情报活动的责任,却没有赋予直接的权力以履行此种职责,在军方和国务院等部门依然保有相应情报机构和资源并各自为政的情况下,中情局实际上无法有效展开情报协调和评估工作。③ 从历史上看,美国的情报工作主要分属军方和国务院,对于新设立的中情局,其他相关机构均不予理睬。由于美国政府内部官僚竞争

---

① Richard E. Schroeder, *The Foundation of the CIA: Harry Truman, the Missouri Gang, and the Origins of the Cold War* (Columbia: University of Missouri Press, 2017), p. 93.
② Sherman Kent, *Strategic Intelligence for American World Policy* (Princeton: Princeton University Press, 1966), pp. 81-83.
③ Michael Warner, *The Rise and Fall of Intelligence: An International Security History* (Washington, D.C.: Georgetown University Press, 2014), p. 142.

的掣肘，以及《1947年国家安全法》的模糊规定，中情局在建立之初只是一个情报协调机构而非行动机构。① 同时应当看到，职责划分的含糊不清亦为美国政府相关部门争夺隐蔽行动的主导权埋下了伏笔。

随着冷战的逐步推进，美国政府开始酝酿全面的冷战对抗战略，以秘密方式展开宣传战和颠覆活动成为中情局首先思考的问题。1947年9月25日，中情局顾问劳伦斯·休斯顿（Lawrence Houston）向中情局首任局长罗斯科·希伦科特（Roscoe Hillenkoetter）提交备忘录，对中情局的职能做出延伸解读。休斯顿认为，根据《1947年国家安全法》的有关规定，黑色宣传、秘密渗透、暗中破坏、支持游击活动、组织抵抗运动等，均属中情局的职责范围，是阻止共产主义扩张的政策手段，为此中情局必须尽快制订相应的秘密行动计划。② 尽管休斯顿的建议没有明确提及隐蔽行动的概念，但该备忘录对中情局职能的延伸解读表明了中情局试图获取行动职权的意图，显露了寻求确立秘密行动③ 政策的端倪，为中情局酝酿系统的隐蔽行动方案提供了最初的思路，拉开了美国政府谋划隐蔽行动政策的帷幕。

与此同时，美国政府相关部门亦围绕心理战问题展开了讨论。1947年9月30日，美国国务院—陆海军协调委员会（SWNCC）拟定了一份政策文件，率先呼吁组建一个美国国家心理战组织。10月15日，美国国务院—陆海空军协调委员会（SANACC）下属特别研究和评估委员会提出略做充实的报告，就国家心理战组织的授权、结构以及活动等问题提出初步构想。④ 与休斯顿建议关注秘密行动不同，美国国务院—陆海空军协调委员会侧重于心理战议程。鉴于国务院和军方在当时的美国对外政策决策中占据更强势的地位，因此美国国务院—陆海空军协调委员会的建议表明，在擘画美国冷战战略的初始时期，心理战占据了更加突出的位置，筹建专门

---

① John Ranelagh, *The Agency: The Rise and Decline of the CIA* (New York: Simon and Schuster, 1986), p. 211.

② U.S. Department of State, *Foreign Relations of the United States (FRUS), 1945-1950, Emergence of the Intelligence Establishment* (Washington, D.C.: U.S. Government Printing Office, 1996), pp. 622-623.

③ 在隐蔽行动的政策概念正式确立之前，秘密行动是美国隐蔽行动的另一种表述方式。

④ *FRUS, 1945-1950, Emergence of the Intelligence Establishment*, pp. 624-625.

的国家心理战组织并实施心理战成为美国决策者特别关注的议题。

为进一步筹划协调一致的心理战，美国国务院—陆海空军协调委员会下属专门委员会于11月7日提交题为《心理战》（编号：SANACC304/11）的报告，强调美国应利用心理战推进冷战对抗战略，首要步骤就是实现政策协调，整合相关机构，强化心理战手段。为此，该报告就美国心理战的机构设置、政策协调等提出更为详细的方案。11月13日，国务院—陆海空军协调委员会批准该报告。11月14日举行的美国国家安全委员会第二次会议专门讨论了国务院—陆海空军协调委员会提交的《心理战》报告，并决定由国家安全委员会办公室做出修改。[①] 至此，由美国国务院—陆海空军协调委员会倡导的心理战成为美国冷战战略设计的优先议程。

12月9日，美国国家安全委员会执行秘书悉尼·索尔斯（Sidney W. Souers）根据国家安全委员会第二次会议的决定，对国务院—陆海空军协调委员会提交的《心理战》报告做出进一步的修改，并将题为《心理行动》的文件及其附件《致中情局局长希伦科特的指令草案》提交国家安全委员会审议，文件编号为NSC4-A。其中，《心理行动》指出，美国隐蔽心理行动的目的就是抵消苏联以及苏联授意的活动，中情局实施的隐蔽心理行动必须符合美国的对外政策。《致中情局局长希伦科特的指令草案》则细化了隐蔽心理行动的目标和实施程序，其主要内容为：第一，国家安全委员会认为，苏联及其卫星国和共产主义集团正借助恶毒的心理战诋毁并挫败美国以及其他西方国家的政策目标和行动。为维护美国的国家安全，国家安全委员会决定用隐蔽心理行动补充美国的对外情报活动。第二，根据《1947年国家安全法》，国家安全委员会授权中情局发起并实施隐蔽心理行动。第三，中情局的隐蔽心理行动计划应获得国家安全委员会的同意，同时确保中情局的秘密策略、行动资源和联络渠道等不致泄露。12月17日，美国国家安全委员会召开第四次会议，正式批准了《心理行动》以及略做修改的《国家安全委员会致中情局局长希伦科特的指令》并经杜鲁门签署生效。[②]

---

① FRUS, 1945-1950, Emergence of the Intelligence Establishment, pp. 635-638.
② FRUS, 1945-1950, Emergence of the Intelligence Establishment, pp. 643-645, 650-651.

由此可见，与美国国务院—陆海空军协调委员会主张设立一个专门的国家心理战组织并展开心理战不同，NSC4-A号文件明确提出了隐蔽心理行动的政策概念，并将实施隐蔽心理行动的职责赋予中情局。因此，尽管有组织的心理战由国务院—陆海空军协调委员会率先倡导，但中情局赢得了隐蔽心理行动的主导权。实际上，中情局在建立后就已经开始实施隐蔽行动，包括隐蔽心理行动，但囿于职权划分的限制和掣肘，所有这些行动均具有非正式性。NSC4-A号文件第一次以官方文件的形式批准中情局实施隐蔽心理行动，① 因而在美国隐蔽行动政策的形成过程中具有开创性意义。诚然，NSC4-A号文件对中情局的授权仅限于隐蔽心理行动，但鉴于隐蔽心理行动（黑色宣传）本身就是休斯顿设计的秘密行动计划的组成部分，因此NSC4-A号文件无疑是美国政府将隐蔽行动确定为冷战手段的起点，有关心理战和隐蔽心理行动的讨论为美国设计更为广阔的隐蔽行动战略做出了前期铺垫。从这个意义上讲，NSC4-A号文件堪称冷战初期美国隐蔽行动政策设计的发端，同时彰显了隐蔽心理行动在美国隐蔽行动战略中的首要地位。②

为执行NSC4-A号文件授权的隐蔽心理行动，希伦科特随即于12月22日致函负责特别行动的局长助理唐纳德·加洛韦（Donald H. Galloway），明确指出特别行动处（Office of Special Operations）是隐蔽心理行动的执行机构，为此希伦科特要求加洛韦制订一个有关隐蔽心理行动的具体计划，包括人员安排、行动措施、资金预算等。为强化隐蔽心理行动的政策规划和组织构架，希伦科特还要求在特别行动处内设立一个新机构以加强中情局实施隐蔽心理行动的能力。③ 在希伦科特看来，中情局的隐蔽心理行动完全不同于美国政府内其他机构从事的公开对外情报活动，其目的就是暗中消除对美国不利的外国机构（包括政府、组织和个人）的能力和影响力，

---

① James Callanan, *Covert Action in the Cold War: US Policy, Intelligence and CIA Operations* (New York: I. B. Tauris, 2010), p.19.

② 关于NSC4-A号文件与美国隐蔽行动关系的论述，参见白建才：《冷战初期美国"隐蔽行动"政策的制订》，《陕西师范大学学报》（哲学社会科学版）2003年第4期，第6—8页。

③ *FRUS, 1945-1950, Emergence of the Intelligence Establishment*, pp. 651-652.

通过秘密操控外国舆论来支持美国的对外政策。①

作为落实希伦科特指示的具体步骤,特别行动处迅即于1948年3月29日制定了一份有关特别程序小组(Special Procedures Group)机构设置和功能职责的政策文件——特别行动处第18/5号指令并获得希伦科特的批准。该指令首先强调,特别程序小组的基本功能就是实施对外隐蔽心理行动。为此,该指令对隐蔽心理行动做出一个明确界定,认为隐蔽心理行动应包括物质因素之外的有关情报和信念的所有行动,且美国政府的发起角色始终保持隐蔽。随后,该指令对特别程序小组的组织结构(含计划部和行动部)及其职责做出了详细规定。② 第18/5号指令首次对隐蔽心理行动做出了正式的官方界定,尤其强调了隐藏美国政府角色在实施对外隐蔽心理行动中的重要性,从而为包括隐蔽心理行动在内的美国隐蔽行动战略的制定和实施注入了一个关键要素——着力隐藏"美国之手"。

总之,美国隐蔽行动的政策设计首先源于包括隐蔽心理行动在内的心理战,为此美国政府内部进行了充分的酝酿。根据NSC4-A号文件的规定,中情局成为实施隐蔽心理行动的主要机构,从而开启了美国隐蔽行动政策的制度化设计和实施进程。

二、政治战与美国隐蔽行动的政策争论

以NSC4-A号文件为契机,中情局有关隐蔽心理行动的政策设计取得积极进展,中情局针对1948年意大利选举的隐蔽心理行动亦逐步铺开。与此同时,美国政府内部围绕隐蔽行动主导权的争执再趋激烈,美国国务院和中情局成为权力争夺的主角,争论的中心和最激烈的问题就是隐蔽行动的执掌权。③ 此外,美国军方依然坚持原有立场,主张设立一个专门的国家心理战组织,由此导致NSC4-A号文件所确立的协调一致的隐蔽心理行

---

① David F. Rudgers, "The Origins of Covert Action," *Journal of Contemporary History* 35, no.2 (2000): 253.

② *FRUS, 1945-1950, Emergence of the Intelligence Establishment*, pp. 655-661.

③ James Callanan, *Covert Action in the Cold War: US Policy, Intelligence and CIA Operations*, p. 23.

动实际上难以协同实施。另外，随着冷战的铺展，冷战博弈的形态更显纷繁复杂，在此情况下，美国政府意识到仅仅依靠隐蔽心理行动不足以同苏联展开冷战较量。鉴于此，范畴更加广阔的政治战进入美国决策者的视野，美国的政策筹划遂从心理战转向政治战，并最终定位于隐蔽行动。①

作为新一波权力争夺的肇端，美国国务院负责公共事务的助理国务卿乔治·艾伦（George V. Allen）于1948年3月31日致函代理国务卿罗伯特·洛维特（Robert A. Lovett），强调心理战从本质上讲是政治行动，是外交部门的传统政策工具，但军方的心理战组织方案试图将国务院排斥在外。因此，艾伦主张国务院应更加深入地介入心理战的运作中。4月1日，国务院信息和教育交流办公室主任威廉·斯通（William T. Stone）亦致函洛维特，宣称非战争时期的心理战行动归根到底是政治行动，其责任应归属国务院。②至此，国务院将心理战纳入政治行动的范畴并借此争夺主导权的意图暴露无遗，美国政府内部围绕隐蔽行动的权力之争再起波澜。

4月2日，美国国家安全委员会举行第九次会议。在讨论对外情报措施的协调问题时，洛维特明确表示，国务院认为没有必要建立一个新的心理战机构，和平时期的心理战行动应由国务院掌控。③由此可见，在NSC4-A号文件已经授权中情局负责隐蔽心理行动的情况下，美国国务院的态度出现明显变化，由先前会同军方共同倡议建立一个国家心理战组织转变为反对建立新的心理战机构，实际上体现了国务院对NSC4-A号文件的抵触和不满，同时表明美国政府内部围绕心理战组织机构的争论并未停息。鉴于军方、国务院、中情局之间分歧巨大，此次会议没有就心理战组织的设置形成结论。

在讨论心理战组织机构及其主导权的过程中，国务院官员有关心理战属于政治行动范畴的观点引起"遏制政策之父"、国务院政策规划室主任乔治·凯南的共鸣。实际上，在美国政府各部门争夺心理战主导权的竞争中，国务院是最志在必得的机构，凯南则是最强有力的支持者和推动

---

① 除心理战、隐蔽心理行动、政治战等概念，在美国政府的政策酝酿过程中，秘密行动、特别行动等概念亦交互使用，直至隐蔽行动的政策概念和内涵正式确立。
② *FRUS, 1945-1950, Emergence of the Intelligence Establishment*, pp. 661-664.
③ *FRUS, 1945-1950, Emergence of the Intelligence Establishment*, p. 664.

者。① 为此，凯南精心设计了一个新的政策路径：用包含隐蔽行动的政治战取代心理战并以此作为依据，力挺国务院抢夺政治战的主导权。

在与国务院官员密集商讨的基础上，凯南于1948年5月4日向国家安全委员会提交一份题为《发起有组织的政治战》的备忘录（简称"凯南备忘录", Kennan Memorandum），呼吁美国实施有组织的政治战。"凯南备忘录"首先指出，政治战就是运用战争之外的一切手段以实现美国的政策和战略目标；从广泛的意义上讲，政治战包含公开行动和隐蔽行动两种行动类型，涵盖政治联盟、经济措施和白色宣传战等公开行动，以及暗中支持友好的外部势力、黑色心理战和鼓励敌对国家的地下抵抗运动等隐蔽行动。"凯南备忘录"声称，美国已经在公开行动的层面启动了政治战，先后提出杜鲁门主义和欧洲复兴计划，倡导西方联盟，但这些不足以应对苏联的威胁和挑战，美国还必须动员一切资源展开隐蔽层面的政治战。为此，"凯南备忘录"着重阐述了隐蔽政治战的政策构想，强调隐蔽政治战的手段包括以秘密方式鼓励苏东集团内部的反对力量和抵抗运动、支持遭受苏联威胁的自由世界国家展开抗击共产主义的运动、在自由世界实施预防性直接行动等。为有效实施公开和隐蔽方式融为一体的政治战，"凯南备忘录"认为，应在美国国家安全委员会的框架内建立一个专门的政治战行动理事会（Directorate of Political Warfare Operations），其负责人应由国务卿指定并对国务卿负责；政治战行动理事会有权管理美国实施的所有公开和隐蔽的政治战，包括发起新的行动并将现有行动置于其管理和控制之下；中情局正在实施的隐蔽政治战亦应置于政治战行动理事会的统一管辖之下。②

不难看出，一方面，"凯南备忘录"体现了凯南的遏制思想，即遏制手段主要是政治性的，政治遏制是实现遏制目标的主要手段。③ 另一方面，"凯南备忘录"亦是对美国政府内部权力之争的回应。通过将隐蔽行动作为政治战的组成部分，"凯南备忘录"从政治战的层面初步勾勒了隐蔽行动的含义，力图以政治战覆盖并统领心理战和隐蔽行动，彰显了美国国务院

---

① Richard E. Schroeder, *The Foundation of the CIA: Harry Truman, the Missouri Gang, and the Origins of the Cold War*, p. 119.
② *FRUS, 1945-1950, Emergence of the Intelligence Establishment*, pp. 668-672.
③ 张小明：《乔治·凯南遏制思想研究》，北京语言学院出版社，1994，第44页。

试图以政治战的名义执掌隐蔽行动主导权的意图。诚然，凯南的政治战理念旨在将隐蔽行动作为美国对外政策的组成部分，并以此应对冷战局势的发展，① 其基本思路就是将战争以外的所有政策工具都整合到政治战的范畴内，通过公开和隐蔽的政治战实现美国的政策和战略目标。但凯南的政治战范畴太过宽泛，混淆了美国的战略目标和实现手段之间的张力，尤其没有厘清公开手段和隐蔽手段之间的政策界限和不同的实施路径，② 从而注定了"凯南备忘录"的政策建议难以付诸实施。同时，借鉴NSC4-A号文件设计的隐蔽心理行动，"凯南备忘录"在政治战的框架下首次提出隐蔽行动的概念，从政策理念上为美国隐蔽行动的设计奠定了基础，客观上推动了美国隐蔽行动政策的规划和制定。

尽管存在一系列操作层面的问题，但"凯南备忘录"的建议，尤其是有关隐蔽政治战的倡议依然对美国的政策谋划产生了积极影响。1948年5月5日，美国国家安全委员会办公室草拟了一份题为《国家安全委员会指令草案》的文件并征求相关部门的意见。该指令草案建议在国家安全委员会的框架内设立一个特别研究局（Director of Special Studies），其局长由国务卿提名，成员分别来自陆军部、海军部、空军部和中情局。特别研究局的职责就是协调实施隐蔽行动，包括制订隐蔽行动计划。为此，《国家安全委员会指令草案》对隐蔽行动做出了新的界定，认为隐蔽行动是指运用武装冲突和公开情报手段以外的所有政策举措，目的是影响人们的思想、精神面貌和行为，进而达到美国的政策目标。③ 该指令草案沿用"凯南备忘录"设计的政治战框架内的隐蔽行动构想，以隐蔽行动为主线，单独提出并阐释了隐蔽行动的含义，呼吁制订专门的隐蔽行动计划，由此表明美国决策者开始从更为具体的隐蔽行动的层面而非宽泛的政治战的角度启动冷战战略实施路径的筹划，美国隐蔽行动的政策设计迈上新台阶。另外，该指令草案在隐蔽行动职权归属上接受"凯南备忘录"的建议，将隐蔽行动

---

① Roy Godson, *Dirty Tricks or Trump Cards: U.S. Covert Action and Counterintelligence* (Washington, D.C.: Routledge, 1995), p. 32.

② Scott Lucas and Kaeten Mistry, "Illusions of Coherence: George F. Kennan, U.S. Strategy and Political Warfare in the Early Cold War, 1946-1950," *Diplomatic History* 33, no.1 (2009): 40, 42-43.

③ *FRUS, 1945-1950, Emergence of the Intelligence Establishment*, pp. 673-674.

的主导权赋予国务院,但这一构想与NSC4-A号文件对中情局的隐蔽心理行动授权明显相悖,因此该指令草案同时体现了美国政府内部围绕隐蔽行动主导权的争执。

对于"凯南备忘录"的建议和《国家安全委员会指令草案》的职权划分,中情局立即表示反对。5月5日和6日,希伦科特连续致函国家安全委员会执行秘书索尔斯,强调根据《1947年国家安全法》的授权,中情局在隐蔽行动领域已经采取措施并取得积极进展,在隐蔽心理行动(包括战术心理战和战略心理战)领域更是积累了相当的经验,但特别研究局的设立意味着将秘密情报和特别行动置于不同机构的管辖之下,其结果是扰乱中情局现有的计划和行动,损害美国的国家安全。[①] 希伦科特的反驳显然意在捍卫中情局对隐蔽心理行动的控制权并争夺隐蔽行动的主导权,但同时为界定隐蔽心理行动的类型和功能提供了新的思路。

实际上,对于隐蔽行动的政策设计和机构设置,美国国家安全委员会内部也没有形成一致意见,国务院和中情局的立场均在权衡斟酌之列。5月13日,由美国国家安全委员会任命的情报调查小组向索尔斯递交了一份题为《秘密行动和秘密情报的关系》(简称"5·13备忘录",Memorandum of May 13)的备忘录,强调中情局根据NSC4-A号文件实施的隐蔽心理行动同其他类型的秘密行动是密不可分、相互联系的。"5·13备忘录"特别指出,秘密行动和秘密情报是一个有机整体,秘密行动和秘密情报的政策设计和具体实施是一个微妙的领域,应置于统一机构的指导和统领之下,由熟悉秘密情报和秘密行动的官员加以管理,否则秘密行动的实施将遭到破坏,并招致严重的安全风险。为此,"5·13备忘录"建议由中情局局长统领所有形式的秘密行动,包括秘密情报、隐蔽心理行动以及其他类型的隐蔽行动。[②] 由此不难看出,"5·13备忘录"明显倾向于中情局和希伦科特的立场,其对秘密行动和秘密情报之间关系的分析切中隐蔽行动的特点和属性,为中情局争夺并执掌隐蔽行动主导权提供了有力的支撑,为美国隐蔽行动的组织框架和制度构建提供了更具可行性的方案。

---

① FRUS, 1945-1950, Emergence of the Intelligence Establishment, pp. 674-676.
② FRUS, 1945-1950, Emergence of the Intelligence Establishment, pp. 681-684.

在5月20日举行的美国国家安全委员会第十一次会议上，与会者围绕隐蔽行动执行机构问题再度展开了一场激烈争论。陆军部长肯尼思·罗亚尔（Kenneth C. Royall）明确反对设立特别研究局，强调中情局足以承担统领隐蔽行动的职责。罗亚尔的观点得到国防部长詹姆斯·福里斯特尔（James Forrestal）的原则认同。副国务卿洛维特则明确表示反对，坚持认为中情局不应从事隐蔽行动，声称不应将中情局变成盖世太保。中情局局长希伦科特重申隐蔽行动归属中情局的职责范围，特别研究局不适合从事暗中破坏和反破坏等隐蔽行动。① 显然，随着隐蔽行动政策概念的逐渐清晰，同时借助军方的支持，中情局开始在争论中占据上风。

6月3日，美国国家安全委员会举行第十二次会议，继续讨论隐蔽行动执行机构问题。由于各方立场相持不下，会议遂要求国家安全委员会办公室重新起草报告。② 至此，美国隐蔽行动主导权之争开始了新一轮洗牌。③

总之，基于借助政治战名义争夺隐蔽行动主导权的考量，凯南提出了以政治战作为核心理念的"凯南备忘录"，由此引发了美国政府内部围绕政治战和隐蔽行动的新一波争论。中情局则强调隐蔽行动的特殊性，推动美国国家安全委员会情报调查小组提出"5·13备忘录"，与"凯南备忘录"形成颉颃之势。随着争论的深入，将实施隐蔽行动的职权划归中情局的趋势逐渐明朗，美国隐蔽行动的政策设计和职权归属进入最终定型阶段。

三、美国隐蔽行动政策的确立

根据1948年6月3日会议的决定，美国国家安全委员会办公室马不停蹄地展开新的政策设计，并于1948年6月4日起草了一份新的原则文件，

---

① *FRUS, 1945-1950, Emergence of the Intelligence Establishment*, pp. 685-687.
② *FRUS, 1945-1950, Emergence of the Intelligence Establishment*, pp. 694-698.
③ 力主由国务院掌控包括隐蔽行动在内的政治战主导权的阵营主要是以凯南为代表的国务院官员，但随着隐蔽行动概念的逐步廓清，国务卿马歇尔的立场出现变化。在马歇尔看来，将隐蔽行动的职责归属国务院将侵蚀其他国家对美国外交的信任；一旦隐蔽行动败露，更将严重损害美国的对外政策。马歇尔态度的转变成为推动中情局最终获得隐蔽行动主导权的因素之一。参见William J. Daugherty, *Executive Secrets: Covert Action and the Presidency* (Lexington: The University Press of Kentucky, 2004), p. 121。

建议秘密情报和隐蔽行动的职责（包括隐蔽心理行动）划归中情局下设机构特别服务机构；除归属中情局领导，特别服务机构还应接受国务院和国防部的政策指导。①作为受命重新起草报告之后迅即提出的新政策建议，该原则文件基本采纳了"5·13备忘录"的政策构想，由此表明美国政府内部围绕隐蔽行动执行机构的争论已经倾向于中情局一方。

在6月4日原则文件的基础上，美国国家安全委员会就隐蔽行动制定了新的政策方案。6月7日，美国国家安全委员会执行秘书助理小詹姆斯·莱（James S. Lay, Jr.）以备忘录的方式将一份国家安全委员会拟议指令（简称"6·7备忘录"，*Memorandum of June 7*）递交希伦科特，并随即分发给政府相关部门征求意见。"6·7备忘录"首先指出，中情局已根据NSC4-A号文件的规定展开隐蔽心理行动，同时根据国家安全委员会的授权在国外展开间谍和反间谍行动，这就意味着中情局已经拥有从事所有隐蔽行动的资源，因而不必创设新的隐蔽行动机构。鉴于此，国家安全委员会建议，所有隐蔽行动（包括隐蔽心理行动）的规划和实施均交由中情局下设机构特别服务处（Office of Special Services）负责执行，其负责人应由中情局局长提名并报国家安全委员会批准；出于安全方面的考量，特别服务处应是中情局内部享有高度自治权的机构。为协调政府内部的分歧，"6·7备忘录"还建议设立一个行动咨询委员会，成员由国务院和国防部官员组成，其职责是为中情局的隐蔽行动提供政策指导，协助中情局拟订隐蔽行动计划。此外，"6·7备忘录"对隐蔽行动的内涵做出了更加完整的政策界定，强调隐蔽行动包括美国政府秘密实施或资助的反对敌对国家或集团、支持友好国家或集团的所有行动；在隐蔽行动的规划和实施过程中，美国政府的责任并非显而易见，即使行动败露，美国政府亦可巧言否认。关于隐蔽行动的范畴，"6·7备忘录"认为，隐蔽行动涵盖所有类型的秘密行动，诸如秘密宣传、预防性直接行动（包括暗中破坏和反破坏、拆毁和爆破）、颠覆敌对国家（包括援助地下抵抗运动、游击武装以及难民团体）、支持"自由世界"的反共产主义势力等。②

---

① *FRUS, 1945-1950, Emergence of the Intelligence Establishment*, p. 699.
② *FRUS, 1945-1950, Emergence of the Intelligence Establishment*, pp. 699-702.

作为新的政策方案，"6·7备忘录"表明，美国国家安全委员会已就隐蔽行动的执行机构达成一定共识，建议将隐蔽行动的职责赋予中情局下设的特别服务处。更为重要的是，"6·7备忘录"对隐蔽行动的政策含义、基本特征（巧言否认）和主要类型做出了更为清晰的界定，将美国政府有关隐蔽行动的政策筹划提升到一个新的高度，为美国隐蔽行动的政策设计提供了新的依据。从这个意义上讲，"6·7备忘录"是美国隐蔽行动政策形成过程中的一个重要节点，有力地推动了美国隐蔽行动政策与战略的最终确立。

对于"6·7备忘录"的政策建议，力主将隐蔽行动主导权赋予美国国务院的凯南立即提出异议。6月8日，凯南致函洛维特，一方面承认"6·7备忘录"是6月3日美国国家安全委员会会议讨论的结果，一方面又抱怨称，"6·7备忘录"完全没有满足国务院政策规划室提出的有关政治战的主张，将引发政府内部的困惑。凯南声称，如果国务院无法获得政治战的主导权，那么国务院应要求撤销"6·7备忘录"，同时放弃展开政治战的政策构想。但凯南也不得不承认，国务院执掌隐蔽行动主导权的努力将面临重重障碍。① 由此可见，面对权力争夺中遭遇的挫折，凯南试图挽回局面，美国政府内部围绕隐蔽行动执行机构的争执仍在延续。

与此同时，中情局亦对"6·7备忘录"做出回应。6月9日，希伦科特致函莱，针对国家安全委员会办公室新方案中有关行动咨询委员会的设立，尤其是特别项目处（Office of Special Projects，即原称的特别服务处）的职权提出不同的意见。希伦科特开门见山地指出，国务院明显不会同中情局在政治战领域展开合作，因此中情局不愿牵扯其中，宁愿由国务院独自从事政治战。关于特别项目处，希伦科特强调，一旦赋予特别项目处以高度自治权，那么特别项目处将成为中情局内"自由运转的车轮"，进而引发管理上的混乱；而且，中情局已经下设一个特别行动处，鉴于此，特别项目处的设立无疑将导致机构重叠。② 至此，除与国务院立场相左，中情局还在特别服务机构的设立和职权问题上持有异议。

---

① FRUS, 1945-1950, Emergence of the Intelligence Establishment, pp. 702-703.
② FRUS, 1945-1950, Emergence of the Intelligence Establishment, pp. 703-705.

在综合考虑及平衡政府各部门立场的基础上，索尔斯于6月15日向国家安全委员会提交一份题为《国家安全委员会拟议指令》的新报告，此即NSC10/1号文件。总体上讲，NSC10/1号文件沿袭了"6·7备忘录"的主要内容，同时做出了相应的扩展和调整：第一，所有隐蔽行动均置于中情局的框架内，由中情局局长统筹领导；第二，在中情局之下设立一个特别项目处，其负责人由国务卿提名，并应征得中情局局长的同意和国家安全委员会的批准，特别项目处负责人直接对中情局局长负责；第三，相较于中情局其他部门，特别项目处享有独立行动的权利；第四，秘密经济战纳入隐蔽行动的范畴，并交由特别项目处直接负责。① 至此，讨论稿性质的"6·7备忘录"在进一步充实调整之后，升格为具有指导性质的NSC10/1号文件，中情局主管隐蔽行动的框架渐趋定型。同时应当看到，NSC10/1号文件依然是美国政府内部政治妥协的产物，其中最为明显的是，"6·7备忘录"建议特别项目处的负责人由中情局局长提名，但NSC10/1号文件则修改为由国务卿提名。毫无疑问，NSC10/1号文件的有关建议固然试图平衡中情局和国务院之间的权力竞争，但再次模糊了公开行动和隐蔽行动的界限，中情局和国务院在隐蔽行动执行问题上的职责区分依然有待进一步廓清。

随着NSC10/1号文件的提出并获得相关部门的原则认可，美国隐蔽行动的执行机构以及隐蔽行动的政策含义基本敲定。6月17日，美国国家安全委员会举行第十三次会议，批准了NSC10/1号文件。② 至此，美国政府内部围绕隐蔽行动的争论总体上告一段落。

在对NSC10/1号文件略做修改之后，美国国家安全委员会于6月18日向国务院、国防部以及中情局等相关政府部门发布了经杜鲁门总统签署的题为《国家安全委员会关于特别项目处的指令》，此即NSC10/2号文件，NSC4-A号文件随即废止。③ 就其意义和影响而言，NSC10/2号文件以"6·7备忘录"为基础，以NSC10/1号文件为蓝本，正式确定了美国隐蔽行动的执行机构，初步框定了美国隐蔽行动的政策内涵，因此NSC10/2号

---

① FRUS, 1945-1950, Emergence of the Intelligence Establishment, pp. 706-708.
② FRUS, 1945-1950, Emergence of the Intelligence Establishment, pp. 710-712.
③ FRUS, 1945-1950, Emergence of the Intelligence Establishment, pp. 713-715.

文件是美国实现隐蔽行动制度化的又一个重要步骤,① 为美国在和平时期展开有组织的隐蔽行动提供了政策指南,标志着美国隐蔽行动战略的正式确立。②

鉴于隐蔽行动涉及政治、经济、军事等诸多领域,因而需要美国政府相关部门达成一定的政策协调。8月6日,索尔斯召集相关人员举行会议,专门讨论NSC 10/2号文件的实施以及政策协调事宜。尽管凯南依然坚持政治战主张,强调政治战是美国对外政策的重要工具,但面对NSC 10/2号文件的通过并付诸实施,凯南不得不承认,政治战及其行动具有独特属性,应置于中情局的行动框架之内。经讨论,会议就隐蔽行动政策协调问题达成一致:国务院为中情局的隐蔽行动提供政治指导,军方则提供军事培训和支持。8月19日举行的美国国家安全委员会第十八次会议做出决定,同意国务卿的提名和中情局局长的认可,任命弗兰克·威斯纳(Frank G. Wisner)为特别项目处处长。③ 至此,美国政府部门就隐蔽行动的实施达成协调并获得国家安全委员会的批准,为隐蔽行动的展开提供了进一步的保障。出于掩饰隐蔽行动的考量,特别项目处于8月27日正式设立并更名为政策协调处(Office of Policy Coordination)。

作为二战期间的战略情报专家,威斯纳具备丰富的隐蔽行动经验。在就任政策协调处处长后,威斯纳按照NSC 10/2号文件对隐蔽行动的政策界定,着力筹划中情局隐蔽行动的具体方案。10月29日,威斯纳将一份有关美国隐蔽行动类型和功能划分的清单提交给希伦科特并获得批准。根据威斯纳的设计,中情局隐蔽行动的类型和功能包括五个层面:第一功能组(心理战),其行动对象和方式涉及新闻媒体(含定期和不定期杂志)、无线电广播以及其他行动方式(含寄送邮件、制造谣言等);第二功能组(政治战),其行动对象和方式涵盖支持地下抵抗运动、难民团体以及"自由世界"的反共产主义势力,实施政治策反;第三功能组(经济战),其

---

① J. Ransom Clark, *American Covert Operations: A Guide to the Issues* (Santa Barbara: Praeger, 2015), p. 61.

② 关于NSC 10/2号文件与美国隐蔽行动关系的论述,参见白建才:《冷战初期美国"隐蔽行动"政策的制订》,第8—9页。

③ *FRUS, 1945-1950, Emergence of the Intelligence Establishment*, pp. 719-723.

行动方式包括商品行动（诸如秘密排他性购买、市场操控以及黑色市场行动）、财政行动（含货币投机、伪造货币等）；第四功能组（预防性直接行动），其行动对象和实施方式涉及支持游击活动、暗中破坏、拆毁和爆破、转移和疏散、留守和潜伏等；第五功能组（其他行动类型），其行动方式包括建立掩护性组织和机构、制订秘密军事行动计划、隐蔽行动管理等。①

由此可见，威斯纳对美国隐蔽行动的类型和功能进行了更为细致的具体规划，初步确立了中情局隐蔽行动的主体架构，这就是著名的"威斯纳模型"（Wisner Model）。作为中情局正式承担隐蔽行动职责后制定的首份行动路线图，"威斯纳模型"圈定了美国隐蔽行动的主要类型——隐蔽的心理战、政治战、经济战和准军事行动（预防性直接行动），擘画了美国隐蔽行动的实施路径，为美国隐蔽行动的展开提供了清晰的行动指南。从政策起源的角度看，"威斯纳模型"是落实NSC10/2号文件的第一份具体方案，启动了美国综合实施隐蔽行动的进程。

在展开隐蔽行动的同时，中情局的组织脉络逐步理顺。根据NSC10/2号文件的规定，特别项目处（政策协调处）享有独立行动的权利，其负责人由国务卿提名，这固然是美国政府内部权力争夺和妥协的结果，但给中情局的运转造成诸多不便和矛盾，是一种拙劣的安排。②1950年8月，美国二战名将沃尔特·史密斯（Walter B. Smith）接替希伦科特就任中情局局长，随即要求国务院和国防部向政策协调处提供的指导必须经由其本人（传达）而非直接传达给威斯纳。对于史密斯的要求，国务院和国防部立即表示同意，从而解决了政策协调处在中情局内的高度自治问题，同时在一定程度上阻断了国务院插手隐蔽行动的途径，为中情局独自掌控隐蔽行动创造了更大的便利。鉴于特别行动处和政策协调处的职能相互重叠，且两部门时常为经费和行动项目相互争夺，严重妨碍了隐蔽行动的顺利实施，史密斯于1952年8月将特别行动处和政策协调处合并为规划处，从而解决了中情

---

① *FRUS, 1945-1950, Emergence of the Intelligence Establishment*, pp. 730-731.
② John Ranelagh, *The Agency: The Rise and Decline of the CIA*, p. 134.

局行动部门的职责冲突问题。① 随着组织机构的调整，中情局的行动程序更加顺畅，为美国隐蔽行动的有效展开铺平了道路。

总之，在美国隐蔽行动政策的讨论和制定过程中，"6·7备忘录"是最为全面和可行的政策方案，直接推动了NSC10/2号文件的出台，为美国隐蔽行动政策及其执行机构的确立奠定了基本框架，中情局最终获得隐蔽行动的主导权。基于隐蔽行动的政策内涵，"威斯纳模型"进一步细化了美国隐蔽行动的类型和功能，为美国隐蔽行动的展开提供了行动图谱。至此，美国的隐蔽行动政策基本定型，一套完整的美国隐蔽行动政策框架和实施路径初具规模。

综上所述，隐蔽行动是美国冷战战略的工具。② 从历史演进的角度看，1947—1948年是美国隐蔽行动政策的形成时期，但美国隐蔽行动政策的确立并非一蹴而就，围绕隐蔽行动的政策内涵和执行机构，美国政府内部，尤其是中情局和国务院之间展开了一番激烈争论。在政策内涵方面，美国的隐蔽行动理念经历了从心理战到隐蔽心理行动，再到政治战和隐蔽行动的演进历程，隐蔽行动的政策含义逐渐清晰。在执行机构方面，美国国务院和中情局围绕隐蔽行动主导权的斗争始终贯穿其中，并以中情局获得隐蔽行动执行权和主导权而告结束。正是在政策争论的过程中，美国隐蔽行动的政策内涵、执行机构、行动类型以及实施路径逐步确立，并为美国隐蔽行动体系的进一步发展奠定了基础。

---

① Gregory F. Treverton, *Covert Action: The Limits of Intervention in the Postwar World* (New York: Basic Books, 1987), pp. 40-42.

② 关于美国隐蔽行动战略的论述，参见白建才：《论冷战期间美国的"隐蔽行动"战略》，《世界历史》2005年第5期，第56—66页。

情报史英国学派的形成与发展

武 洋 高金虎[*]

摘 要：本文梳理了情报史英国学派的形成与发展过程，探究了情报史英国学派与英国情报界之间的关系。本文认为，英国情报界保守的秘密文化是制约英国情报理论研究的关键因素，英国的情报研究者无法便捷地获取所需要的资料，只能将目光聚焦于情报历史研究，由此形成了情报史英国学派。情报史英国学派客观上推动了英国情报界的公开化，英国学术界与情报界之间的互动也逐渐密切。然而，英国的情报研究还是主要立足于情报历史，从情报史英国学派到情报研究英国学派还有一段很长的路要走。

关键词：情报史；英国学派；情报研究；英国情报界

自1949年谢尔曼·肯特的《战略情报：为美国世界政策服务》[①]出版以来，美国的情报研究一直保持着蓬勃发展的势头，各种理论著作和学术期刊汗牛充栋。而英国的情报研究大体与美国同时起步，20世纪80年代，英国历史学家D.卡梅隆·瓦特提出情报研究的"英国学派"（British School）开始形成，[②]但迄今为止，英国学派的情报理论研究并无出色成果，而英国的情报史研究队伍却不断壮大，一部部历史研究著作相继问

---

[*] 武洋，海军指挥学院博士研究生；高金虎，国防科技大学国际关系学院教授。

[①] Sherman Kent, *Strategic Intelligence for American World Policy* (Princeton: Princeton University Press, 1949).

[②] D. Cameron Watt, "Intelligence Studies: The Emergence of the British School," *Intelligence and National Security* 3, no.2 (1988): 338-341.

世。周桂银曾提出"情报史英国学派"这一概念,①梳理了情报史英国学派的学术成就和研究特色,但对英国情报研究存在的问题及路径选择的原因并未进行深入挖掘,多年来学界对此议题也未继续跟进。鉴于此,笔者继续沿用"情报史英国学派"这一概念,梳理其形成与发展的脉络,探究其与英国情报界的关系。本文认为,虽然英国社会科学学界素有注重历史研究的传统,但英国的情报学者止步于历史研究,并非因其对历史研究情有独钟,而是受限于英国情报界保守的秘密文化,这也是英国情报研究落后于美国的重要原因,而情报史英国学派也对英国情报界的公开化起到了不可忽视的推动作用。

一、历史研究中"被遗忘的维度"

无论是情报实践还是学术研究,英国都有着深厚的积淀。然而,情报史一度成为历史研究中"被遗忘的维度"(missing dimension)。② 其主要原因是英国情报界保守的秘密文化的禁锢。

英国人的保守在世界上众所周知。安德鲁·海伍德将保守主义界定为"一种对保有的渴望,并反映在对变革的抵制或至少怀疑的态度上"。③ 保守主义的核心是对传统和权威的捍卫。英国人在历次社会变革中总是尽力保守自己的传统。英国人自古以来一直奉行"王权神授"的原则,英国的保守主义将国家视为一个有机体,认为局部不能离开整体而独立存在;主张社会应当具有合理的等级,地位和财产的不平等是自然形成的,虽然所有人都享有同等的权利,但并不意味着每个人得到的也相同。正如英国保守主义政治家爱德蒙·柏克所宣称的:"我们的制度可以在千差万别中维护团结;我们有世袭的王位、世袭的贵族,也有从祖先万世那里继承了特权、

---

① 周桂银:《历史学家与情报研究——情报史英国学派的传统与变迁》,《世界历史》1997年第5期,第94—102页。

② Christopher Andrew and David Dilks (eds.), *The Missing Dimension: Governments and Intelligence Communities in the Twentieth Century* (London: Macmillan, 1984), p. 1.

③ 安德鲁·海伍德:《政治学核心概念》,吴勇译,中国人民大学出版社,2014,第32—33页。

选举权和自由的下院和人民。"①

情报工作具有特殊性，保密非常必要。但与其他西方国家相比，英国情报界的保密文化要浓厚得多。由弗朗西斯·沃尔辛厄姆一手创立的英国情报组织诞生之初即是为维护伊丽莎白的王权统治而存在的，"光荣革命"允许王室和贵族一直存在，情报机构的理念也没有得到彻底变革，情报工作的公开性和透明度很低。1911年出台的《官方保密法》旨在防止任何形式的涉密信息泄露，为这种保密态度提供了法律基础。1924年，时任英国外交大臣奥斯丁·张伯伦严肃地告诉下议院，"秘密机构的本质就是绝对保密，一旦开始公开，那么很显然……任何秘密机构都将不复存在"。② 直到20世纪80年代末，英国不论是保守党政府还是工党政府，都坚决维护在情报与国家安全问题上全面保密的惯例。

英国情报界的态度与美国情报界大相径庭。美国的情报机构是在效仿英国的基础上建立的，两国的情报工作传统有许多相似之处，但在情报工作的公开化上却截然不同。美国有关信息自由的立法和总统倡议，使学者和公民能够详细审查美国情报机构的记录及其在决策过程中发挥的作用。

从20世纪50年代开始，英国情报界丑闻迭出，刺激了媒体和公众的兴趣。奈杰尔·韦斯特认为，"英国情报传统的悖论之一是，尽管有一项惯例，现在还有一项刑事法规阻止情报官员进行未经授权的披露，但在这个国家这样做的人比世界上任何其他地方都更多"。③ 间谍故事、谍报活动、人物传记是当时情报研究的主要形式。此类消遣性情报著作满足了公众的口味，但严肃的历史学者对此没有兴趣。由此，20世纪70年代之前，英国职业历史学家要么完全忽视情报在历史上的作用，要么认为情报对外交和战争的影响无足轻重。绝大部分著作对情报的作用避而不提，泰勒的《英国史：1914—1945》对情报在战争进程中的作用仅一笔带过。④ 显然，这些著作没有全面客观地反映历史。情报史成为英国史学界"被遗忘的维度"。

---

① 钱乘旦、陈晓律：《英国文化模式溯源》，上海社会科学院出版社，2003，第134页。
② House of Commons, *Official Record*, December 15, 1924, Col. 674.
③ Nigel West, "Fiction, Faction and Intelligence," *Intelligence and National Security* 19, no.2 (2004): 275.
④ A. J. P. Taylor, *English History: 1914-1945* (Oxford: Oxford University Press, 1965).

二、英国档案解密与情报史英国学派的形成

在消遣性的情报读物中，尤其是在媒体笔下，英国的情报机构被描述为是失败和无能的，这种描述引起了在二战中曾参与情报斗争的英国前情报官员们的不满。约翰·马斯特曼就是其中之一，在二战中他曾担任英国专门负责双重间谍工作的机构——"双十委员会"（Twenty Committee）的负责人。战争结束后，英国军情五局局长请马斯特曼撰写一份关于战时双重间谍的工作报告。马斯特曼根据自己的情报工作经历完成了名为《战争中的双十委员会（1939—1945）》的报告。① 作为历史学者的马斯特曼不满足于简单的历史记述，还加入自己对双重间谍工作的理性思考。马斯特曼认为，20世纪五六十年代发生的一些间谍案件，严重损害了英国情报机构的信誉，"情报机构所做的良好工作，除了它们的上级和有关人员，是很少被人知道的，相反，它们的错误和失败往往会广为传播，引起大量的责难和批评"。他希望自己撰写的关于双重间谍的工作报告能够出版，认为这"有助于恢复情报机构的信誉，因为这些故事毕竟是成功的事实，而且公布这些故事对于其他反间谍工作并无妨害"，情报机构如果"让人们有机会读一读这些曾经是历史事实的可靠材料，就不会再遭到反对了"。② 1972年，这份研究报告终于在马斯特曼80岁时由耶鲁大学出版社出版。一些情报官员对此颇为不满，但该书依然在国内外引起了强烈反响。7年后，该书的中文版由群众出版社翻译出版，命名为《两面间谍》。1974年，曾在英国军情六局任职的空军上校F. W. 温德博瑟姆根据自己的情报工作经历，出版了英国情报机构破译德军密码以及利用破译的"超级机密"（Ultra）情报塑造战争态势的情况。③ 在此背景下，英国情报界也解密了有关"超级机密"的档案。

在"超级机密"档案解密之前，英国史学界普遍认为情报工作作用有

---

① John C. Masterman, *The Double-Cross System in the War of 1939 to 1945* (New Haven: Yale University Press, 1972).
② 约翰·马斯特曼：《两面间谍》，肖钟译，群众出版社，2015，第2—3页。
③ F. W. Winterbotham, *The Ultra Secret* (London: Weidenfeld and Nicolson, 1974).

限。① 作为第一份被解密的情报档案,"超级机密"立即激发了历史学家们的研究兴趣。1978年,联邦德国国防研究工作小组和现代史图书馆邀请世界各国的历史学家以及在二战时参与无线电侦察工作的专家,在波恩和斯图加特举办了一场学术会议,探讨二战期间的信号情报工作。与会者一致认为,由于相关档案的公开,必须重新审视情报在战争中的作用。会议结束后出版了名为《密码与战争:无线电侦察及其在第二次世界大战中的作用》的论文集,中文版于1984年由群众出版社翻译出版。② 以罗纳德·列文为代表的历史学家,利用解密的档案进行了开拓性研究,重新考察了情报在战争中的作用。列文所著《"超级机密"走向战争》,③ 是英国最早运用档案文件对情报工作进行研究的学术成果,深入细致地探讨了"超级机密"情报影响战争进程的方式和途径。此后,R. V. 琼斯④、拉尔夫·贝内特⑤、约瑟夫·加林斯基⑥、彼得·卡沃科雷西⑦ 等学者结合自己战时的情报工作经历和解密档案文件,分别对"超级机密"情报以及信号情报工作开展了一系列研究,研究成果相继公开出版。

  与此同时,英国政府也希望能有一部官方的情报历史问世。剑桥大学历史学教授F. H. 欣斯利担起了这个重任。欣斯利在二战时曾在布莱切利庄园从事情报工作,由他负责英国二战情报史的编写工作再合适不过。欣斯利主编的这部官方历史被命名为《第二次世界大战中英国的情报工作》⑧,共5卷,参考了大量旁人接触不到的档案文件,前三卷副标题为"对战略和战役的影响",分析了信号情报尤其是"超级机密"情报在战争中发挥的重要作用;第四卷副标题为"安全与反情报",记述了英国在二战中的

---

① 周桂银:《历史学家与情报研究——情报史英国学派的传统与变迁》,第94页。
② 于尔根·罗韦尔、埃贝哈德·耶克尔:《密码与战争:无线电侦察及其在第二次世界大战中的作用》,武利平等译,群众出版社,1984。
③ Ronald Levin, *Ultra Goes to War* (London: McGraw-Hill, 1978).
④ R. V. Jones, *The Wizard War: British Scientific Intelligence, 1939-1945* (New York: Coward, MacCann & Geoghegan, 1978).
⑤ Ralph Bennett, *Ultra in the West* (London: Hutchinson, 1979).
⑥ Jozef Garlinski, *Intercept: The Enigma War* (London: J. M. Dent & Sons, 1979).
⑦ Peter Calvocoressi, *Top Secret Ultra* (London: Cassell, 1980).
⑧ F. H. Hinsley et al. (eds.), *British Intelligence in the Second World War* (London: HMSO, 1979, 1981, 1984, 1988, 1990).

反情报工作;第五卷副标题为"战略欺骗",主要研究了盟军的战略欺骗行动,并指出战略欺骗对整个战争进程的影响。然而,该书的出版并不顺利。最后一卷在1980年已经完成写作,但直到1990年才正式出版。

随着情报档案的逐渐解密,越来越多的历史学者投身到情报史的研究中来,剑桥大学的克里斯托弗·安德鲁就是其中的翘楚。安德鲁师从欣斯利教授,与其导师相比,他更擅于通过国际学术交流合作来构建学术阵地,扩大学术影响。1980年,安德鲁到哈佛大学参加了由美国历史学家欧内斯特·梅主持召开的一次国际情报学术会议,与会者大多是英美史学界的翘楚。会议强调情报史是战略史、外交史和国际关系史的重要组成部分,会后出版的论文集《知彼:两次世界大战前的情报评估》[1]以两次世界大战爆发前各国的情报评估为研究对象,揭示情报机构在战前对国际局势和对手的评估,这是典型的战略情报分析内容。1984年,安德鲁与利兹大学历史学者戴维·迪尔克斯合作出版了《被遗忘的维度:二十世纪的政府与情报》[2],指出情报在国际关系中的重要地位,认为情报史不应成为历史研究中"被遗忘的维度"。1985年,安德鲁和埃克塞特大学历史学者杰瑞米·诺克斯邀请英国几位著名历史学家会同法德等国历史学者,以情报史为主题,在埃克塞特大学召开了一次国际学术会议,两年后出版了论文集《情报与国际关系(1900—1945)》[3]。瓦特指出,埃克塞特大会及相关论文集的出版,标志着情报研究产生了新的学派,即英国学派。[4] 1986年,安德鲁与美国著名情报学者迈克尔·汉德尔合作创办了情报研究领域的专业学术杂志《情报与国家安全》。至此,英国的情报史研究已经拥有自己的学术阵地和国际影响力,情报史英国学派最终形成。安德鲁在其中发挥了关键性的作用,也由此成为情报史英国学派的领军人物。

---

[1] Ernest May (ed.), *Knowing One's Enemies: Intelligence Assessment before the Two World Wars* (Princeton: Princeton University Press, 1984).

[2] Christopher Andrew and David Dilks (eds.), *The Missing Dimension: Governments and Intelligence Communities in the Twentieth Century*.

[3] Christopher Andrew and Jeremy Noakes (eds.), *Intelligence and International Relations, 1900-1945* (Exeter: University of Exeter, 1987).

[4] D. Cameron Watt, "Intelligence Studies: The Emergence of the British School," p. 338.

三、情报史英国学派的研究路径与英国情报工作的公开化

英国对部分二战中情报档案的解密是情报史英国学派形成的基础。情报史英国学派最鲜明的特色便是对档案文件的运用，学派代表人物的代表作都是通过分析各种档案，力求全面准确地再现隐蔽战线的历史。不过，依靠解密情报档案并不是英国学派研究情报历史的唯一途径。他们通过调查走访、查阅"相邻文件"、研究"对手档案"等方式进行研究，推动了英国的情报史研究，客观上也推动了英国情报工作的公开化。

情报史英国学派早期的代表人物很多都有战时从事情报工作的经历，如马斯特曼、温德博瑟姆、欣斯利、卡沃科雷西和琼斯等。但有类似经历的学者毕竟是少数，随着时间的推移这类学者的数量越来越少，因此对情报工作人员的访谈便成为重要的资料来源。安东尼·布朗和韦斯特是记者出身，他们采取新闻调查的手法研究情报史，取得了很有价值的成果。布朗历时13年，走访了大量当事人，完成《兵不厌诈》[①]一书，全面记述了二战期间盟军与德国之间的欺骗行动。韦斯特采访了数百名英国情报官员，访问了某些情报关系，获取了许多鲜为人知的真实内幕，出版了一系列关于英国军情五局和军情六局的研究专著。他1981年出版的《保安局在行动》[②]，据说导致了两名前所未知的谍报人员的暴露。他1982年出版了《MI5：英国保安局（1945—1972）》[③]。1983年，他出版的《MI6：英国秘密情报局（1909—1945）》[④]，在出版前曾遭到英国政府的阻挠，甚至引起了诉讼。这些成果虽然没有获得官方授权，却系统地研究了英国情报机构的历史，推动了英国情报档案的进一步解密。

除了为数不多的官方解密档案，英国的情报记录还可能存在于情报机构之外的地方。安德鲁认为，可以利用外交部和内政部等部门的"相邻文

---

① Anthony Brown, *Bodyguard of Lies* (New York: Quill, 1975).
② Nigel West, *MI5: British Security Service Operations, 1909-1945* (London: Bodley Head, 1981).
③ Nigel West, *A Matter of Trust: MI5, 1945-1972* (London: Weidenfeld and Nicolson, 1982).
④ Nigel West, *MI6: British Secret Intelligence Service Operations, 1909-1945* (London: Weidenfeld and Nicolson, 1983).

件"① 进行情报史研究。瓦特也指出，应当利用其他档案而不纯粹是情报档案来进行研究，因为历史学者结合大量的政治、经济和外交史实，也能够在情报史领域取得有价值的成果。② 此外，英国与盟国开展的情报合作与联合情报行动，其相关信息也可以在盟国的档案中找到，包括英联邦国家的档案。20世纪80年代，美国在二战期间的国家情报机构战略情报局的文件转交给了美国国家档案馆保管，战时英美两国许多情报合作的历史都可以在此找到。美国国家档案馆还存放了英国特别行动处的资料，甚至能够找到许多已经被英国政府销毁的记录。

另一个潜在的资料来源是对手的档案。禁止解密、被销毁或遗失的材料，可能会在对手的档案中出现。最典型的例子是1953年"黄金行动"会议记录的披露。1953年，军情六局和美国中情局在伦敦举行秘密会议，决定在柏林挖掘地道窃听苏联占领军司令部的通信电缆。然而，当时的会议记录者乔治·布莱克却是苏联情报机构安插在军情六局的双重间谍。布莱克暴露后潜逃回了苏联。布莱克亲自披露了这份会议记录，由当年他的联络人谢尔盖·康德拉舍夫从苏联的档案中复制出来。③ 同样，韦斯特也根据奥列格·查列夫在克格勃的访问记录，找到了金·菲尔比和安东尼·布伦特充当双重间谍时为克格勃提供的情报资料。④ 保罗·马德雷尔则利用民主德国国家安全机构"史塔西"的档案来收集西方情报活动的证据，进行冷战情报史的研究，取得了颇具价值的成果。⑤

然而，英国政府对情报界信息公开的态度依旧保守。1986年，撒切尔政府试图阻止军情五局前官员彼得·赖特的《抓间谍者》一书的出版。赖特在书中做了骇人听闻的指控：军情五局前局长罗杰·霍利斯被怀疑是克格勃打入英国情报、外交机构的"剑桥五杰"谍报网中的第五人，英国前

---

① Christopher Andrew and David Dilks (eds.), *The Missing Dimension: Governments and Intelligence Communities in the Twentieth Century*, p. 5.

② 周桂银：《历史学家与情报研究——情报史英国学派的传统与变迁》，第100页。

③ David Murphy, Sergei Kondrashev and George Bailey, *Battleground Berlin: CIA vs. KGB in the Cold War* (New Haven: Yale University Press, 1997).

④ Nigel West, Oleg Tsarev, *The Crown Jewels: The British Secrets Exposed by the KGB Archives*, (New York: Harper Collins, 1999), pp. 279-345.

⑤ Paul Maddrell, *Spying on Science: Western Intelligence in Divided Germany, 1945-1961* (Oxford: Oxford University Press, 2006).

首相哈罗德·威尔逊也可能是苏联间谍。① 但1987年，该书还是在美国出版。1988年，安德鲁直言不讳地批评英国政府痴迷于"对古代的秘密过度保护"，② 但他同时承认，关于英国情报界的可靠信息已增至"至少是涓滴细流"。③

冷战结束后，随着情报史英国学派的呼吁和研究的深入，以及国际安全形势的变化，英国政府终于在1992年公开承认和平时期存在秘密情报机构。在此之前，正如英国外交部首席官方历史学家吉尔·贝内特所言，这意味着任何提及秘密情报局的记录都无法公开。④ 此后，英国情报界的公开化程度大幅提升。约翰·梅杰在1992年提出了"开放政府"的倡议，1997年，军情五局的档案开始转移到国家档案馆保存，随后政府通讯总部的档案也移交给了国家档案馆。政府通讯总部还解密了英美两国情报机构联合截收和破译苏联通信情报的"维诺纳"计划。联合情报委员会的档案也交给了国家档案馆。第一批战后档案于20世纪90年代中期移交国家档案馆保存。为了确保联合情报委员会档案的公开符合30年的历史档案移交国家档案馆的规定，内阁办公室还启动了加速公开程序。军情六局的档案虽然没有交给国家档案馆保存，但与其他政府部门进行了合作，允许更多地公开部门档案中军情六局的文件。2005年，英国《信息自由法》生效，尽管情报机构被排除在法案之外，但该法案对其他部门档案中的所有文件均有效。

信息公开只是英国情报界公开化的一个方面，更显著的改变是议会问责制的建立。玛格丽特·撒切尔领导的保守党政府曾以保密为由，旗帜鲜明地反对议会问责制。但在1994年，他的继任者梅杰出台了《情报机构法》。根据《情报机构法》，英国成立了情报与安全委员会。这是一个由英

---

① Peter Wright, *Spycatcher* (New York: Viking, 1987).

② Christopher Andrew, "Historical Research on the British Intelligence Community," in Roy Godson (ed.), *Comparing Foreign Intelligence: The U.S., the USSR, the UK and the Third World* (Washington D.C.: Pergamon-Brassey's, 1988), p. 52.

③ Christopher Andrew, "Historical Research on the British Intelligence Community," in Roy Godson (ed.), *Comparing Foreign Intelligence: The U.S., the USSR, the UK and the Third World*, p. 54.

④ Gill Bennett, "Declassification and Release Policies of the UK's Intelligence Agencies," *Intelligence and National Security* 17, no.1 (2002): 24.

国议会议员组成的委员会，由首相任命，负责监督审查英国军情五局、军情六局和政府通讯总部三大情报机构的政策、管理和经费开支。情报与安全委员会的建立，标志着英国情报工作的议会问责制正式确立。彼得·吉尔认为，问责制的改变反映了人们对信息控制的重要关切。在此前的英国，任何被称为"国家安全"的信息都被绝对保密，但现在英国将其转变为一种更微妙的国家策略，即将保密和政治信念融为一体。与问责制所取得的任何实质进展相比，这种融合与公共关系的联系更为紧密。[1] 2013年，英国通过了《司法与安全法》，该法案进一步明确了情报与安全委员会的地位和职责，并赋予其更大的监督权力，其监督的范围不仅包括上述三大情报机构，也包括内阁其他部门和军方。这些部门所有与情报工作相关的政策、行动和预算，都要受到情报与安全委员会的监督。

随着英国情报工作的公开化，情报机构自己也希望能有一部可以让公众知晓的官方历史留存于世。军情五局找到了情报史英国学派的领军人物安德鲁，希望他能在军情五局成立100周年之前，完成一部军情五局的官方历史作为纪念。安德鲁由此接触到了更多未被公开的档案，最终在2009年出版了《保卫王国：军情五局官方历史》[2]。军情六局也紧随其后，请贝尔法斯特女王大学的基斯·杰弗里教授撰写该局的官方历史，并于2010年出版。[3] 不过与军情五局相比，军情六局还是有所顾虑。军情五局的官方历史涵盖了从1909年成立到2009年以来100年的历史，但军情六局的官方历史只写到1949年就结束了。军情五局比军情六局在公开化上走得更远，不但联合英国广播公司（BBC）制作发行了广受欢迎的电视剧《军情五处》（*Spooks*，也可译为《神出鬼没》），还在网站上公开招募工作人员。

英国的情报工作走向开放，离不开情报史英国学派的推动，但英国的情报学者们并不仅仅满足于看到解密的档案。情报史英国学派的特点之一是，既力求如实地再现历史，又注重分析情报与外交和战略决策的关系，

---

[1] Peter Gill, "Reasserting Control: Recent Changes in the Oversight of the UK Intelligence Community," *Intelligence and National Security* 11, no.2 (1996): 327.

[2] Christopher Andrew, *The Defence of the Realm: The Authorized History of MI5* (London: Penguin, 2009).

[3] Keith Jeffery, *MI6: The History of the Secret Intelligence Service, 1909-1949* (London: Bloomsbury, 2010).

试图从中引出可供决策者借鉴的经验教训。①正如瓦特所说，决策者哪怕是从"诚实而又一丝不苟的"职业历史学家那里借鉴到一丁点儿有益的东西，那也是好的。②可见英国的情报学者和美国的一样，是希望理论研究能够指导情报实践的。然而，由于英国情报界的保守，英国的学者们只能立足于历史档案的研究，这也正是英国在情报史领域成果斐然，但情报理论研究落后于美国的原因之一。

四、学术界与情报界的艰难互动

理论来源于实践。美国情报理论研究的快速发展，得益于学术界与情报界之间的"旋转门"。学者走进政府，直接参与政府决策；政府官员退出官场，进入学界从事相关政策研究。这极大地推动了美国的情报研究。

美国学术界与情报界之间的互动源于二战时美国战略情报局局长威廉·多诺万。多诺万认为，情报工作本质上是处理信息的治理活动，面向高层决策的情报工作必须系统地、大规模地运用社会科学家的专业知识。1942年战略情报局成立后，多诺万设立研究分析处，邀请美国杰出的外交史专家威廉·兰格出任处长。多诺万坚信，"在许多美国大学里，平静地从事教学研究的人中，不乏专攻外国历史以及外国地理和语言的人，（情报工作）不去吸收利用这一巨大的知识储备，乃至于这种密集的学术研究训练和这种从更广阔的视野中看问题的习惯，是一个莫大的错误"。兰格就任研究分析处处长后，开始在美国各大学寻访征召社会科学领域的专家，还把自己的同事以及博士生引进研究分析处，先加入的人又继续介绍自己的同事和朋友进入，使研究分析处像一个翻滚着的雪球，在短时间内迅速扩充起来。到1944年，研究分析处的规模已经稳定在1000人左右，其中相当部分人是来自哈佛大学、耶鲁大学、普林斯顿大学、哥伦比亚大学、宾夕法尼亚大学等名牌高校的杰出学者。曾供职于战略情报局的斯图尔特·阿尔索普将研究分析处称为"名副其实的由学术明星组成的银

---

① 周桂银：《历史学家与情报研究——情报史英国学派的传统与变迁》，第100页。
② D. Cameron Watt, "Intelligence Studies: The Emergence of the British School," p. 341.

河"。① 由研究分析处所做的情报分析报告也被许多部门认为具有极高的战略价值。

二战后，战略情报局解散，研究分析处的专家们大多又回到了学界。研究分析处一共出了7位美国历史学会主席、5位美国经济学会主席，以及两位诺贝尔奖获得者。在研究分析处，虽然政治学者、经济学者、社会学者、地理学者等均有用武之地，但人数最多、作用最突出的还是历史学者。"历史学作为学术专业，其技能以对资料信息的收集、整理、鉴别、提炼、分析、综合为本，其认识论立场强调事物的特殊性、整体性、动态性，其秉性气质以周到、平衡、细致、扎实、审慎、稳健为特点，与情报工作的要求有极大契合之处"。② 美国的情报理论研究就是由这批历史学者在二战后奠定的，被称为"美国战略情报之父"的肯特就是其中的代表。肯特是耶鲁大学历史学教授，二战期间加入战略情报局研究分析处，1943年担任欧非科科长。战略情报局解散后，肯特返回学界，完成了《战略情报：为美国世界政策服务》一书。该书奠定了美国的情报理论基础，对美国的情报工作尤其是情报分析工作产生了重要影响，越来越多的学者也开始投身情报理论研究，情报研究从此成为一门科学。朝鲜战争爆发后，肯特加入中情局国家评估办公室和国家评估委员会，并于1952年接替兰格担任国家评估办公室主任和国家评估委员会主席职务，直到1967年退休。

二战期间，美国主要效仿、借鉴英国的情报工作经验，但在吸收社会科学智力资源方面，美国比英国做得更好。兰格曾断言："显然多诺万比我们的英国盟友更看重学术，也更努力地、更好地利用了我国的学术人员。"③ 曾任中情局副局长的雷·克莱因也指出："战略情报局树立的尊重学术人才的风气，后来为中情局所继续发挥，它使美国情报工作在智力上对苏联情报机构具有明显的优势。"④

事实上，二战期间，英国也有大量的学者投身于情报工作之中。马斯

---

① 牛可：《情报机构里的学术人：战略情报局研究分析处》，《世界知识》2010年第20期，第66—67页。
② 牛可：《情报机构里的学术人：战略情报局研究分析处》，第67页。
③ 牛可：《情报机构里的学术人：战略情报局研究分析处》，第67页。
④ 高金虎、吴晓晓等：《中西情报思想史》，金城出版社，2016，第219页。

特曼是双十委员会的负责人，欣斯利和卡沃科雷西曾在布莱切利庄园工作，琼斯主持过英国科技情报工作，这也是他们日后能够完成情报史著作的重要原因。然而，战后他们纷纷退出情报界，自此再与情报工作无缘，他们的著作出版也是几十年之后的事情。这正是英国情报界与美国情报界的最大差距。战时迫于压力，英国汲取了学术界的智力资源，但由于英国情报界保守的秘密文化，战后又将学者排除在情报界之外。

反观美国，几乎每一位情报理论大家都有着丰富的情报实践经历。《无声的战争》的作者艾布拉姆·舒尔斯基曾任参议院情报常设特别委员会少数党领袖、国防部特别计划办公室主任。《情报：从秘密到政策》的作者马克·洛文塔尔曾任中情局局长顾问、众议院情报委员会办公室主任、中情局助理局长、国家情报委员会副主席等职。《情报分析心理学》的作者小理查兹·J. 霍耶尔是中情局著名的情报分析专家与反情报专家，拥有30多年的情报界工作经历，退出一线后进入中情局谢尔曼·肯特情报分析学院，从事理论研究。中情局首席培训师杰克·戴维斯也有类似经历，丰富的情报工作实践经验成为其真知灼见的源泉。

冷战结束之后，英国政府公开承认和平时期存在秘密情报机构，英国情报界与学术界的互动也重新开始。其中最具代表性的人物是迈克尔·赫尔曼。赫尔曼曾在英国政府通讯总部和内阁办公室工作，还担任过联合情报委员会的秘书长，具有25年的情报工作经历。赫尔曼认为，理解情报的概念和组织维度才是情报研究的核心。1996年出版的《和平与战争中的情报力量》[①]是其一生情报工作与思考的结晶，书中将情报工作定义为国际政治中的一种权力形式。2001年，他又出版了第二本情报理论著作《信息时代的情报机构：理论与实践》。[②]其对情报工作流程的阐述广受赞誉，被称为"情报的史学家与哲学家"。[③]赫尔曼还是情报工作公开化的坚定支持者，他认为公众对情报工作的了解可以促进情报工作向更好的方向发展。

[①] Michael Herman, *Intelligence Power in Peace and War* (Cambridge: Cambridge University Press, 1996).

[②] Michael Herman, *Intelligence Services in the Information Age: Theory and Practice* (London: Frank Cass, 2001).

[③] Peter Hennessy, *The Secret State: Whitehall and the Cold War* (London: Allen Lane, 2002), p. xiii.

这一观点得到了许多学者的认同,尤其是菲利普·戴维斯。戴维斯对军情六局的研究表明,对信息公开态度的转变有助于社会科学学者运用复杂的组织和管理理论来改善情报工作机制。①

英国情报界与学术界之间的互动在艰难地推进。军情五局前局长斯蒂芬·兰德是有力的推动者之一。兰德在从事情报工作之前就是剑桥大学的历史学博士,担任军情五局局长后,兰德对参加情报研究学术会议表现出浓厚的兴趣,出版一部军情五局的官方历史也是由他提议的。2004年,由学术界代表组成了一个安全与情报记录咨询小组,隶属于内阁办公室。越来越多的英国大学开始开设情报专业课程,情报研究逐渐在英国成为一门显学,学者们越来越多地参与到政策制定中来。然而,与美国相比,英国情报界和学术界的差距依然很明显。美国中情局和国家安全局各自聘用了一支受过专业培训的历史学家组成的团队,并邀请常驻学者在各自的机构内工作,一旦出现重大情报失误,调查失误的原因就成为这些学者的主要职责,而英国情报界还没有建立这样的机制。

五、结论

保密是情报工作的底线,但是保密工作必须坚持辩证思维,过度保密会妨碍情报工作的协调,也会阻碍情报学术研究,从而进一步阻碍情报工作的开展。二战后的英国不复为情报强国,固然与战后英国的衰落有关,但亦与英国情报界忽视学术研究有密切关系。除了赫尔曼,英国其他情报研究者竟未出版过一本像样的情报理论著作,真是令人叹息。

英国的学术资源并不逊于美国,其情报实践比美国更为悠久。但过度的保密文化使英国的情报研究者无法像美国情报学者那样便捷地获取所需资料,只能将目光聚焦于情报历史的研究。在对情报史的研究过程中,英国学者逐渐确立了情报史英国学派的学术地位,客观上推动了英国情报工作的公开化,英国学术界与情报界之间的互动也逐渐走向密切。然而,英国的情报研究还是主要立足于情报历史,与美国相比也存在较大差距。

---

① Philip Davies, *MI6 and the Machinery of Spying* (London: Frank Cass, 2004).

1988年瓦特提出的"情报研究的英国学派"至今远未成为现实,英国的情报研究充其量只能算是"情报史英国学派"。从情报史英国学派到情报研究英国学派还有一段很长的路要走。

国际战略研究

中美关系与第三方
——欧洲面对中美博弈的战略选择研究

朱 锋 周诗仪[*]

摘 要：欧洲的战略发展选择难以避免受到中美关系的影响，无论是面对特朗普政府还是拜登政府，这一直是欧洲外交面临的一个严峻复杂的挑战。同样，对于中美博弈来说，欧洲战略选择的重要性不言而喻。总体上来说，欧洲国家的对华政策分"经济"和"安全"两个层面。在经济方面，欧洲希望与中国建立更紧密的经贸关系，但在安全战略上，以北约成员国为主的欧洲国家与盟友美国在对华安全政策上保持步伐一致。欧洲与美国在对华政策上最根本的分歧在于欧洲更趋向于"问题导向"，而美国无论在经济上还是安全上的政策都是"中国导向"，即在全球战略中把中国视为遏制的对象。自拜登执政以来，美国和欧盟的政策融合在逐步推进，然而美国想要拉拢欧洲形成"抗中联盟"依然有很大难度。欧洲不愿卷入大国冲突，更希望增强自身的能力和战略自主权，在外交和安全政策事务中能够确定自己的优先级，依靠自身拥有的政治、物质和机制资源来执行自己的决定。以欧盟成员为主的欧洲国家正在尝试的是，如何能够在不损害与美国同盟关系的基础上摸索出一条更符合自身利益的外交道路，以应对中国在世界上日益增长的影响力，建立一个相互依存的多边秩序基础。

关键词：中美博弈；中欧关系；美欧同盟；大国关系

---

[*] 朱锋，南京大学国际关系学院教授；周诗仪，南京大学国际关系研究院博士研究生。

过去的几年，全球形势经历了惊人的巨变。随着中国和美国博弈的持续升温，欧洲作为当今世界第三大重要力量，在这样一个局势下所做出的战略选择为各方所关切。这不仅关系着欧洲自身的发展和未来，也关系着中美博弈的走向。欧洲大部分国家，主要是欧盟和英国，一直以来都是美国坚定的盟友，而随着中国的经济和军事力量不断增强，国际影响力日益上升，中国对欧洲的重要性已经不亚于美国在欧洲的地位。自前任总统特朗普执政以来，美国与欧洲的关系也发生了巨大的改变，在美国"关税制裁"和从欧洲裁军等单边行为的影响下，欧洲开始重新定位与美国之间的关系，减少对美国的依赖，重新思考和摸索一条更加符合自身利益的道路。欧洲与中国的关系在一段时间内看似走向了更加亲密的合作伙伴关系，然而政治和安全问题始终是中欧关系中很难逾越的一道坎。欧洲在中美博弈的背景下陷入前所未有的摇摆和犹疑的状态。2020年拜登获得美国总统大选胜利后，明确表示将注重修复跨大西洋联盟关系，试图与欧洲联合对抗中国。而在经历新冠肺炎疫情、人权问题等一系列矛盾后，中国与欧洲也进入了外交政策调整阶段。欧洲目前在对外关系上面临的最大压力是如何在中美博弈中寻找出一条最适宜的外交道路，既能够避免卷入大国竞争的冲突，又能够维护自身的利益，谋求经济发展和在全球问题上更深入全面的多边合作。

一、特朗普政府的"美国优先战略"与欧洲的"中国筹码"

尽管拜登政府已经开始执政，但前任特朗普政府的"美国优先"（America First）战略与以此为基础衍生的对华、对欧政策已经全面影响中美博弈大背景下新的欧洲战略选择。特朗普政府的"美国优先"战略将曾经美国重视的亲密盟友关系以及全球领导力统统置于最直接和简单的"美国利益"之后，在对欧洲国家的政策选择上呈现出前所未有的单边主义和贸易保护主义思维，主要表现在因经济利益和安全战略对欧洲国家施加贸易制裁、与欧洲在安全义务上的分歧以及在多边协议中的"退群"行为。这一战略在很大程度上损害了美国与欧洲部分国家之间的盟友关系，削弱了双方之间的互信与友好合作，导致以德国、英国、法国为代表的欧洲国家重新审视与美国之间的关系，并做出了战略调整以维护本国和欧洲的利益。

对特朗普政府时期的美国与欧盟关系造成最大负面影响的是美国施加的惩罚性关税制裁和欧盟的关税反击，在中美贸易战吸引全世界目光的同时，美国与欧盟之间的贸易战也在悄然升级。其中最突出的是"特朗普关税"，即特朗普引用1962年的贸易扩张法第232条作为法律基础——如果"一件货品进口到美国的数量或其条件威胁或损害到国家安全时，总统可以在商务部长的提议下征收关税"——向中国、欧盟以及一些美洲国家的部分商品强征额外关税。①2018年3月1日，特朗普以出于"国家安全"的考量为名，宣布对进口的钢铁和铝分别开征25%和10%的关税，并于3月8日在白宫正式签署文件生效。②欧洲许多相关行业的公司，例如知名电梯制造商蒂森克虏伯（Thyssenkrupp）和奥钢联集团（Voestalpine）均声称其业务将因此受到很大影响。③欧盟委员会主席让-克洛德·容克（Jean-Claude Juncker）则表示，欧盟"对这一措施感到非常遗憾，这是公然的干预措施，目的是保护美国的国内工业，而不是建立在任何国家安全理由的基础上……欧盟几十年来一直是美国的紧密安全盟友"，如果相关行业遭受不公正措施的打击，欧盟不会袖手旁观，将"坚定而对等地捍卫自身的利益"。④欧盟明确反对维护"国家安全"这一说法，并于5月18日提出反制措施，对32亿美元的美国产品征收关税，以报复美国执行的钢铁关税政策，这些应税进口商品包括玉米和橙汁等农副产品、波旁威士忌和雪茄等

---

① Shannon Togawa Mercer and Matthew Kahn, "America Trades Down: The Legal Consequences of President Trump's Tariffs," https://www.lawfareblog.com/america-trades-down-legal-consequences-president-trumps-tariffs.

② Scott Horsley, "Trump Formally Orders Tariffs on Steel, Aluminum Imports," https://www.npr.org/2018/03/08/591744195/trump-expected-to-formally-order-tariffs-on-steel-aluminum-imports; Julia Howald, "In the Name of National Security?" https://english.bdi.eu/article/news/in-the-name-of-national-security/.

③ Philip Blenkinsop, "Time Running out to Resolve U.S. Metal Tariffs Dispute, EU Official Says," https://www.reuters.com/world/europe/time-running-out-resolve-us-metal-tariffs-dispute-eu-official-says-2021-04-15/.

④ European Commission, "European Commission Responds to the US Restrictions on Steel and Aluminium Affecting the EU," https://ec.europa.eu/commission/presscorner/detail/en/STATEMENT_18_1484.

烟酒产品以及摩托车等。①2018年7月，美国与欧盟达成"和解"，同意暂缓征收任何新关税，重新评估钢铁和铝关税，并努力实现对非汽车工业产品的零关税，同时欧盟同意从美国进口更多合格的液化天然气。②

然而，这只是暂时的和解，特朗普政府针对欧洲盟友的关税制裁并没有就此结束。2019年4月9日，特朗普宣布将对110亿美元的欧洲进口产品征收关税，以此强迫欧盟终止对飞机制造商空中客车公司（Airbus）的补贴。美国贸易代表办公室声明，这一举动的法律基础是1974年《贸易法》第301条，查明施加附加关税的欧盟产品的初步清单将由世界贸易组织（WTO）进行仲裁。③欧盟随即表示，将针对美国对波音公司（Boeing）的补贴征收报复性关税，并发布了有关美国商品的初步清单，其中大部分为农副产品以及交通工具和零件等制造业商品。④2019年10月2日，就美国与欧盟关于空客补贴的长期法律斗争，世界贸易组织允许美国对价值75亿美元的欧盟商品征收关税，10月18日正式生效。⑤包括来自英国、德国、法国、西班牙、意大利等27个欧盟国家的农副产品、加工食品、工业制造产品和诸如西服和手袋之类的服装奢侈物品等总计161项商品，将被美国设置更高的进口关税。⑥2020年11月9日，欧盟宣布对价值约40亿美元的美国商品征收报复性关税，向世界贸易组织指控美国政府向波音公司提

---

① European Union, "Immediate Notification under Article 12.5 of the Agreement on Safeguards to the Council for Trade in Goods of Proposed Suspension of Concessions and other Obligations Referred to in Paragraph 2 of Article 8 of the Agreement on Safeguards," Council for Trade in Goods Committee on Safeguards, World Trade Organization (WTO), May 18, 2018.

② European Commission, "Joint U.S.-EU Statement following President Juncker's Visit to the White House," https://ec.europa.eu/commission/presscorner/detail/en/STATEMENT_18_4687.

③ Office of United States Trade Representative, "USTR Proposes Products for Tariff Countermeasures in Response to Harm Caused by EU Aircraft Subsidies," https://ustr.gov/about-us/policy-offices/press-office/press-releases/2019/april/ustr-proposes-products-tariff.

④ John Brew, Frances P. Hadfield and Cherie Walterman, "EU Retaliatory Tariffs: Preliminary List Proposed in Continuing Dispute with U.S. over Boeing/Airbus Subsidies," https://www.cmtradelaw.com/2019/04/eu-retaliatory-tariffs-preliminary-list-in-continued-dispute-with-u-s-over-boeing-airbus-subsidies/.

⑤ Melissa Morris, John Brew and Frances P. Hadfield, "List of US Tariffs on $7.5B of EU Goods–Effective," October 18, 2019, https://www.cmtradelaw.com/2019/10/list-of-us-tariffs-on-7-5b-of-eu-goods-effective-october-18-2019/.

⑥ "Section 301 Investigation – EU Large Civil Aircraft: Final Product List," https://www.crowell.com/files/EU_Large_Civil_Aircraft_Final_Product_List10022019.pdf.

供非法补贴，波音喷气机将被征收15%的关税，而部分工业和农业产品将面临加征25%的关税。① 尽管欧盟屡次呼吁美国，单边行为不能解决任何问题，但双方之间围绕加征关税的贸易战一直持续至美国新任总统拜登上台。2021年3月5日，美国与欧盟正式宣布同意暂停由空客和波音争端引起的对对方出口商品施加的所有报复性关税，为期4个月，以便双方都可以集中精力解决这一长期存在的争端。②

在特朗普政府期间，加征关税不仅服务于"美国优先"的经济利益，也是利用经济制裁的威胁和美元的力量来迫使欧洲屈服于美国外交政策的一种手段。例如，美国一直对从俄罗斯到德国的新天然气管道项目"北溪-2"（Nord Stream 2）极为不满，认为德国对这一项目的大力支持会使德国自身更加依赖俄罗斯的天然气，并且认为这一项目最终受益的只有俄罗斯。2020年7月，美国国务卿迈克·蓬佩奥更是直接对参与国家喊话："要么立即退出，否则后果自负。"特朗普政府采取制裁措施，根据《美国敌对国家制裁法案》，对参与建设俄罗斯通往欧洲和土耳其的输油管道的能源公司实施制裁，其中包括了荷兰皇家壳牌石油公司（Royal Dutch Shell Plc）、德国的尤尼佩尔能源公司（Uniper SE）和温特沙尔公司（Wintershall AG）以及法国的能源公司（Engie SA）等主要的牵头公司。③ 美国还有参议员提出以经济上具有"破坏性"的制裁针对对天然气管道建设来说十分重要的萨斯尼茨轮渡港口（Fährhafen Sassnitz）。德国外交部官员尼尔斯·安南（Niels Annen）在接受德国电视二台采访时对美国的干涉表示愤慨，他表示德国清楚对"北溪-2"项目的评估"存在政治争议"，"但是通过制裁威胁最重要的朋友和盟友是行不通的"，欧洲的能源政策是在柏林

---

① Frances P. Hadfield, Brian McGrath and Walter Boone, "EU Places Retaliatory Tariffs on $4 Billion in U.S. Goods," https://www.cmtradelaw.com/2020/11/eu-places-retaliatory-tariffs-on-4-billion-in-u-s-goods/.

② European Commission, "EU and U.S. Agree to Suspend all Tariffs Linked to the Airbus and Boeing Disputes," https://ec.europa.eu/commission/presscorner/detail/en/IP_21_1047.

③ Nick Wadhams and Lars Paulsson, "Pompeo Warns Energy Majors over New Russian Gas Pipelines," https://www.bloomberg.com/news/articles/2020-07-15/pompeo-threatens-sanctions-on-eu-companies-over-nord-stream-2-kcnh97fq.

和布鲁塞尔决定的，而不是由华盛顿特区决定的。① 美国的干涉加剧了关于俄罗斯天然气管道争议的紧张局面，引起24个欧盟国家联合反对特朗普政府在国外使用制裁的这一行为。②

特朗普政府的"美国优先"战略和对中国采取的越发强硬的遏制政策迫使欧洲国家不得不做出战略调整。尤其是以德国、英国、法国为代表的欧洲大国，因困囿于特朗普政府在经贸上的单边主义和"美国优先"思维，同时又为越来越强劲的中国经济动力和庞大的中国市场所吸引，在美国不断施压之下，纷纷开辟以本国利益为核心的、更加独立自主的外交平衡道路，避免在美国和中国之间"选边站"。当全球经济增长放缓时，中国市场的活力和经济驱动力使得欧洲国家越来越重视与中国之间的经济纽带。

在特朗普执政期间，欧盟国家中受到美国最严厉、最多指责的就是如今欧盟的领头羊德国。美国在高呼与中国"经济脱钩"的同时，也在迫使其欧洲盟友对中国经济施压，与美国联合对中国进行制裁。然而，默克尔政府不仅没有响应盟友的号召，反而加紧推动德国与中国、欧盟与中国之间的经贸关系。中德两国之间的经贸联系已经十分密切，且为双方都带来了丰厚的利润，对德国汽车业而言尤其如此。中国是德国最大的贸易伙伴，也是2020年德国最重要的出口市场，2020年两国间的进出口总额高达约2126亿欧元。③ 在日益密切和多样化的商业关系背景下，中德建立了密切的政治关系，确立了全方位战略伙伴关系，这包括约80项具体的高层对话安排，用于双边政治磋商，并且这些频繁的双边高层互动一直持续，基本未受到中美博弈加剧的影响。④

在欧洲，无论是地方还是整个国家，和中国之间的经济纽带与其发展都难以分割。以世界上最大的内陆港口杜伊斯堡（Duisburg）为例，这是

---

① "Annen: US-Drohung 'Absolute Unverschämtheit'," https://www.zdf.de/nachrichten/wirtschaft/usa-sanktionen-sassnitz-nord-stream-2-100.html.

② Adam Payne, "24 EU Countries Complained to the Trump Administration about Its Use of Sanctions, Taking US Officials by Surprise, according to a Report," https://www.businessinsider.com/report-twenty-four-eu-states-complain-to-trump-administration-about-us-sanctions-2020-8.

③ 参见Aktuell, "Destatis Statistisches Bundesamt," https://www.destatis.de/DE/Themen/Wirtschaft/Aussenhandel/_inhalt.html。

④ Hanns W. Maull, "Germany's Painful Wriggle between China and the US," https://asia.nikkei.com/Opinion/Germany-s-painful-wriggle-between-China-and-the-US.

欧洲沿中国"一带一路"倡议的新丝绸之路进出中国的重要中转站。对于杜伊斯堡的社会民主党市长索伦·林克（Soren Link）而言，削弱与中国的联系和减少对中国的经济依赖意味着要付出痛苦而昂贵的代价，在经济和政治上均会在当地造成极大的不满。[1] 德国政府本身也不断努力拉近并且稳固与中国的经贸关系，对于总理默克尔来说，在动荡的全球局势下，这是她最后一个任期内必须努力促成的重要任务，这也是默克尔一直致力于推动中欧投资协议签署的原因。尽管这项协议在欧洲仍遭受广泛质疑，并且美国一直试图阻碍协议达成，但默克尔依旧坚定不移地推动协议的谈判进程。有欧盟外交官和官员指出，默克尔在敲定已经进行长达7年的中欧投资协议谈判中发挥了关键作用。[2] 这一协议于2020年12月30日，即德国将欧盟理事会轮值主席国移交给葡萄牙之前正式签署。[3] 默克尔在2021年度达沃斯论坛上表示，"在德国担任欧盟理事会主席期间，我们向前迈出了一步，巩固了中欧投资协议，该协议自2013年开始经过漫长的谈判，并达成了一项政治协议。为什么我如此高兴我们能够采取这一步骤？因为我相信我们可以确保欧洲在中国以及中国在欧洲的投资达到新的水平"。[4] 在中美贸易战的大环境下，德国作为欧盟最主要的领导国家一直在积极推动欧盟作为一个整体和中国建立更紧密、便捷、互利互惠的经贸关系，足以看出德国十分重视与中国的关系，其对华政策，尤其是经贸政策，与特朗普政府时期美国的对华政策差异极大。

同样，美国的老牌盟友英国也在这一时期努力寻求一种更独立的外交道路，其对外关系的重心不仅限于美国。对于这一时期的英国来说，实现其优先的外交政策（英国脱欧）是最重要的，在此基础上需要修复与欧盟

---

[1] Hanns W. Maull, "Germany's Painful Wriggle between China and the US," https://asia.nikkei.com/Opinion/Germany-s-painful-wriggle-between-China-and-the-US.

[2] Hans von der Burchard, "Merkel Pushes EU-China Investment Deal over the Finish Line Despite Criticism," https://www.politico.eu/article/eu-china-investment-deal-angela-merkel-pushes-finish-line-despite-criticism/.

[3] European Commission, "EU and China Reach Agreement in Principle on Investment," https://ec.europa.eu/commission/presscorner/detail/en/ip_20_2541.

[4] Angela Merkel, "Rede von Bundeskanzlerin Merkel anlässlich des Davos-Dialogs des World Economic Forum," https://www.bundesregierung.de/breg-de/suche/rede-von-bundeskanzlerin-merkel-anlaesslich-des-davos-dialogs-des-world-economic-forum-am-26-januar-2021-videokonferenz--1844594.

国家尤其是德国和法国之间的双边关系。英国在脱欧后亟须重新调整在国际社会中的角色，重塑一个欧洲大国的形象，在世界范围内更好地推广自己。同时，英国也努力开拓自己通往中国的道路，在美国与中国之间寻找一条新的路线。英国官员们坚持认为，英国没有刻意在所有问题上与美国背道而驰，相反英国对不同政策问题采取更客观的理解和方法，体现出一个脱欧后的独立国家做出了更加独立的决定。①

英国希望能在不损害与美国同盟的情况下增加与中国的经济联系，但要实现这一想法非常困难。尽管美国不断反对，自2015年卡梅伦宣布中英关系"黄金时代"开始起，英国的对华政策就已经开始偏离美国的安全战略设想，中国自此开始能够对包括核电站在内的英国关键基础设施进行投资。② 英国前首相特蕾莎·梅（Theresa May）上任后，更是支持中国电信公司华为在英国5G网络中发挥作用，尽管美国一直宣称引入华为的技术将会损害英国的国家安全。特朗普上任后，尽管在口头上支持英国脱欧，但两国关系跌至1956年苏伊士运河危机以来的最低点。特朗普看上去对时任首相鲍里斯·约翰逊（Boris Johnson）十分友好，但并未在贸易协议、气候变化或"伊核协议"上给予约翰逊实质性的让步。③ 两国在外交上最重要的分歧之一就在于如何应对中国的崛起，而伦敦已经不再追随华盛顿的战略评估，两个盟国对如何衡量和分析需要面对的挑战不尽相同。

2020年1月，在伦敦与英国外交大臣多米尼克·拉布（Dominic Raab）的会面中，美国国务卿蓬佩奥指出，西方"必须保持高度警惕……中国共产党是我们这个时代的主要威胁"，因为只有中国有经济实力对资本主义民主制度施加真正的压力，威胁到美国的霸权，而包括俄罗斯在内的其他任何国家都无法做到。④ 但是，英国方面并不同意这一点，即使决定暂时

---

① Thomas Wright, "What a Shift in the UK's Foreign Policy Means for the US," https://www.brookings.edu/blog/order-from-chaos/2020/07/23/what-a-shift-in-the-uks-foreign-policy-means-for-the-us/.

② "China, Britain to Benefit from 'Golden Era' in Ties – Cameron," https://www.reuters.com/article/us-china-britain/china-britain-to-benefit-from-golden-era-in-ties-cameron-idUSKCN0SB10M20151017.

③ Wright, "What a Shift in the UK's Foreign Policy Means for the US."

④ Tom McTague, "Britain and America Have a China Problem," https://www.theatlantic.com/international/archive/2020/01/britain-us-huawei-china-mike-pompeo-dominic-raab/605806/.

搁置引入华为5G技术的计划，中国也是英国无法真正远离的一片土地，因为中国不断增长的市场和财富是既定事实。相反，英国政府应该先于其他欧洲竞争对手抢占先机。英国军情六局的负责人亚历克斯·扬格（Alex Younger）在2018年的一次演讲中指出，英国正面临不断变化的国际格局，这是伦敦"需要适应的新政治现实"。① 随着财富和权力向东方移动，伦敦的目光也应当不局限于西方。

在对华政策问题上，法国总统埃马纽埃尔·马克龙（Emmanuel Macron）一直是与特朗普政府最不一致的。马克龙认为，只有在欧洲拥有自己的国防、技术和货币主权的情况下，美国才会尊重欧洲。美国的价值观和利益与欧洲的价值观和利益并不完全相同，一味追随或依赖美国的国际政策是站不住脚的，探寻自主独立的外交政策同样适用于欧洲对华关系。② 马克龙也不同意特朗普政府对中国的敌对立场，认为中国"既是伙伴、竞争者，又是制度性对手"。他在大西洋理事会的一次讨论中指出，"在应对气候变化问题方面，中国是合作伙伴，当特朗普政府退出《巴黎协定》时，中国仍留在其中"。拜登政府上台后，马克龙也曾公开表示，欧盟不应当与美国结盟共同针对中国，即使与华盛顿有着更加相近的共同价值观，"抱团针对中国的做法是最可能引发冲突的"，效果将会是"适得其反"。③

美国单方面发起的对华、对欧贸易战也进一步增强了欧洲与中国的贸易联系。2019年中美贸易战正酣期间，法国总统马克龙对中国进行了为期三天的访问，贸易是重要议题。访问期间，他积极推介欧洲公司，以扩大进入中国市场的机会。中国国家主席习近平与马克龙共同出席了第二届中国国际进口博览会，当习近平主席在会上品尝法国的葡萄酒和优质牛肉食

---

① "The Future Is Tilting East towards China, British Spymaster Says," https://www.reuters.com/article/uk-britain-security-china/the-future-is-tilting-east-towards-china-british-spymaster-says-idUKKBN1O219C?edition-redirect=uk.

② Patrick Wintour, "EU Must Assert Autonomy in Face of US-China Dominance, Says Macron," https://www.theguardian.com/world/2020/nov/16/eu-must-assert-autonomy-in-face-of-us-china-dominance-says-macron.

③ Rym Momtaz, "Macron: EU Shouldn't Gang up on China with US," https://www.politico.eu/article/macron-eu-shouldnt-gang-up-on-china-with-u-s/.

品时，马克龙总统正在推动中国市场向更多的欧洲产品开放。①11月6日，双方领导人在会晤中达成一致，"承诺为对方企业提供公平竞争和非歧视待遇"，"鼓励两国金融市场双向开放，支持各自符合条件的金融机构到对方国家展业"，并将此意愿写入两国共同发布的中法关系行动计划。②除了推进中欧开放经济和自由贸易，多边主义合作是马克龙访华的另一个重点议题。就在特朗普政府正式启动退出有关气候变化的《巴黎协定》的进程之际，马克龙表示对美国退出的遗憾，并且强调加强全球在应对气候变化和更好地保护生物多样性方面的合作因此变得更加重要，而中国和欧盟在这方面的合作是决定性的。③

在特朗普政府执政期间，欧洲和中国比欧盟和美国拥有更多共同利益。这些共同的价值观在全球贸易和气候政策中尤为明显，欧洲和中国的高层领导进行了前所未有的、密集而富有成效的交流，这也部分由于美国总统特朗普的外交政策不可预测。特别是中国正式同欧洲共建"一带一路"以来，欧盟的一些主要成员国也开始在"一带一路"项目中追求自己的国家利益。尽管欧盟对这一项目有很多担忧，但也不得不承认该倡议在开拓新的经济机会和刺激欧亚地区发展动力方面具有巨大潜力。④这十分符合欧洲的利益。特朗普政府执政时期的"美国优先"战略、单边主义行为和由此带来的一系列后果对欧洲的政治经济发展造成了负面影响，促使欧洲各国开始从自身利益出发，重新定位国家战略和国际角色，调整对外政策，追求更加独立自主的外交道路。尽管受到贸易战的冲击，经济高速发展、市场活跃庞大、贸易繁荣稳定的中国为经济社会发展进入瓶颈期的欧洲各国带来了新的机遇。在美国强烈要求对中国进行经济制裁的压力下，欧洲各国纷纷与中国建立更紧密、更广泛的商业贸易联系。这不仅仅是欧洲在中美博弈的大环境下探索新的外交思路、重新调整国家战略的结果，也是欧洲平衡自身与美国之间双边关系的重要筹码，是欧洲向曾经最

---

① Sylvie Corbet, "Europeans Look to China as Global Partner, Shun Trump's US," https://apnews.com/article/europe-france-iran-emmanuel-macron-china-9c75a169944e4ff7ba4fb4d2617b8445.

② 中新社:《马克龙访华：中法关系在互信中与时俱进》，2019年11月7日。

③ Sylvie Corbet, "Europeans Look to China as Global Partner, Shun Trump's US."

④ Hans Spross, "How Trump's Unreliability Is Pushing EU and China Closer together," https://www.dw.com/en/how-trumps-unreliability-is-pushing-eu-and-china-closer-together/a-39079310.

重要、最亲密的盟友发出的追求更加符合自身利益、更加独立自主的对外政策的一个信号。

二、欧洲外交中的"中国问题"

在中美博弈加剧的情况下，欧洲与中国的经贸关系越来越紧密，与美国在整体的外交政策上出现了明显的步调不一致，但这并不代表欧洲与中国的关系在本质上发生了改变。欧洲许多大国依然是美国的盟友，北约依然是欧洲安全防务的基石。而对于欧洲大部分国家来说，其政府对北京的态度仍然瞬息万变，在美国和中国之间寻求一条属于自己的外交道路绝非易事，其过程充满矛盾与冲突、平衡和摇摆。总体来说，欧洲国家对于中国的政策在"经济"和"安全"两个层面是割裂的。在经济方面，如同上文所述，欧洲正面临一个发展的瓶颈期，又受到美国特朗普政府的关税制裁影响，希望与市场大、经济活力强的中国建立更紧密的、互惠互利的经贸关系，推动自由市场和本土企业的对华投资。但在安全战略上，以北约为安全基石的欧洲国家依然坚定地与盟友美国站在一起，尽管双方在欧洲防务问题上存在分歧，但在对华安全政策上保持步伐一致。

首先是在意识形态上，欧洲推崇自由民主制度甚至在某种程度上超过美国。即便是一直推动与中国良好的经贸往来，欧盟也越来越警惕中国这样的所谓"威权大国"（authoritarian powers）日益增强的影响力，并呼吁与美国的拜登政府结成更强大的联盟，以争取西式民主制在全球治理中的利益。[①]尽管特朗普时代的美国与欧洲有过许多摩擦，但就这一问题双方达成的共识不曾改变。美国和许多欧洲国家一直自诩为民主世界的领导者和自由民主秩序的维护者，而在他们眼中，"威权主义"的中国是现存全球民主秩序的挑战者和有力的破坏者。荣鼎咨询公司（Rhodium Group）驻柏林的分析师诺亚·巴金（Noah Barkin）表示，"民主国家之间会就威权

---

① Erika Solomon and Guy Chazan, "'We Need a Real Policy for China': Germany Ponders Post-Merkel Shift," https://www.ft.com/content/0de447eb-999d-452f-a1c9-d235cc5ea6d9.

政权的威胁进行讨论，无论这一威胁是中国、俄罗斯还是其他国家"。① 因此，欧美在意识形态层面往往能够形成有效的默契，达成高度一致。

在有关中国的公开批评中，人权问题尤为突出，欧洲社会认可人权具有普遍性，且不将其视为内政。拜登政府对北京在"人权问题"上首次激烈指控发生在"新疆问题"上。美国、欧盟、英国和加拿大于2021年3月22日对所谓"中国官员在新疆的侵犯人权行为"实施了制裁，并与许多欧洲国家共同行动，通过外交努力联合盟国在意识形态和人权问题上施压中国。相关活动人士和一些西方政治家诬指中国对多达100万穆斯林民众"使用酷刑、强迫劳动和绝育"。② 欧盟、英国和加拿大将新疆地区的4名前任和现任官员列入黑名单，3月22日、23日，中国驻法国、德国、丹麦、瑞典、比利时等多国大使，就欧盟借口新疆人权问题对华制裁提出严正交涉。

在"新疆问题"上，美国与其欧洲盟友显示出高度的协调一致。意识形态主导的"人权问题"是阻碍中欧关系取得更进一步的实质性发展的一个很明显的矛盾。

而意识形态的斗争随着新冠肺炎疫情在全球的暴发和蔓延在中国和以欧美为首的西方国家之间再次展开。这场全人类面临的流行性疾病传播危机并未缓解中美之间的博弈，也没有缩小中国与大部分欧洲国家之间的距离。相反，它在一开始就增强了意识形态方面的博弈。中国武汉首先发现新冠病毒，而中国采取"封城"和居家政策，在较短的时间内控制住了疫情，避免了国内更大规模的感染。在欧洲广泛的国际政治、学术和媒体讨论中，人们普遍承认中国在抗击新冠肺炎疫情方面有很多正确的方法，并且比其他国家更早地有效控制病毒的传播。但是，西方评论又认为中国在疫情暴发阶段所谓"掩盖信息"的问题与政府后来成功实施有效的疾病控制措施的能力都与共产党领导下的政治制度本质息息相关。③ 中国向世界

---

① Erika Solomon and Guy Chazan, " 'We Need a Real Policy for China': Germany Ponders Post-Merkel Shift."

② Robin Emmott, David Brunnstrom, "West Sanctions China over XinJiang Abuses, BeiJing Hits back at EU," https://www.reuters.com/article/uk-usa-china-eu-sanctions-idUSKBN2BE2LF.

③ Volker Perthes, "Dimensions of Rivalry: China, the United States, and Europe," *China International Strategy Review* (2021), https://doi.org/10.1007/s42533-021-00065-z.

各国（包括意大利等欧盟成员国）提供医疗和物资援助也被西方国家贴上了"口罩外交"（Mask Diplomacy）的标签，它们指责中国此举意在增强软实力，是在炫耀政治制度的优越性。① 欧洲社会与中国国内对中国政府在此次疫情中的作为看法差异很大。在皮尤研究中心（Pew Research Center）对14个西方国家进行的调查中，有61%的受访者认为中国对新冠肺炎疫情的处理不佳。②

其次是在安全问题上，欧洲与美国的步调更加一致，前者不仅仅是出于意识形态和美国对欧洲的防务考虑，许多欧盟国家在整体上视中国为一个安全战略上的"隐患"。最明显的表现在于，以英国、法国、德国为主要代表的欧洲国家在南海问题上对中国的态度越来越强硬，甚至越来越频繁干涉南海问题。早在2016年发布的关于南海的声明中，欧盟就要求中国"在国际法原则的基础上维护海洋法律秩序"，"敦促所有声索国通过和平手段解决争端，澄清其主张的依据，并根据包括1982年《联合国海洋法公约》在内的国际法及其仲裁程序进行处理"。③ 2021年4月24日，针对中国与菲律宾在牛轭礁附近水域的争端，欧盟发言人再一次发布类似声明。④

除在观点立场上积极与美国保持一致，近几年，德国、英国和法国在军事上也开始有所行动。2021年3月，德国官员表示一艘德国护卫舰将在8月启航前往亚洲，并在回程中成为自2002年以来第一艘穿航中国南海的德国军舰。华盛顿方面表示，美国欢迎德国"支持在印太地区建立基于规则的国际秩序"。⑤ 几十年来规模最大的英国舰队正在英国皇家海军"伊丽

---

① Hanns Günther Hilpert and Angela Stanzel, "China – Winning the Pandemic... for Now The People's Republic Is Exuding Strength, but Can They Keep It up?" *Stiftung Wissenshaft und Politik Comment,* No.1, 2021, p. 2.

② Laura Silver, Kat Devlin and Christine Huang, "Unfavorable Views of China Reach Historic Highs in Many Countries," https://www.pewresearch.org/global/2020/10/06/unfavorable-views-of-china-reach-historic-highs-in-many-countries/.

③ "Declaration by the High Representative on Behalf of the EU on Recent Developments in the South China Sea," https://www.consilium.europa.eu/en/press/press-releases/2016/03/11/hr-declaration-on-bealf-of-eu-recent-developments-south-china-sea/.

④ "South China Sea: Statement by the Spokesperson on Challenges to Peace and Stability," https://eeas.europa.eu/headquarters/headquarters-homepage/97196/south-china-sea-statement-spokesperson-challenges-peace-and-stability_en.

⑤ "German Warship to Cross South China Sea for First Time since 2002," https://www.aljazeera.com/news/2021/3/4/german-warship-to-sail-through-south-china-sea.

莎白女王"号航空母舰（HMS Elizabeth）的带领下，准备于2021年5月启航，以40个国家为中心，重点巡游"印太"地区，以展示英国在美国寻求与中国对抗的地区的军事实力和影响，旨在巩固与美国的盟友关系，同时加强北约在全球范围内的联盟。① 2021年4月16—19日，法国海军进行代号为"圣女贞德行动"（Mission Jeanne d'Arc）的巡航任务，北风级两栖攻击舰"雷电"号（LHD Tonnerre）和拉法耶特级护卫舰"絮库夫"号（Surcouf）与澳大利亚皇家海军的"澳新军团"号（Anzac）护卫舰和"天狼星"号（Sirius）补给舰一起协调航行，并进入中国南海。② 德国、英国、法国在南海问题上的态度和做法明显体现出在安全问题上欧洲依然将中国作为除俄罗斯以外的主要对手，在安全领域的对华政策上，欧洲一直是美国的坚定盟友。

总体来说，欧洲各个国家以及欧盟的对华政策越来越趋向于"问题导向"。在经济贸易发展和全球多边合作中，中国是与欧盟有着紧密一致目标的合作伙伴，是需要寻求利益平衡的谈判对象，也是推动欧洲提升治理模式的竞争对手。这就要求欧洲能采取灵活、务实和理性的思考方式，在捍卫原则上的利益和价值的同时，探索出正确的对华战略。而美国采取的则是更加直接的"中国导向"，即在全球战略中把中国视为遏制的对象，无论是在经济上还是在安全上。

欧洲基本已经形成安全、政治与经济和贸易联系在原则上分开的对外政策，即使与美国是安全上的盟友、政治和意识形态相近，欧洲在经济尤其是贸易战和科技竞争问题上并不完全信任美国，甚至在很多时候也与美国是竞争对立的关系。比如，在特朗普政府时期，美国对欧洲施压以限制后者与中国的合作，特别是在敏感的引入华为5G技术上。但是，欧洲各国政府在很大程度上顶住了这一压力，认为与中国交往带来的经济利益要大于风险。2019年3月23日，意大利与中国签署关于"一带一路"倡议的

---

① James Marson and Max Colchester, "U.K.'s Biggest Naval Fleet in Decades to Flex Muscle With Eye on China and U.S.," https://www.wsj.com/articles/u-k-s-biggest-naval-fleet-in-decades-to-flex-muscle-with-eye-on-china-and-u-s-11620907201.

② Xavier Vavasseur, "French Navy and Royal Australian Navy Ships Patrol the South China Sea together," https://www.navalnews.com/naval-news/2021/04/french-navy-and-royal-australian-navy-ships-patrol-the-south-china-sea-together/.

谅解备忘录,成为第一个加入该倡议的七国集团国家,这就是一个极好的例子。欧洲仍然会借重中国因素平衡美国影响,而不是完全在战略上对美国"一边倒"。

三、拜登政府的盟友优先政策与联合制华政策下欧洲的选择

希腊欧洲和外交政策基金会的高级政策顾问詹斯·巴斯蒂安(Jens Bastian)表示,许多欧洲国家表示愿意与新一任的拜登政府合作,制定对华的共同政策方针,但是"这种政治意愿不会立即转化为跨大西洋合作的能力",因为在过去4年中欧洲与美国之间出现了很深的断层线。2020年美国大选中拜登的胜利使欧盟对美欧合作持更进一步的乐观态度,希望深化欧盟和美国合作以加强跨大西洋的抵御能力,面对共同挑战,中国就是其中最主要的挑战之一。尽管新的拜登政府重新制定了对华政策,风格有所变化,但其实质内容没有改变。此外,新冠肺炎疫情大流行的经济后果将"继续在2021年塑造欧洲国家与美国和中国关系的多样性"。①

但拜登执政以来,美国和欧盟的政策融合远比在特朗普时期更加成功,因为拜登的盟友优先和联合制华政策反映了美国和欧盟的核心利益。即使欧洲各国的对华政策有所差异,保持着相对的独立自主性,但它们在追求经济安全和致力于所谓西方价值观方面大体上是一致的。这点也是中国面临的一个严峻挑战,尤其是西方对中国的"强势外交"反感程度急剧上升,欧洲对中国的态度也越发强硬。

在西方舆论环境下,"强势外交"意味着推行强硬外交政策下中国外交官阐发的一系列所谓具有对抗性的言论,后又衍生指代中国在外事上的强硬态度。其中主要针对的是中国官方人员在国外社交平台上的涉外事件发言以及外交人员针对敏感问题的评论。例如,西方一直指责中国外交官在推特(Twitter)上与西方争吵,利用"积极正向"的内容掩盖批评的声音,以及"干涉"美国问题。2020年,由于美国爆发针对种族问题和暴力

---

① "Judy Asks: Is Europe Ready to Work with the United States on China?" https://carnegieeurope.eu/strategiceurope/83425.

执法的抗议活动，中国的外交官和官方媒体与俄罗斯和伊朗的同行们一起在推特上指责美国的粗暴行径。① 而在新冠肺炎疫情期间，"强势外交"言论的中心转移到了欧洲。西方评论认为，尽管主要是由与美国的强国竞争意识驱动的，但"强势外交"在新冠肺炎疫情危机期间的大部分负面影响都发生在欧洲。由于中国国内疫情得以控制，而欧洲疫情蔓延引发相关医疗器械和物资的短缺，一位德国外交官指责中国"已经开始以一种只会对弱小国家使用的语调"与欧洲大国交谈。② 专门研究中国在欧洲的影响力的德国马歇尔基金会（Marshall Fund）的学者玛丽耶克·奥尔伯格（Mareike Ohlberg）表示，这是第一次看到中国对欧洲传达"大规模的破坏性消息"。这表明西方对中国"强势外交"的反感上升。

拜登赢得大选后，欧盟驻华大使曾表示，欧盟和美国应共同努力应对中国的"强势外交"，并与南海地区涉及争议的其他国家进行协调。新任总统拜登也提出了以"民主国家的联盟"作为应对中国的核心力量的必要性。欧盟驻华大使尼古拉斯·夏普瓦（Nicolas Chapuis）在中国首都能源论坛上发表讲话称，欧盟希望就美国对华政策与美国新政府达成协议，"在中国准备合作时，尽可能与中国合作"，但也需要达成共识，"对欺凌和恐吓、强势外交说'不'"。③ 欧洲十分明确在安全、战略甚至是科技发展上都视中国为"制度性对手"，也认可与美国结盟应对中国崛起的必要性，同时在经贸合作和全球治理多边合作方面，又认为中国是一个重要的伙伴。但面对中国在外交上越来越强硬的措辞以及拜登政府的示好，欧洲或许会在人权、南海争端等问题上对中国采取一种更加具有对抗性的立场。

---

① Jessica Brandt and Bret Schafer, "How China's 'Wolf Warrior' Piplomats Use and Abuse Twitter," https://www.brookings.edu/techstream/how-chinas-wolf-warrior-diplomats-use-and-abuse-twitter/.

② Kathrin Hille, "'Wolf Warrior' Diplomats Reveal China's Ambitions," https://www.ft.com/content/7d500105-4349-4721-b4f5-179de6a58f08.

③ "Europe, U.S. Should Say 'No' to China's 'Wolf-Warrior' Diplomacy," https://www.reuters.com/article/us-china-eu-usa-idUSKBN28K0JS.

四、中美博弈中的"欧洲选择":"抗中联盟"能够建立吗?

在中美博弈中,对于双方来说,欧洲的意见都是非常重要的。拜登政府已经明确表明希望与欧洲联合抗衡中国日益强大的影响力,在未来的外交蓝图中,建立一个联合欧洲的"抗中联盟"是拜登政府的目标之一。但是目前对美国来说,特朗普执政4年所造成的美欧之间的裂痕,以及欧洲人在此期间重新塑造的外交思维和目标已然成为拜登政府与欧洲达成一致的最大阻碍。前任政府在欧洲留下的最普遍和深刻的印象是"美国是一个不可靠的盟友",在经济和安全防务关系上皆是如此,而这也是拜登政府在跨大西洋关系中必须要重塑的。[①]

欧洲人在过去几年中了解到,正如德国总理默克尔所言,"欧洲将不得不更多地依靠自己"。[②] 由欧洲对外关系委员会(European Council on Foreign Policy)委托的对11个国家和地区总计1.5万多人进行的一项调查显示,欧洲人对美国失去了信心。在欧洲对外关系委员会调查涵盖的国家中,有53%的受访者认为拜登的胜利对其国家产生了积极影响,但许多欧洲人不相信美国选民能在4年内不投票给"另一个特朗普"。最为惊人的是,有53%的德国受访者表示,在特朗普总统之后,美国人不再可信赖,而德国又是美国目前在欧盟中最重要的盟友之一。[③] 随着欧洲对美国能力和信用的怀疑增加,拜登想要把美欧关系修复到特朗普执政以前的程度是很难的。一名德国高级官员表示,特朗普的4年任期使德国对美国的看法受到很大负面影响。虽然欢迎拜登重建与德国和欧洲的关系,但在华盛顿释放出美欧关系重返"正常"的同时,欧洲想知道这种"正常"对于给特

[①] "Biden Seeks to Reset Relations with Europe. But the Ground Rules Have Changed," https://news.northeastern.edu/2021/02/01/biden-seeks-to-reset-relations-with-europe-but-the-ground-rules-have-changed/.

[②] "Europa Kann Sich Zurzeit Allein Nicht Verteidigen," https://www.zeit.de/politik/deutschland/2019-11/generaldebatte-angela-merkel-nato-deutschland-verantwortung?utm_referrer=https%3A%2F%2F.

[③] Ivan Krastev and Mark Leonard, "The Crisis of American Power: How Europeans See Biden's America," https://ecfr.eu/publication/the-crisis-of-american-power-how-europeans-see-bidens-america/.

朗普投票的大量美国选民来说是否可以接受。此外，下一个"特朗普"（或特朗普主义）是否会重新主导美国也是欧洲持观望态度的原因。① 特朗普已促使欧洲许多人严肃考虑，如果没有美国的强有力领导，欧洲应当如何应对不断变化的国际局势和新的挑战。因此，拜登必须重新定义美国政府，并能够展现出美国在国际事务中应有的领导能力。

特朗普政府对跨大西洋关系造成的损害从又一个角度为欧洲的战略"自治"思想发展提供了推动力。在特朗普执政时期，欧洲已经开始谋划自己的外交道路，采取更协调的对华政策和对美政策。在探索各自外交方式的同时，欧盟内部也不断调整、协调对华政策，弥补内部分歧造成的外交能力不足。鉴于其政治和经济发展模式的特点，欧洲仍然不愿卷入大国冲突，但欧洲国家尤其是欧盟已经意识到，需要增强自身能力并增加战略自主权，在外交和安全政策事务中能够确定自己的优先级并做出自己的决定，依靠自身拥有的政治、物质和机制资源来执行这些决定。欧盟正在增强内部在安全和国防方面的合作，但现实状况更为复杂，因为欧盟是一个由27个主权国家组成的联盟，其中每个成员国都有自己的利益，很多时候并不一致。欧盟自身的多边主义思想还需要经过长时间的磨合与考验。

"自治"也不意味着拒绝联盟，而且一个独立自主的国家选择联盟和发展伙伴关系必然也是根据自己的价值观和利益来决定的，欧洲已经越来越意识到避免单方面依赖的必要性。对于大多数欧洲人来说，美国仍然毫无疑问是首选的联盟伙伴，尽管双方之间在很多问题上存在更根本的分歧。同时，欧洲人更倾向于将中国视为竞争者，但不会将中国视为敌人，或者让中欧关系陷入一种紧张的对抗中。对于中国，欧洲有着一种更为复杂的情感。一方面，欧洲人更乐意看到与中国保持稳定健康的关系，这是因为欧洲与中国有着直接的政治和经济利益联系，以及对多边合作的愿景。与中国断绝技术、科学或经济联系的"脱钩"显然不是欧盟的选择，完全站在美国这边对抗中国也不会是欧洲想要看到的局面。另一方面，中国在科技和经济等领域的飞速发展已经开始有超越欧洲的势头。当整个欧洲为了

---

① Steven Pifer, "Rebuilding US-German Relations: Harder than It Appears," https://www.brookings.edu/blog/order-from-chaos/2021/03/25/rebuilding-us-german-relations-harder-than-it-appears/.

引进5G技术而开始思考是否要在安全问题上做出妥协时，不再质疑5G技术对信息安全的影响，这意味着昔日欧洲的科技优越性在日新月异的技术发展竞争中逐渐消解。

欧洲正在尝试摸索出一条更符合自身利益，同时又能促进欧洲国家间协调的外交道路，以应对中国在世界上日益增长的影响力以及中国政治模式的不断传播，建立一个相互依存的多边秩序基础。因此，在与中国有关的所有问题上，要实现跨大西洋联盟的意见统一是非常困难的。美国或许可以尝试在一些基本原则上与欧洲达成共识，但一个越来越独立的欧洲不太可能冒着极高的经济利益损失风险选择与美国组成一个实实在在的"抗中联盟"。但同时，欧洲也不会与美国疏远，美欧目前的"身份焦虑"和"制度焦虑"是十分相似的，在未来一段时间内，美欧依然会在制度和安全上联手应对中国崛起。

拜登政府外交团队对华倾向及政策探析

赵儒南*

摘　要：自约瑟夫·拜登正式就任美国总统以来，其加紧组建并巩固外交团队，以求尽快制定相关的社会政策、经济政策和外交政策。在拜登政府执政的第一年，美国需要解决两个最为紧迫的国内问题：一是在最短的时间内遏制新冠肺炎疫情的蔓延势头；二是复苏美国经济，提振美国民众对政府的信心。在对华政策的制定和执行方面，拜登在正式就任之后，迅速组建了一支颇为成熟且具有充足经验的外交政策团队。该团队成员为拜登政府制定了多项对外及对华政策方案，对拜登政府一年多来执政的总体外交政策及对华决策发挥了重要作用。从拜登政府的外交政策班底构成和拜登执政一年来一系列的对华政策中我们发现，拜登政府的对华外交政策有着明显的价值观倾向。我国在开展外交工作时，应抓住拜登政府外交团队的政策倾向及政策执行中的变化，并做出有效的分析和及时的应对。

关键词：中美关系；美国外交；对华政策；外交战略

一、拜登政府的外交政策班底构成及对华倾向

由于唐纳德·特朗普政府过度"体制主义"的国内政策和"特朗普主义"集权式的外交政策，拜登政府将其前任政府的政策影响总结为"对基本民主原则的失败，已经让美国在世界上失去了地位"。[①] 在外交政策领

---

* 赵儒南，南京财经大学马克思主义学院讲师、国际关系史博士。
① Joe Biden, "The Power of America's Example: The Biden Plan for Leading the Democratic World to Meet the Challenges of the 21st Century," https://joebiden.com/americanleadership/.

域，美国总统在传统上享有着极大的自主权，特朗普政府更多选择越过传统政治步骤制定外交政策和开展外交活动，使其"美国优先"的外交政策起到了适得其反的效果。例如，特朗普政府时期一系列的"退群"事件，在一定程度上打乱了美国政府长期稳定的外交局面，单纯的"退出"看似在寻求变化，实则是浅尝辄止的试探，并不能够发挥实质性的作用。①

拜登政府执政后，在修复美国与其盟友和伙伴之间的关系、重申美国的国际立场和领导地位、恢复其"人权捍卫者"的声誉等方面做出了巨大的努力，即"回归政治"这一外交思路。拜登明确阐述了美国的外交政策愿景，即在世界舞台上恢复受尊重、有尊严的领导地位。其中，既包括恢复过去美国政府构建的"民主联盟"，以此保护美国的国家安全和价值观地位，又包括重塑美国的经济优势和国际话语权，再次成为解决国际问题、应对全球挑战的"领导者"角色。2021年2月4日，拜登在美国国务院发表的《关于美国世界地位的讲话》中称："美国修复与盟友的关系，重新与世界接触，将成为美国外交政策的中心。这不仅是为了应对以前的挑战，更是为了迎接现在和未来的挑战。美国的领导作用，必须适应当下这个威权主义盛行的新时刻，包括中国与美国展开对抗的局面，以及俄罗斯试图破坏和摧毁美国民主的行为。"②

为此，依照拜登政府的未来外交政策方向，拜登政府团队成员拟定了以国务卿安东尼·布林肯（Antony Blinken）和国家安全顾问杰克·沙利文（Jake Sullivan）为首的对外政策团队和对外顾问咨询名单。这份名单包括库尔特·坎贝尔（Kurt Campbell）、伊利·拉特纳（Ely Ratner）、苏珊·赖斯（Susan Rice）、萨曼莎·鲍尔（Samantha Power）、汤姆·多尼伦（Tom Donilon）、劳伦斯·萨默斯（Lawrence Summers）、本杰明·罗兹（Benjamin Rhodes）、杰弗里·普雷斯科特（Jeffrey Prescott）、尼古拉斯·伯恩斯（Nicholas Burns）、阿什顿·卡特（Ashton Carter）、朱莉

---

① 赵儒南：《特朗普执政以来的"辞人"和"退群"现象及行为分析》，《南海学刊》2020年第1期，第91页。
② "Remarks by President Biden on America's Place in the World," https://www.whitehouse.gov/briefing-room/speeches-remarks/2021/02/04/remarks-by-president-biden-on-americas-place-in-the-world/.

安·史密斯（Julian Smith）、布莱恩·麦肯恩（Brian McKeon）、艾薇尔·海恩斯（Avril Haines）、米歇尔·弗卢努瓦（Michèle Flournoy）等。在这一团队中，既包括曾经与拜登密切合作过的政府人员，也包括经验丰富的外交人员和智库专家。在宣布其外交团队人选的声明中，拜登称："在国家安全和外交政策方面，我们没有时间可以浪费。我需要一支在上任首日就做好充分准备的团队，以帮助我夺回美国在外交谈判桌上的主导地位，团结全世界以迎接我们所面临的最大挑战，推进我们的安全、繁荣和价值观。这是这个团队的关键。"① 总体来看，拜登政府的外交政策班底成员主要有以下四个特点。

第一，人员多为拜登所熟悉和信任。拜登外交团队重用的大多数是"嫡系部队"人员，其核心成员仍多为拜登熟悉且信任的人员。这些人员主要是克林顿政府时期和奥巴马政府时期对外政策的制定者或外交活动参与者，拜登对他们比较了解，而这批人员也与拜登拥有着长期且友好的共事经历。例如，现任国务卿布林肯曾与拜登共事多年，两人私交甚笃，他曾在克林顿执政时期出任外交政策助理，后跟随拜登任其国家安全事务助理，之后担任常务副国务卿，成为拜登重要的政治伙伴；现任美国国家安全委员会印太事务协调员的库尔特·坎贝尔曾担任奥巴马政府时期负责东亚和太平洋事务的助理国务卿，由他设计的"亚太再平衡战略"是奥巴马政府主要的亚太地区战略，使其成为美国外交领域颇具影响力的政策制定者之一，掌握着民主党外交团队的关键人脉和发言权，其思路完全符合拜登政府的外交逻辑；现任白宫国内政策委员会主任的苏珊·赖斯曾担任奥巴马政府的国家安全事务助理，在拜登竞选期间为其提供了坚定的支持，曾一度被视为拜登政府潜在的副总统候选人。在这些备受拜登信任的核心人员架构基础上，拜登政府也同时兼顾于招揽其他人才，在既重视人员"忠诚度"和工作"磨合度"的前提下，又顾及于多方面的政治利益，寻找"志同道合"的其他派系成员。

第二，人员结构采取"老中青"结合的梯队模式。在拜登的外交团队

---

① Ken Bredemeier, "Biden Introduces Diplomatic, National Security Team," https://www.voanews.com/a/2020-usa-votes_biden-introduces-diplomatic-national-security-team/6198712.html.

成员中,不仅包括"50后"传统政治精英和"60后"外交精英,还包括大批杰出的"70后"外交新锐,构建了一套"老中青"结合的外交梯队模式。其中,以被称为民主党内亚太政策制定者绝对权威的坎贝尔为首的"50后"传统政治精英,成为拜登政府外交政策的决定群体;以苏珊·赖斯为首的"60后"外交精英,扮演着承上启下的关键角色,是拜登政府外交政策和国家安全政策的重要倚重者;以伊利·拉特纳和杰弗里·普雷斯科特为首的"70后"外交新锐,则代表了年轻一代中国问题专家进入白宫核心政策团队的全新布局,他们成为拜登政府制定对华政策的中坚力量,展示着美国新生代政治精英参与政治活动的多元性和理性思考。此外,拜登在执政后,还大胆任命30—40岁的年轻政治精英和智库成员担任其政府部门的副职,其中较多人员均是常年研究对华政策的中国问题专家。这既展示了拜登政府对中国的重视,又彰显了其坚定培养年轻的民主党政治精英参与主要政治活动的决心。

第三,人员业务专业性强,且多具有外交工作背景。拜登的外交政策团队成员中,有经验丰富的前官员和研究功底深厚的智库专家,包括广泛的欧洲问题前官员和亚太问题专家,通过运用他们直接的工作经验和强大的专业能力,保证了拜登政府在制定外交政策时重返考虑政治、经济、军事、文化等广泛领域的外交道路。例如,曾在奥巴马第二任期担任国家安全事务助理的汤姆·多尼伦,当时曾多次协调中美高级别对话,如今成为拜登外交政策制定队伍中的重要顾问;曾任奥巴马政府时期副总统代理国家安全顾问的朱莉安·史密斯,当时曾就广泛的外交和国防政策问题向副总统拜登提供了诸多关于欧洲和北约问题的军事建议(类似的人员还包括曾担任国防部副部长帮办的布莱恩·麦肯恩);曾在克林顿政府时期担任第71任美国财政部长的劳伦斯·萨默斯,则成为拜登政策团队经济领域的主要负责人。除此以外,曾在拜登任副总统时期担任经济顾问和首席经济学家的伊丽莎白·沃伦(Elizabeth Warren),曾担任前白宫国家经济委员会副主席兼负责国际经济事务的总统国家安全事务副助理的贾里德·伯恩斯坦(Jared Bernstein),曾任美国贸易代表的迈克尔·弗罗曼(Michael Froman)等,都是拜登政府精心挑选的专业人士。

第四,人员中有不少女性政治精英。在竞选总统时,拜登便大胆聘请全女性高级公关团队为其选举助力,其中主要的经济和沟通团队成员中不乏一些有色人种女性成员。例如,拜登提名美国进步中心(Center for American Progress)首席执行官尼拉·坦登(Neera Tanden)成为白宫行政管理与预算局(Office of Management and Budget)办公室主任,使她成为监管该机构的首位有色人种女性;任命普林斯顿大学(Princeton University)劳动经济学家塞西莉亚·劳斯(Cecilia Rouse)担任经济顾问委员会(Council of Economic Advisers)主席,使她成为首位担任该委员会主席的有色人种女性;以及选择加利福尼亚州联邦参议员卡马拉·哈里斯(Kamala Harris)作为他的竞选搭档,使她成为拜登总统的副手。除此之外,拜登在其外交团队中同样大胆任用其他女性政治精英,如之前提到的苏珊·赖斯,以及曾任中情局副局长和奥巴马执政时期的总统国家安全事务副助理的艾薇尔·海恩斯,后者被任命为美国首位女性国家情报总监。前驻联合国代表、战地记者、人权事务专家萨曼莎·鲍尔和曾担任国防部副部长的米歇尔·弗卢努瓦等也得到重要位置。拜登决定重用女性职员,以此表明政府高层办公室工作的密切协调性,其中一些成员通过参与拜登的总统竞选活动获得认可,另一些成员则曾在奥巴马政府担任要职,她们有长期以来在华盛顿担任重要职务的经历。大胆任用女性政治精英预示着白宫将迎来一个更加稳定和多元化的沟通时代,拜登竞选团队的高级助手安妮塔·邓恩(Anita Dunn)认为:"这些女性成员构建了一个具有凝聚力的团队,她们拥有强大的优势和多元化的观点。在男性观点仍然主导政府内政和外交的时代,这些女性成员也将颠覆人们对政府执政的看法。"[1] 白宫办公厅主任罗恩·克莱因(Ron Klain)表示:"拜登总统拥有代表美国和世界各地女性权益的政治历史,它体现了拜登对其多元化政府的承诺,在这个政府里,所有美国人的声音都能得到体现。"[2]

---

[1] Silvia Leal, "Biden and Harris Announce All-Female Press Team," https://todup.news/biden-and-harris-announce-all-female-press-team/.

[2] Annie Linskey, Jeff Stein, "Biden Hires All-Female Senior Communications Team, Names Neera Tanden Director of OMB," https://www.washingtonpost.com/politics/biden-hires-all-female-senior-communications-team/2020/11/29/5b60b58e-3277-11eb-a997-1f4c53d2a747_story.html.

二、拜登政府的对华政策趋向分析

与前任特朗普"美国优先"式的单边主义外交策略相比,拜登政府更倾向于通过多边途径团结盟友和伙伴,寄希望于通过彻底的改革改变前任特朗普政府所遗留的"孤立主义"外交局面。但是,拜登政府想要彻底扭转特朗普时期遗留的外交困局,从当前来看并非易事。经过一年多的外交实践,拜登政府除了需要循序渐进的政策修复和扭转与盟友及伙伴的关系,其外交团队在制定对华政策时,仍需要审视中美关系中的复杂和敏感因素,以显示拜登政府在处理国际事务方面,尤其是美国民众最为关心的中美关系时的冷静和理智。因此,我们需要从以下两个方面对拜登政府外交政策中的对华政策趋向展开进一步的分析。

一方面,应重视拜登外交团队中三位关键人物的对华倾向,即白宫国家安全委员会印太事务协调员库尔特·坎贝尔、美国总统国家安全事务助理杰克·沙利文、国防部助理部长伊利·拉特纳。其中,63岁的坎贝尔主张批评中国"冒进"的外交政策,认为美国对华全面接触政策已经不适应当下的美中关系形势,但不能同中国进入类似"冷战"和"脱钩"的模式。他在中国拥有着广泛的交流渠道,在美国政坛、战略领域和学术界有广泛的人脉关系,通过深入的交流和调研后认为,美中应在避免直接对抗的前提下寻找合作共存的机会。同时,坎贝尔希望通过对亚太地区的全面接触,与该地区盟友和合作伙伴进行深度整合。在2022年1月6日由卡内基国际和平基金会(Carnegie Endowment for International Peace)主办的一场虚拟峰会中,坎贝尔称:"美中双边关系和全球政治的一些因素需要两国之间进行一定程度的建设性接触,未来十年最重要的因素是让中国更多地融入相关全球框架议题之中。"① 43岁的拉特纳是美国政坛内中生代的中国问题专家,自2015年担任副国家安全事务助理起,长期跟随坎贝尔处理中国事务,目前以坎贝尔所在的新美国安全中心执行副总裁身份连续发表有

---

① Jacqueline Feldscher, "Working with China on Climate Is 'Most Important Element' of the Decade, NSC Official Says," https://www.defenseone.com/threats/2022/01/working-china-climate-most-important-element-decade-nsc-official-says/360439/.

关中国政策的文章和言论，并在2022年1月被拜登正式任命为五角大楼中国事务高级顾问。44岁的沙利文则是另一位民主党公认的外交智囊新星，他曾是美国外交政策制定中的关键人物，又以国家安全事务助理身份担任"伊核协议"谈判的美方首席政策制定者。坚定的民主党建制派外交态度和广泛的国家安全人脉关系，均为沙利文成为拜登政府外交团队中的核心角色提供了保证。在2021年11月16日拜登总统与习近平主席首次视频会晤后，沙利文在布鲁金斯学会的一次网络研讨会上表示："美国将在多个层面加强与中国的接触，以确保两国之间的竞争不会演变成冲突。我们将在多个领域看到美国和中国参与度的提升，以确保在这场竞争周围增加护栏，避免它就此转入冲突局面。"①

另一方面，有关拜登政府对外及对华政策趋向的最大疑问在于，在力求彻底摆脱特朗普政府时期对华政策的基础上，拜登政府是否会延续奥巴马政府时期的政策，以及如何解决在政策延续性问题上的调整和磨合，这仍然需要拜登政府在未来做出巨大的努力和有效性尝试。此外，拜登政府在美国"最主要竞争对手"的选择方面依然存在摇摆，是延续将俄罗斯视为美国主要竞争对手的传统政治历史，还是从特朗普时期将中国视为主要竞争对手的过程中开辟新的竞争阵地，这需要持续关注。2021年2月4日拜登的首次外交政策演讲，称中国是美国"最严重的竞争对手"，尽管宣称美国应"直接应对中国对我们的繁荣、安全和民主价值观构成的挑战"，但同时保留了美国政府也随时准备"在符合美国利益的情况下与中国展开合作"的空间。② 因此，需要进一步重视拜登政府接下来一系列的对华政策，在对其进行前瞻性的预期和分析时，应该重点把握拜登政府在处理中美关系时关注的核心问题，根据核心问题做出具有针对性的调整和应对。

拜登政府的"印太战略"框架及战略能走多远尚待观察。在摆脱特朗普政府时期对华政策伊始，拜登外交团队便一致认为，"印太战略"是特朗

---

① "U.S.-China Engagement to Intensify - U.S. National Security Adviser," https://www.reuters.com/world/china/us-china-engagement-intensify-us-national-security-adviser-2021-11-16/.

② "Remarks by President Biden on America's Place in the World," https://www.whitehouse.gov/briefing-room/speeches-remarks/2021/02/04/remarks-by-president-biden-on-americas-place-in-the-world/.

普政府执行的概念性政策，甚至在某种程度上完全否定了奥巴马政府时期"重返亚太"的战略。虽然"印太战略"的外延性看似增加了，但在具体政策层面华而不实，包括建立对话机制、实施有限军演等措施，均无法有效执行这一战略的"外延性"。因此，"印太战略"被拜登政府定义为特朗普政府中的鹰派人物将矛头指向中国的政策工具，这种理解实际上并不全面。事实在于，特朗普政府所执行的"印太战略"与奥巴马时期所执行的亚太战略在宏观政策导向上的最大区别，来自特朗普本人在微观层面的偏激性格和较为激进的执行方式，这一点也是拜登政府所着重希望改变的。坎贝尔认为，拜登政府对"印太战略"的战略目标进行了调整，一是模糊"印太战略"概念，在概念的使用上仍然会沿用奥巴马政府长期提及的亚太战略概念，并试图借助印度作为实施"印太战略"的跳板，视印度为制衡中国的重要力量，加强美印的地缘合作以共同牵制中国；① 二是改变在亚太战略中对单方面遏制中国政策的强调，将具体的政策执行纳入如何按规则行事的轨道上，而非盲目遏制某一具体的国家对象；三是对类似于美日印澳"四边机制"（Quad）、美英澳三边安全伙伴关系（AUKUS）等同盟结构而言，拜登政府的同盟构想不能把遏制中国作为唯一目的，且过分强调对抗而闭口不提合作事宜，该想法将亚太战略重新置于整体国际形势和地区格局下，并以此商讨更具价值的合作模式。正如布鲁金斯学会高级研究员何瑞恩（Ryan Hass）所说："美国需要的是一套完整的亚洲战略以应对中国，而不是一套仅针对中国的亚洲战略。"② 因此，拜登政府推行"印太战略"，目标虽然远大，但由于受各种因素的制约，特别是乌克兰危机对世界格局的影响尚未显现的形势下，能走多远存在很大不确定性。

拜登政府加强联合美国的欧亚盟友以增强制约中国和俄罗斯的力度。在新任美国驻中国大使尼古拉斯·伯恩斯看来，拜登更为重视与美国传统盟友之间的关系，并将重新修复特朗普执政时期与欧洲和亚太传统盟友间濒临破裂的外交关系。与特朗普时期相比，拜登政府回归于美国传统政治

---

① 兰江、姜文玉：《拜登政府的美日印澳四方安全合作构想述评》，《南亚东南亚研究》2021年第2期，第19页。

② Alec Blivas, "The Biden Administration's Indo-Pacific Strategy Lacks Clarity on China," https://thediplomat.com/2022/02/the-biden-administrations-indo-pacific-strategy-lacks-clarity-on-china/.

精英的外交模式，其外交风格更为内敛，也使得拜登政府外交团队在重修与盟友的外交关系时更加从容。其重修关系主要通过以下三种形式进行：一是恢复盟友间政治对话，强调盟友间合作的共同利益，协调相关政策立场；二是加强互补性经济合作，立足于遵循国际规则展开经贸合作，寻求彻底摆脱特朗普政府时期互设贸易壁垒和主打贸易战的激进政策，积极寻找互补共赢的经贸合作方式；三是巩固军事同盟关系，不再过度纠结特朗普政府时期盟友费用分摊等问题，提倡增强与传统盟友之间的整体军事协同能力；四是将主要战略目标集中于同时对付中国和俄罗斯，通过在中国和俄罗斯周边地区加强军事存在，联合欧亚盟友及伙伴的力量对中国和俄罗斯持续施加压力，只是在某一阶段和时间节点上的施压侧重点不同。

　　拜登政府不再刻意寻求与中国的意识形态对立。特朗普政府时期，以蓬佩奥为代表的鹰派反华人物将与中国的意识形态对立视作美国外交目标的重点，以"中国威胁论"为话题严重抹黑中国的内政和外交，既损害了中美关系，又没有令美国收获预期的外交利益，还把中国推到了美国外交的绝对对立面。拜登政府外交团队则主张在处理中国问题时采取"预防性外交"，即不主动寻求意识形态层面的对抗，但强调美国的价值观，坚持竞争与合作并举。坎贝尔认为，拜登政府改变特朗普政府对华政策的极端思维，政策目标是让中国按照"国际规则"行事。尽管这一"国际规则"仍是以美国为主导的国际行为轨道，但是这种避免"完全隔离"和"脱钩"状态的外交形态，意味着拜登政府在处理美中关系时既应存在竞争，又应谋求合作。事实上，拜登政府是否将中国作为外交政策的首要议题对待，这一问题在美国国内也引发了讨论。2021年11月，美国有线电视新闻网主持人法里德·扎卡利亚（Fareed Zakaria）曾公开指责拜登政府的对华政策是软弱且失败的。杰克·沙利文则回答说："思考这个问题的正确方式是，我们是否为一场有效的竞争设定了条件，让美国能够捍卫自己的价值观，在印太地区乃至全世界推进自己的利益？"① 这种外交政策推进方式将是拜登政府对华政策的主要基调。

---

　　① Josh Rogin, "Biden Doesn't Want to Change China. He Wants to Beat It," https://www.washingtonpost.com/opinions/2022/02/10/biden-china-strategy-competition/.

寻找推进中美两国"竞争+合作"关系框架的全新契机。通过近期美国政府外交活动的种种迹象,我们发现拜登政府在遵守所谓的互惠互利、对等平衡的贸易规则,以巩固"民主国家联盟"方式应对中国的"一带一路"倡议。"民主国家联盟"的构建是拜登政府重塑美国外交地位的重要举措,它一方面致力于应对疫情、气候变化、跨国犯罪等全球性挑战,另一方面将推动成员方在本国民主体制方面采取一系列共同行动,应对"威权主义竞争者"。①约翰·桑顿中国中心(John L. Thornton China Center)主任李成将拜登政府的中国战略总结为"联合竞争"战略,指出其与特朗普时期"冷战式对抗"般的"美国优先"策略有着明显的不同。他认为:"拜登政府重申了在符合美国利益的领域与中国合作的意愿,这与特朗普政府最后一年对中国的'全面脱钩'政策形成了鲜明对比。然而,拜登本人强调,'激烈的竞争'重新定义了美中关系。"②在特朗普政府时期贸然增加关税的行为不仅没有为美国带来经济利益,反而导致美国经济的持续低迷、就业情况不佳、产业损失严重的情况,美国政府逐渐正视中国作为世界第二大经济体和全球产业链的重要组成地位,拜登政府承认中国在国际分工中的重要作用,避免一味地追求"经济孤立主义",在有力保护美国国家安全和经济利益的前提下,积极寻求美中经贸关系的合作新契机。但是,鉴于特朗普政府时期所遗留的中美经贸关系"后遗症",特别是美国国内共和党保守政治势力的不断干涉,中美两国合作的全新契机仍需时间考察。

拜登政府避免与中国在军事上发生直接对抗。拜登外交团队成员普遍认为,特朗普政府时期美中两国在南海问题等事件上的长期军事对抗,延缓了美国开展外交活动的合理性,其症结是双方并没有达成一套彼此满意的履行规则。而军事对抗不是解决地缘政治问题的方式之道,因此特朗普政府在南海问题上采取的强硬军事行为方式致使美国政府对中国政府产生

---

① 赵明昊:《重新找回"西方":拜登政府的外交政策构想初探》,《美国研究》2020年第6期,第50页。

② Cheng Li, "Biden's China Strategy: Coalition-Driven Competition or Cold War-Style Confrontation?" https://www.brookings.edu/research/bidens-china-strategy-coalition-driven-competition-or-cold-war-style-confrontation/.

了极为严重的误判,这并非拜登政府需要的结果。拜登政府与中国在军事领域的有限斡旋,仍更多聚焦于南海问题、台湾问题等一系列亟待解决的长期问题之上。例如,针对南海问题,拜登政府在保持对华有限军事威慑的政策下,试图将中国拉回到其既定的"国际规则"上来,以避免中美两国间非必要的军事对抗。但是,这并不意味着美国政府将会减弱在南海问题上持续对中国施压的强力态度,而是会将特朗普政府时期的"硬"施压手段转变为"软硬兼施"的综合性施压方式,如通过军事存在、拉拢区域国家等方式,以所谓的探讨地区性规则方案、参与规则制定进程等制约中国。2021年8月19日,美国国防部中国事务助理副部长迈克尔·蔡斯(Michael Chase)通过中美国防电话线路与中央军委国际军事合作办公室副主任黄雪平少将举行安全视频会议,双方就"沟通"而非"对抗"展开诸多讨论,其中蔡斯重申美国对"印太"地区自由和开放的愿景,以及美国致力于维护盟友和伙伴利益的共同原则,中方对此表示了担忧,但中美双方一致强调两军保持沟通渠道的重要性。①

三、对拜登外交团队未来对华政策的思考

拜登政府的外交事务重点是,摆脱特朗普时期混乱的外交局面,重塑和优化其外交团队的人员构成,通过其长期担任美国官员的外交经验,统筹处理美国政府面临的各种棘手的外交问题,最后借助其外交团队中熟悉中国事务的成员,从细节之处出发,弥合中美两国外交关系中的裂痕。对此,中国应抓住这一时机,在拜登政府逐步加强对华外交力度的情况下,以完整分析拜登外交团队成员的对华倾向和拜登政府对华和对亚洲地区的政策为突破口,提高与拜登外交团队打交道的技巧和能力,保证中美两国政府间有效的外交互动,从各个外交环节提前做好准备和针对性部署,应对未来中美外交交锋过程中的一切可能事件。

中国应把准拜登政府外交团队成员政策立场的"变"与"不变"。与

---

① "Readout of Deputy Assistant Secretary of Defense Talk with People's Republic of China's People's Liberation Army," https://www.defense.gov/News/Releases/Release/Article/2754919/readout-of-deputy-assistant-secretary-of-defense-talk-with-peoples-republic-of/.

特朗普政府时期政策制定方法的明显不同在于，拜登政府以"专业决策"代替了前任的"独断决策"，体现了拜登外交决策团队的意见对美国整体外交政策更为显著的影响力。此时，中国外交团队应充分利用好两个利好：一是广泛接触民主党中的对华友好人士，包括前任政府官员、经济金融界人士和智库专家学者等，通过"美方专业人士视角"，研究拜登外交团队成员的政策立场的"变"与"不变"。例如，美国知名智库布鲁金斯学会有多份报告出自知华派之手，内容涉及对华政策的所有议题，对中国国情判断基本准确，对中国外交评价相对客观，对特朗普反华政策批评有加。① 二是通过与拜登及其身边相关人员的多轨互动，与拜登外交团队成员展开具有"建设性和延续性"的外交协商。事实上，拜登外交团队中的成员大多在拜登担任副总统期间便与其有过密切合作，而中国的外交团队在当时与这些成员都有过接触和交流，即使在特朗普政府时期这种接触和交流也并没有绝对间断。因此，中国应持续与相关官员和智库学者等加强互动，通过"非单轨"的方式与现任美国外交团队展开各层级的对话和交流，重拾中美关系的磋商历史，共同探讨中美关系的未来框架，为同拜登政府进行官方交流打下坚实基础。同时，在该阶段的中美外交接触中，中国应避免先入为主的态势，可从加强务实交流出发，推进双方决策层提出可操作性的合作方案，而非单单追求在短时间内达成某种无异议的共识。

  中国应把握拜登外交团队的整体对华决策方向。从拜登政府执政以来的外交政策来看，拜登政府有意愿加强与中国展开交流和对话。2021年9月10日，习近平主席与拜登通话后，白宫立即发表声明，称两国领导人就"两国确保竞争不转变为冲突的责任"②问题进行了广泛的战略讨论。2021年11月16日，拜登在与习近平主席的视频会谈中表示："美中关系是世界上最重要的双边关系。美中作为两个世界大国，对美中两国和世界人民都

---

  ① 宋静、司乐如：《美国智库因素影响下的拜登政府对华政策走向》，《世界经济与政治论坛》2021年第1期，第70页。

  ② "Readout of President Joseph R. Biden Jr. Call with President Xi Jinping of the People's Republic of China," https://www.whitehouse.gov/briefing-room/statements-releases/2021/09/09/readout-of-president-joseph-r-biden-jr-call-with-president-xi-jinping-of-the-peoples-republic-of-china/.

负有责任。双方应通过开诚布公和坦率的对话，增进对彼此意图的了解，确保两国竞争是公平、健康的，而不会演变成为冲突。"① 两国最高领导人把握了中美关系未来发展的政策方向，它也是拜登政府外交团队制定对华政策的遵循，最明确的目的在于通过对话解决中美两国之间复杂的关系，包括中国和美国各自关切的议题以及在全球疫情等问题上存在的分歧。因此，中国应抓住拜登期望在国际上重塑美国外交形象的机会，掌握拜登外交团队的整体对华决策方向。其对华决策相关议题主要包括以下五点。

一是抗疫合作层面。在新冠肺炎疫情仍在全球蔓延的情况下，就全球公共卫生方面展开沟通。拜登在其任期内把积极应对新冠肺炎疫情视作最为现实和立竿见影的政绩工程。2022年1月19日，拜登在白宫举行的上任一周年讲话中多次将拨款1.9万亿美元的新冠肺炎救济法案、数百万人的疫苗接种和基础设施法案等视为其上任一年所取得的成就，而美国主流舆论仍选择性地无视中国在全球防疫工作中的成熟模式和宝贵经验，并不断通过抹黑中国的"有罪推论"隐藏全球疫情真相，将矛头转向中国以缓解美国国内的疫情压力。事实上，抗击新冠肺炎疫情已成为全球性的共同责任，需全球共同努力。国际社会共同应对新冠肺炎疫情的行动为中美两国在全球公共卫生方面开展长期合作提供了契机，这既有助于中美间制定中长期的卫生领域合作提议，又有助于通过信息共享形成科学的抗疫规范和标准，实现建立"人类健康命运共同体"的目标。

二是经贸合作层面。拜登政府已明确表示放弃特朗普政府时期的对华贸易战政策，并认为关税战对美国国内消费者、国际经济环境和全球产业链而言形成了"共输"的局面，这为中美经贸合作提供了沟通空间。现阶段中国应全面了解拜登政府恢复经济的重点方向和主要问题，提出中美经济合作的新领域和新方式，敦促美国重新考虑中美第一阶段经贸协议谈判成果。一方面，从农业领域看，中美经贸状况的缓和有利于拜登政府处理美国农业产业的矛盾、增加美国的农产品出口、减少美国国内的农业生产成本，并在农业废渣、废水及清洁能源的处理方面为美国提供支持。另一

---

① 《习近平同美国总统拜登举行视频会晤》，2021年11月16日，中国外交部网站，https://www.mfa.gov.cn/web/zyxw/202111/t20211116_10448827.shtml，访问日期：2021年12月8日。

方面，从产业链领域看，中美之间可以进行更为清晰的国际产业链分工谈判，区分两国在全球产业链中的分工及合作领域，避免中美产业链在研发和生产等环节产生恶性竞争，并可将这种有序的分工及合作机制进一步扩展至贸易平衡层面，即从简单易行的中低层次技术转让和联合研发中低端技术开始，到共同放开高技术市场，从简单的双边产品贸易向技术、产业贸易转变。

三是政治交流层面。中美两国应增加政治互信，友好协商。拜登政府的"威慑与接触"并轨而行的外交政策，在一年的时间内还没有导致明显的负面后果，但是在其"回归外交"和"联盟政治"的政治思路背后，存在着一些因地区力量转移和结构变化背景渴望捍卫其国际规则及秩序的野心，这让中美政治交流存在着潜在的危机。因此，我们需要将多边主义作为外交政策的主要工具，掌握中美外交之间的一些关键政治准则。首先，在军事领域，恢复两军的高层对话机制以及海上和空中安全对话机制，把两军合作稳定在规则和框架内。其次，恢复必要的人员交流，拜登政府逐步有限放松中美人员交流的想法为中美两国提供了利好，中国需利用此契机，循序渐进地恢复人员交流。最后，在政治制度领域，无论是面对如今被广泛提及的"修昔底德陷阱"所带来的权力分配竞争，还是面对美国长期遵循的"意识形态竞争"和国家制度之争，中方都应敦促美国尊重中国在涉藏、涉疆、台湾、南海等问题上的政策立场，有效降低两国政治对立的风险，减少摩擦点。

四是拜登外交团队对欧亚地区盟友决策意见的重视层面。拜登政府努力修补美国在欧洲和亚太地区同盟友关系的决心已经较为明显，但中国针对拜登外交团队中有关欧亚盟友政策咨询和决策者的了解、研究、接触和重视程度还不够。中国继续加强与欧盟国家、周边国家的务实合作，积极推进"一带一路"倡议在后疫情时代的落实，分散拜登政府加强同盟体系建设的聚焦点、警惕拜登政府潜在的"单边主义"危险，为构建"多边主义"争取美国新力量的工作日益迫切。中国要防止欧洲国家与美国关系的迅速升温，欧洲国家的"自由主义"投机分子借机对中美关系的缓和契机加以非客观宣传，试图再次加剧中美之间的裂痕。尤其在拜登政府处理阿富汗问题失策后，又面对处理乌克兰危机的棘手问题，使得拜登政府与欧亚盟国间的关系更加微妙。欧洲国家对美国政府在阿富汗"单打独斗式"的长期军事政策向来不满，以法国为首的美国盟友则希望与美国达成一种更加平等的地缘政治平衡，甚至在阿富汗局势失控的情况下"重新思考北约的运作方式"。而由阿富汗局势所引发的移民危机、难民危机、宗教危机等一系列问题波及欧洲，引发了欧洲国家的密切关注和强烈担忧。美国历史学家罗伯特·卡根（Robert Kagan）讽刺说："一个更加欧洲化的美国，无助于缩小'来自火星'的美国人和'来自金星'的欧洲人之间的差距。"① 因此，关注拜登外交团队对欧亚国家盟友决策意见的重视程度便显得尤为重要。

五是对待拜登政府外交团队的期望不宜过高。拜登政府外交团队要想在短时间内完全翻转特朗普政府时期的外交政策，需要面对极多的制约因素和现实困难。首先，拜登上任一年内的政治重点是处理国内事务，外交政策的落实成果不明显。其次，拜登自称是人权的"灯塔"，在有关"人权问题"的话题讨论方面，拜登具有美国传统政治精英的政治理解，这一点在其外交团队中仍会有所体现。因此，在涉华政策中的台湾问题、香港问题、南海问题、中国宗教状况等重大问题上，拜登政府未必会做出退让，甚至在处理此类问题的重要阶段会做出更为激烈的反应，中美双方仍会在上述问题上展开长期争吵甚至斗争。最后，在美国国内，共和党的势力和声音依旧很强，这对拜登政府外交政策的实施带来了掣肘。与此同时，种种迹象表明，拜登政府仍希望通过离间有关国家（地区），约束中国在国际社会中的话语权。例如，关于美国与印度之间的微妙关系，国际舆论普遍认为美国深化与印度的关系是必然的。2021年9月24日，以在白宫举办的"四边机制"会议为机会，拜登与印度总理莫迪展开了有关"印太"地区问题的重要会谈，拜登在会谈中特别提到了自己可能存在的"印度血缘"和副总统卡马拉·哈里斯的印度血统，以此展示对印度的"友好"，同时指出："今天我们将开启美印关系历史的新篇章，共同应对一些我们所面临的严峻挑战，包括致力于结束新冠肺炎疫情，应对世界面临的

---

① Dalibor Rohac, "Biden's European Tilt Is Nothing to Be Happy About," https://www.politico.eu/article/joe-biden-europe-unhappy/.

气候挑战，确保自由开放的印太地区稳定，以及加强四边机制等。"①

综上所述，拜登政府把提升同传统盟友和未来伙伴的关系视为其外交政策的重点，将同竞争对手的关系置于一种全球战略博弈的态势之下，尤其是对中国和俄罗斯极其警惕。拜登政府执政一年多来，中美在处理两国及地区性、世界性问题的方式、方法上始终处于磨合期，甚至存在博弈。中国应从缓和气氛出发，向美国政府和美国民众释放善意的信号，同时密切关注美国对相关国家（地区）态度的变化，借此掌握外交重点问题和主动权，并做好与美国展开长期政治博弈的准备。

四、结语

在美国新旧总统的过渡时期，拜登的当选及其政治思想的注入，在一定程度上挽救了美国因"特朗普主义"走向政治极端和外交困境的局面。在对华政策上，需避免中美关系步入难以弥合的政治绝境。与此同时，特朗普时期中美两国的博弈和竞争，又为当下中美两国处理双边关系敲响了警钟。拜登政府就任一年后的一系列外交政策和对华政策，或许能够使我们从中觅得一些中美两国关系发展的新契机，又或许致使两国陷入新一轮博弈当中。因此，当国际社会关注拜登总统本人的国家政策和外交政策之时，我们需要将视野持续集中于拜登政府外交政策制定团队的对华倾向及其外交思想上，这批"外交智囊团"的统筹决策才是真正决定拜登政府外交政策方向的指南针。

可以看出，拜登赋予其信任的外交团队成员充分的外交权力和政策话语权以"发挥美国外交中的多样性才能和丰富内涵"，这一观点与奥巴马时期的外交政策制定特点具有一定的延续性，同时宣布了拜登已经彻底放弃特朗普时期反复无常的政策和未能坚持基本民主原则的做法。拜登认为："特朗普放弃了美国在世界上的地位，破坏了美国的民主联盟，削弱了

---

① "Remarks by President Biden and Prime Minister Modi of the Republic of India before Bilateral Meeting," https://www.whitehouse.gov/briefing-room/speeches-remarks/2021/09/24/remarks-by-president-biden-and-prime-minister-modi-of-the-republic-of-india-before-bilateral-meeting/.

美国动员他人应对国际挑战的能力，并威胁了美国的安全和未来。"①拜登政府释放了颇为坚定的信号，那就是在重塑美国外交地位的过程中，"个人主义"和"孤立主义"显然不是妥善解决美国现有外交问题的可行办法，更加行之有效的路径是重拾美国盟友和伙伴的信任，发挥美国在动员盟友参与集体行动以应对新威胁方面的领导能力，尤其是以一种团结的姿态应对全球范围内的集体性威胁。

对于中国而言，要想修复特朗普时期最后阶段严重脱离轨道的中美关系，重新把握拜登外交团队的对华政策倾向和政策执行是需要持续关注的问题。特别是在台湾问题、香港问题、南海问题、宗教问题、人权问题、疫情问题等重大涉华核心利益问题上，中美两国间的隔阂并非一朝一夕可以弥合。无论是在哪一个领域，中美之间的合作必定不会一帆风顺。②对此，维护中美关系健康发展应重视以下方面内容。

第一，重视持续及时与拜登政府外交团队进行沟通。③ 2021年11月16日，习近平主席在与拜登的视频会谈中表示："新冠肺炎疫情再次证明，人类社会是命运共同体。没有比人的生命更优先的考量。团结合作是国际社会战胜疫情的最有力武器。中美应该倡导建立全球公共卫生及传染病防控合作机制，推动开展国际交流合作。"自此次双边领导人首次会晤以来，中美两国已就一系列具体现实问题交换意见。2022年2月22日，国务委员兼外长王毅同美国国务卿布林肯通电话时指出，当前把握和推进中美关系最重要的就是落实好两国元首达成的共识。④ 2022年3月2日，中国驻美大使秦刚在美亚学会与金沙集团联合举办的"美中对话系列：能源创新、可持续发展和环境"主题论坛开幕式上发表视频主旨演讲时表示："中美在气候变化问题上共识大于分歧，双方都深刻认识到，要战胜气候变化带来的

---

① Joe Biden, "The Power of America's Example: The Biden Plan for Leading the Democratic World to Meet the Challenges of the 21st Century," https://joebiden.com/americanleadership/.
② 孙哲：《中国对美战略的演进：模式及挑战》，《亚太安全与海洋研究》2021年第1期，第26页。
③ 《习近平同美国总统拜登举行视频会晤》，2021年11月23日，中国驻美大使馆网站，http://www.china-embassy.org/zmgx_1/zxxx/202111/t20211123_10451780.htm。
④ 《王毅应约同美国国务卿布林肯就中美关系交换意见》，2022年2月22日，中国政府网，http://www.gov.cn/guowuyuan/2022-02/22/content_5675001.htm，访问日期：2022年3月1日。

严峻挑战，必须开展合作，共同引领全球具有雄心的行动。"① 2022年3月18日，习近平主席在与拜登总统的视频会晤中强调，"中美过去和现在都有分歧，将来还会有分歧，关键是管控好分歧"。两国元首共同"责成两国工作团队及时跟进，采取实际行动，争取中美关系重返稳定发展的轨道"。这就为双方外交团队持续及时沟通和协调政策立场提出了遵循。中国可以全球性突发事件为突破口，尽快与拜登政府外交团队磋商相关问题。由此可见，两国元首达成的重要共识，既是对历史经验的总结和延续，也是顺应时代潮流的发展创新。

第二，明确中美两国在国际环境中的共同利益。在以双边关系定义的外交原则、共识和可能的合作指导下的和平共处，其核心点在于寻找中美两国之间的共同利益。事实上，中美两国在应对恐怖主义、气候变化、核不扩散、地区局部冲突和全球公共卫生问题等事务上均存在着重要的共同利益，两国也应尝试建立一套有效的解决双边关系问题的模式，基于相互尊重、合作共赢的原则，把握两国关系发展的正确方向。就像2022年2月17日中国商务部新闻发言人所说："中美拥有巨大的共同利益，合作是唯一正确的选择。推动中美关系重回健康稳定发展的正确轨道，不仅符合中美两国和两国人民的根本利益，也是国际社会的共同期待。"② 无论是在国际经济、国家和地区性安全方面，还是在全球疫情的应对方面，中美两国共同应对和共同发展是机遇而不是挑战。更重要的是，在坚持世界命运共同体理念的引导下，中美之间存在的矛盾和分歧并非不可调和，完全可以走求同存异、共同发展之路。

第三，拓宽中美两国开展沟通的有效渠道。特朗普政府制定的大量针对中国的限制性政策，从最初的贸易方面逐步蔓延至全球金融和技术产业链领域，这些政策完全关闭了中美两国开展沟通的有效渠道。曾任美国国务院助理国务卿的丹尼·拉塞尔（Danny Russel）指出："在处理美中关系

---

① 《秦刚大使在"美中对话系列：能源创新、可持续发展和环境"主题论坛开幕式发表视频主旨演讲》，2022年3月1日，中国驻美大使馆网站，http://www.china-embassy.org/chn/dshd/202203/t20220304_10647942.htm，访问日期：2022年3月4日。

② 《商务部召开例行新闻发布会（2022年2月17日）》，2022年2月17日，中国商务部网站，http://www.mofcom.gov.cn/xwfbh/20220217.shtml，访问日期：2022年2月28日。

时，一个令人担忧的问题是事件管理工具的短缺。美国政府能够寻找到的应对危机或防止危机的工作沟通渠道是非常有限的，同时还必须考虑可以整合为更为广泛的危机沟通战略中的工具。"[1] 对于当下的中美关系而言，通过不断创造机会从而打开缺口，建立并不断拓展更具效率的沟通渠道，既能帮助中美两国政府对突发性的国际事件做出及时应对，又能避免两国政府因缺乏沟通而陷入互相猜疑的无谓竞争当中。

---

[1] Kylie Atwood, "Biden Administration Looks to Set up 'Red Phone' to China for Emergency Communications," https://edition.cnn.com/2021/07/14/politics/biden-red-phone-china-xi/index.html.

新阿塔时代的俄罗斯对阿政策及其影响分析

李冠群*

摘　要：以阿富汗塔利班（以下简称"阿塔"）进占阿富汗总统府为标志，阿塔在形式上掌握了中央政权，国际社会对此予以高度关注，俄罗斯的态度在其中也发挥着重要作用。尽管俄罗斯政府尚未在法律层面承认阿塔政权作为阿富汗中央政府的地位，但已经与后者展开密切的沟通与磋商，试图为今后的双多边合作以及地区的稳定铺路。尽管俄方从情感上"乐见于"美国在阿富汗坚持推行20年之久的政策最终走向失败，但这并不意味着俄罗斯对阿塔政权能够恪守其全力"禁毒"以及断绝与恐怖组织之间的联系且不会输出意识形态等承诺已经完全放心。俄罗斯势必要设法强化自身在阿富汗的影响力以求得更多的安全感，并且在得到充分保障之后，才会真正承认阿塔作为国家政权的身份而存在。对中国而言，与阿塔展开合作的大门已经打开，同俄罗斯保持紧密联系的状态并在阿富汗问题上确保步调一致，是顺利开展涉阿多边合作的关键。

关键词：阿富汗；塔利班；俄罗斯；俄美关系；中亚；地缘政治

美国政府决心将主导阿富汗安全局势20年的军事力量完全撤出阿富汗，是部队严重缺乏作战能力且官僚机构早已丧失人心的加尼政府在军事上出现全面失败及其垮台的主要原因。以2021年8月15日阿塔武装力量占领阿富汗总统府、8月31日美军全部撤出阿领土以及阿塔"建立新政府"等一连串重大事件为标志，阿塔对其丧失近20年的国家领导权的恢复已经在形式上完成。只要能够不再重走前次执政时的错误道路，阿塔逐步获得

---

*　李冠群，南京师范大学东亚国际问题研究中心副教授。

全世界大多数国家的承认也只是时间问题。

俄罗斯尽管在苏联解体之后与阿富汗之间已经不再拥有共同边境线，但作为一支不可忽视的强大力量，仍是"阿富汗问题"的利益攸关方和密切关注者，更是地区内极富力量的竞争者。阿塔在20世纪90年代推翻的正是苏联培养起来的阿富汗亲苏政权，但在美国作为最强大的域外干预力量，且在一定程度上仍然存在"重返"本地区可能性的情况下，如何处理好与俄罗斯以及深受其影响的中亚邻国之间的关系，成为事关新阿塔时代阿富汗政局稳定的关键性因素。

一、俄罗斯对阿塔重新掌握政权的基本态度

俄罗斯对阿塔能够从亲美政府手中夺回阿富汗政权并没有感到意外，2021年6月底，俄国家政府机关报《俄罗斯报》对阿富汗前总统卡尔扎伊进行了专访，主要内容就是美国在阿富汗"失败"的原因以及美军撤离后阿富汗政治与社会的走向问题。卡尔扎伊在接受采访过程中，对美国在阿富汗近20年的所作所为明确表示不满，称"美国与极端主义以及恐怖主义所进行的斗争已经变成耻辱和灾难"，而且"这是一个彻底的失败"。他"希望能够相信，在主要国家的支持下"，阿富汗"会有一个真正的、诚实的、真诚的和平进程"。[①] 应该说，俄罗斯对美军最终会选择撤离阿富汗，并因此而导致阿富汗政权易手有着明确的判断，而且阿富汗国内政局在美军撤离之后的新走向，也是作为地缘政治大国的俄罗斯必然密切关注的重大战略问题。

（一）俄罗斯已经做好阿塔重掌政权的准备

俄罗斯对阿塔控制区域的迅速扩大表现出很坦然的态度，尽管阿塔力量在全国范围内的快速膨胀一定程度上的确超出了俄方的预期。俄罗斯外交部第二亚洲局局长兼总统阿富汗问题特别代表扎米尔·卡布洛夫在接受

---

① Александр Гасюк. Позор и катастрофа. Бывший президент Хамид Карзай рассказал об итогах кампании США и НАТО в Афганистане // Российская газета, 30 июня 2021 г.

媒体采访时表示，"在某种程度上，塔利班占领喀布尔超出了我们的预料范围"，"大家对接受美国训练的阿富汗军队过于乐观了"，最起码当年"阿富汗政府在苏军撤走后又坚持了3年的时间"，看来"今天的事态与当年完全不一样"。① 但这个政治现实可能在相当程度上更打消了俄罗斯对阿塔实力的"怀疑"，使俄罗斯更为认真与务实地考虑未来与阿塔展开合作的问题。

俄驻阿大使德米特里·日尔诺夫在2021年8月16日表示，"阿塔治下的喀布尔，要比加尼总统在时好很多"，"俄罗斯大使馆现在正受到阿塔的保护"，这些保护者都是"武器精良而又精神饱满的人"。② 在这种情况下，尽管俄罗斯政府尚未承认阿塔的合法地位，其外交部门却已经在同对方保持密切接触并公开做出表示："我们一直都支持过渡性政府，当然我们还会继续努力。"③

（二）俄罗斯可以接受阿塔执政的现实

事实上，以部分事关俄罗斯国家安全以及中亚地区稳定的重大问题为核心，俄罗斯政府在获得阿塔的郑重承诺并见到其实际行动之后，定然会迈出承认阿塔政权的这一步。

2021年8月19日，俄罗斯外交部发言人玛丽亚·扎哈罗娃接受《共青团真理报》采访时已明确指出，"能否将塔利班从恐怖组织名单上抹去，取决于对方的实际行动"，因为"我们不能生活在一个超越现实的世界里"，所以"一切都将根据实际行动来衡量"。④ 当然，俄方也针对将阿塔是否从"名单"上抹去提出了自己的标准，那就是阿塔必须首先获得联合国的认可，从后者的"名单"上被抹去。尽管国际社会对阿塔的评价各有不同，

---

① МИД заявил о плане «Б» для действий в Афганистане, https://www.rbc.ru/politics/16/08/2021/611a17889a7947b726ebc416.

② Посол России. при талибах в Кабуле лучше, чем при президенте Гани. https://www.kommersant.ru/doc/4946651.

③ МИД РФ о признании власти талибов в Афганистане: всему свое время. https://www.mk.ru/politics/2021/08/15/mid-rf-o-priznanii-vlasti-talibov-v-afganistane-vsemu-svoe-vremya.html.

④ Признание Россией «Талибан» «будет мериться исходя из реальных действий». https://www.kommersant.ru/doc/4948552.

且负面表达较多，但作为对国际秩序与世界和平负有重大责任的联合国安理会常任理事国，中俄两国都希望阿富汗战争能够真正结束；美、英、法事实上已经接受阿塔重掌政权的事实，并对此早有思想准备。所以，如果阿塔能够积极配合联合国的相关决议并采取切实行动，联合国出于维护世界和平以及"大国一致"等原则，是很有可能终止对其恐怖组织身份的认定的。

2021年8月20日，俄罗斯总统普京谈及阿富汗问题时明确表示，阿塔已经控制阿富汗绝大部分领土，而这"是一个事实，一切都要从这个事实出发"，"将外部的意识形态强加给阿富汗必定是适得其反的"，而且"这种试验只会毁灭这个国家"，当下"最重要的是确保阿富汗领土的完整"。① 事实上，俄罗斯对以美国为代表的西方国家在无法稳定阿富汗国内局势的情况下仓皇撤退，却又试图再度以"制裁"等方式干预阿塔政权的做法感到不满。这种做法不仅必然会造成阿富汗国内局势的动荡，也会导致因国家生产力极度落后而完全不惧于外部经济压力的阿塔政权平白产生对外界更多的敌视，以致国际合作更加难以达成。阿塔政权本身及因之而导致的宗教色彩浓郁的阿富汗国内社会氛围，固然不是俄罗斯所盼望的，但至少俄罗斯有可能欢迎对其实行友好政策并有能力遵守基本规则的阿富汗新政府。

二、俄罗斯在阿富汗问题上的战略目标

在阿塔执掌阿富汗中央政权的问题上，俄罗斯其实早有思想准备，在美军撤离阿富汗之前，俄罗斯就已多次明确表达对美国在阿发起这场遥遥无期的战争且"重塑"阿富汗政治结构的不满与厌倦。中国学者也提出了类似的观点："美国动用军事手段无法解决阿富汗问题的现实使俄罗斯意识到，只有采取政治手段，通过大力推进阿富汗民族和解进程，特别是促进阿富汗塔利班参加民族和解进程，才能实现阿富汗的和平与稳定，消除来

---

① Путин впервые прокомментировал захват талибами Афганистана: это реалии, из которых нужно. исходить. https://www.kommersant.ru/doc/4955066#id2096901.

自阿富汗的各种威胁。"① 时至今日，阿塔已经占据全国优势地位，与之展开合作以求尽早且较为彻底地铲除危机再度爆发的根源，是摆在俄罗斯面前几乎唯一的"选择"。阿富汗自身经济发展水平低下、交通条件落后以及俄罗斯当前的经济结构特征，加之两国之间遥远的距离等诸多因素，都决定着双方必然不会把经济视为展开合作的主要领域。

（一）全力禁毒

制止阿富汗大面积种植罂粟，是俄罗斯在阿富汗问题上的长期目标之一。根据俄官方的记载，1999年阿富汗的海洛因产量达4565吨，其中一大部分流入俄罗斯境内，对俄罗斯造成很严重的社会影响。② 此外，国际麻醉品管制局主席哈密德·戈德（Hamid Ghodse）在2010年时曾做报告称，阿富汗"2009年非法种植罂粟的面积估计有12.3万公顷，生产出6900吨毒品"，而且2010年"阿富汗的毒品将会导致俄罗斯数千名年轻人丧生"。③《2020年阿富汗鸦片调查》执行摘要指出，2020年阿富汗罂粟种植总面积约为22.4万公顷，与2019年相比增加了37%，④ 表明阿富汗政府对国内毒品生产的管控已经完全失灵。

值得注意的是，阿富汗的罂粟种植是在美军入驻之后才开始大幅增加且泛滥成灾的。由于阿富汗的海洛因高峰产量一度达到全球的90%以上，

---

① 王海滨：《俄罗斯的阿富汗政策：调整、动因与展望》，《现代国际关系》2020年第10期。
② История отношений России с талибами. https://www.kommersant.ru/doc/4947089.
③ "Drug Production in Afghanistan: A Challenge to the International Community," https://www.incb.org/documents/Speeches/Speeches2010/2010_June_Intl.Forum_Afghanistan_Moscow_100610.pdf.
④ 参见http://readmodel.m.sogou.com/medical?pc_url=https%3A%2F%2Fhealth.usnews.com%2Fdoctors%2Fli-lei-1012630&wap_url=https%3A%2F%2Fwww.unodc.org%2Funodc%2Fen%2Ffrontpage%2F2021%2FMay%2Fafghanistan_-37-per-cent-increase-in-opium-poppy-cultivation-in-2020--while-researchers-explore-novel-ways-to-collect-data-due-to-covid-19.html&query=%E9%98%BF%E5%AF%8C%E6%B1%97%E7%BD%82%E7%B2%9F%E9%9D%A2%E7%A7%AF2021%E5%B9%B4&tabMode=1&type=wap&tfr=englishwapread&domainType=sogou&nojs=1&sec=93dd37b544daacf1e0599212e73dd6bb&securl=ghY1rDNmwLq5V%2FPJfqoFXEW3MMNUgMNr6VlET4T4ZojGAhxpqQUPBkR%2F%2FPVs2uKRsGN0TSy1GKPoXzcjzF1%2BIHwm8xLmRqd%2F46QqpMOlOng8lcygTHyo8rKzt9bEmxl4zUkxGse7gdG6Dn%2Bg0p9a%2BFgXKHYliaqeaT9KF5adVbsx713U1mndPXGPqKE7hOUvCujuT%2BTI6eKnDQOl7kIyUKMocS%2BVmvQl4qeGV98rIa68X66GO%2FKHZYa683C4WkWQz4qY5ane%2F%2F5A%3D&uuid.

而俄罗斯作为海洛因年输入量曾达全球21%的国家,①将原产于阿富汗的毒品视作严重威胁的确十分正常。长期以来,产自阿富汗的毒品有很多都是通过俄罗斯的领土转运至欧洲及更远地区,贩运过程必然会途经与俄罗斯相邻的中亚诸国并在地区内广泛流散,这对经济欠发达且社会秩序相对不稳定的中亚地区而言,无疑是引发社会动荡的重要隐患。毒品在中亚地区的泛滥以及可能导致的严重后果,令极为重视欧亚经济联盟和独联体集体安全条约组织的俄罗斯感受到明显威胁,禁毒已经成为俄罗斯正式承认阿塔政权的先决条件。

(二)打击"三股势力"

除毒品问题,在20世纪末至21世纪初的这段时间内,塔利班曾经多次煽动俄罗斯境内信仰伊斯兰教地区的"三股势力"采取"积极"行动,不但为其提供大量帮助,甚至还公开承认"车臣共和国"的所谓"国际法独立地位",这些都是令俄罗斯政府难以容忍的。在俄罗斯国内,最具分裂主义倾向的州、自治共和国多为信仰伊斯兰教的群众数量占优势或较为聚集的地区。例如,拥有强大经济实力并地处俄罗斯欧洲部分中部的鞑靼斯坦共和国,早在叶利钦时期就通过强硬立场迫使俄罗斯中央政府与之签署双边协议。这份协议规定,该共和国拥有几乎与俄联邦等同的国际地位以及财政收支自决等主权国家权利,这种关系由于已经以法律形式固定下来而变得难以扭转。

避免再次发生上述类似情况,从而有效确保联邦政体的稳定与国家领土完整,是俄罗斯中央政府不容回避的问题。在此情况下,俄罗斯驻阿富汗大使日尔诺夫于2021年8月21日明确表示:"不相信阿塔会通过恐怖主义活动的形式向境外发起扩张——据我所知,阿塔不希望自己成为恐怖主义者的避难所,而是希望阿富汗能够成为一个正常的国家。"②俄罗斯驻阿富汗大使日尔诺夫表达了充分的善意,这几乎等同于替俄罗斯政府在很大

---

① Кулагин А. Н. Афганский наркотрафик – угрозы для России и Европы // Научный журнал, 2016. № 6.

② Посол России в Кабуле заявил. что не верит в планы экспансии талибов. https://ria.ru/20210821/kabul-1746706424.html.

程度上认可了阿塔的非恐怖主义组织性质，在表达对阿塔抱有一线希望的同时，也为俄罗斯最终承认后者的政治地位进一步打下基础。

（三）保障基本人权

阿塔政权对国内的基本人权，尤其是妇女、儿童权益的保障也将成为俄方对其予以承认的一个重要先决条件。俄罗斯与美国并不一样，没有对外输出自己的意识形态与政治制度，更不会将"自由主义"作为本国对外政策的主要"标准"。但是，阿塔在上次执政期间的许多相关政策，都与主流国际社会形成很大的隔阂，受到各方的关注。

虽然俄罗斯从来不赞成所谓"人权高于主权"的政治逻辑，但作为以负责任大国身份自居的国家，俄罗斯对自身的国际形象十分看重，不会贸然背负支持"不尊重人权"国家的恶名。况且，阿塔在进入喀布尔之后，不断对外表示出在妇女和儿童问题上要有所"变革"的意图，释放出一定的善意。只要阿塔政权治下不出现极端恶劣的事件，本就无意于在全球范围内推行"人权价值观"的俄罗斯并不会将这些问题上升到与国家利益等同的地位。

三、阿富汗问题对俄美战略博弈的影响

俄罗斯国内有观点认为，尽管"阿塔迅速夺权对俄罗斯的威胁要小于对美国的威胁"，却"仍然有可能对莫斯科造成直接的影响——通过中亚国家，尤其是通过乌兹别克斯坦和塔吉克斯坦而产生威胁"。但俄罗斯外交部也明确表示，"相较于傀儡般的喀布尔政府，阿塔政权（虽然目前还没有得到俄罗斯的官方承认）更愿意谈判"，其合作的愿望已经溢于言表。[①]

漫长的低烈度战争所带来的无休止的兵民伤亡、庞大的军事开支以及近乎于无效的社会改造工程，致使美国国内的反战之声日益强烈。时隔20年，美国国民的情绪也早已从"9·11"事件的悲愤中走出，不愿继续支

---

① Денис Тельманов. Валентин Логинов.Там, где будет бессилен Лавров, проблему решит Шойгу. https://www.gazeta.ru/politics/2021/08/16_a_13885220.shtml.

持政府在阿富汗的原有政策，撤军已经成为美国主流社会的共同要求。美国国内在阿富汗问题上的普遍失望情绪是强烈的，其严重程度已经上升到政治道路的层面。有观点认为，"在耗费近20年时间、数万亿美元和数以千计美国人的生命之后，阿富汗未能建立一个持久、稳定的民主制度，这对新保守主义的教义造成了决定性的打击，但也暴露了现代西方自由主义的盲点和错误假设"。① 在此情况下，完成撤军并承受国际与国内社会的普遍"嘲讽"，成为拜登政府不得不承担的历史责任。

除阿塔组织的长期抵抗，对阿富汗政府的失望也令美国决策者长期无法看到继续留在阿富汗的意义和取得最终胜利的希望。正如美国总统拜登所言，美国已经向阿富汗政权提供尽可能的援助，但"阿富汗领导层逃离了这个国家，阿富汗军队崩溃了，有的时候甚至都没有发生过战斗"，而且"如果今天的阿富汗政府无力对阿塔展开有力的反击，那么即便美军再多驻扎1年、5年或20年，也不可能发生任何改变"。② 关于"重建"阿富汗失败的问题，拜登改变了小布什总统的态度，他称"我们在阿富汗的任务从来就不应该是国家建设，不应该创造一个统一的、中央集权的民主"，所以"今天我们在阿富汗的唯一重要国家利益一如既往：防止恐怖分子袭击美国本土"。③

（一）俄罗斯无意深度介入阿富汗内部纷争

在阿富汗总统加尼乘机飞离喀布尔之后，副总统阿姆鲁拉·萨利赫自任代总统，组织力量在阿富汗北部地区反抗阿塔政权。在此情况下，阿塔决定向俄罗斯求援，希望后者能够帮助调停其与萨利赫势力之间的矛盾，避免战争进一步扩大。2021年8月22日，阿塔正式向日尔诺夫提出这个请求，因为"阿塔知道俄罗斯在阿富汗有很大的影响力"，所以"希望俄方前往潘杰希尔峡谷与对方进行谈判"。④ 通常情况下，俄罗斯对被邀请担

---

① "Biden Defends Afghanistan Withdrawal after Taliban Takeover," https://www.tufat.com/biden-defends-afghanistan-withdrawal-after-taliban-takeover-conflict-news/.

② "Remarks by President Biden on Afghanistan," https://www.whitehouse.gov/briefing-room/speeches-remarks/2021/08/16/remarks-by-president-biden-on-afghanistan/.

③ "Biden Defends Afghanistan Withdrawal after Taliban Takeover."

④ Сергей Мальцев. *«Талибан» попросил помощи у России*. https://ura.news/news/1052500662.

任"调停者"的角色是相当满意的,因为这既可以充分体现出俄罗斯的大国政治身份,又可以扩大自身在地区内的影响力。但是,此时俄罗斯出面"调停"阿塔与北方联盟之间不可调和的矛盾,不太可能达到对美军撤出后留下的政治真空进行一定程度上的填补,也无益于其展开与美国在地区内的博弈。

于是,出于谨慎考虑,俄罗斯政府拒绝了这个邀请。俄罗斯总统新闻秘书德米特里·佩斯科夫于8月23日表示,"这有可能引发阿富汗的内战,带来更多的危险和威胁",所以"没有人会去做这件事"。[①] 当然,俄罗斯之所以会拒绝这一邀请,主要是因为此时尚未正式承认阿塔的阿富汗中央政府地位,双方尚有不少问题没有达成一致,况且主流国际社会仍对阿富汗局势持观望态度。所以,俄罗斯不论是在主观上还是在客观上均无急于率先承认阿塔政权合法性的能动性与必要性。此外,鉴于俄罗斯与阿富汗北方联盟在20世纪90年代中期就建立了相对广泛的合作关系,而且北方联盟"部队在之后击败塔利班的战斗中发挥了重要作用",[②] 所以俄罗斯肯定不会贸然调停一场不利于传统盟友的战争,以免使之与自己产生疏离的情绪。

当然,对于局部处于战略收缩态势的美国而言,邻近阿富汗的中亚与南亚地区已经不再是美国与俄罗斯展开高强度战略博弈或地缘竞争的核心区域,但美国匆忙撤出喀布尔而导致的地区权力真空如果被俄方轻易填补,必然是美方所不愿见到的。尽管如此,历经周折而最终得以全身而退的美国政治与军事力量,在阿富汗局势不发生重大变故的情况下,是不会"重返"阿富汗的。近20年来,巨大的战争成本以及"重建"工程所体现出的让人震惊的低效率,致使阿富汗问题成为令美国政界乃至全社会闻之色变的"不祥之物",绝少会有人甘愿冒重大政治风险重提美军再次进入阿富汗的问题。

---

① Кремль. Россия не будет вмешиваться во внутриафганский конфликт. https://eadaily.com/ru/news/2021/08/23/kreml-rossiya-ne-budet-vmeshivatsya-vo-vnutriafganskiy-konflikt.

② Россия и Афганистан: страницы истории – Информационно – справочные материалы. https://idd.mid.ru/informacionno-spravocnye-materialy/-/asset_publisher/WsjViuPpk1am/content/rossia-i-afganistan-stranicy-istorii?inheritRedirect=false.

（二）俄罗斯无意在阿富汗发起扩张

苏联入侵阿富汗以及美国试图对阿富汗进行政治改造并遭遇全面失败的事实，都令俄罗斯对武装干预阿富汗或在该国建立亲俄政权感到难以想象。俄罗斯国内有观点认为，"西方国家正试图诱使俄罗斯卷入阿富汗的内部冲突"，使其"重蹈苏联入侵阿富汗的覆辙"。对此，俄罗斯外交部副部长奥列格·瑟罗莫洛托夫已经做出明确表态："这种行为不符合我国的利益，阿富汗新政权已经在整顿国内秩序，不需要任何外国军事力量的介入。"① 在此问题上，俄罗斯国防部副部长安德烈·卡尔塔波洛夫表示，"当前的阿富汗局势对俄罗斯不构成威胁，但莫斯科仍会对之予以密切关注"，如果有必要的话，"肯定会动用武力和其他手段"。② 当然，这种表态方式只是"习惯于"在外交场合运用带有强硬色彩词汇的俄罗斯人的常规语气，并不意味着俄罗斯政府已经做好在所谓的"必要"时刻武装进入阿富汗的物质和思想准备。

客观地说，阿塔政权控制下的阿富汗并不是俄美两个大国进行战略博弈的主战场，因为任何一方都不能有效影响阿塔的外交倾向，双方也都没有军事占领此地的必要或在当地建立傀儡政权的意愿。美国政治与军事力量大幅撤出阿富汗，在很大程度上意味着其自冷战结束以来所长期奉行的"制度输出"理想进一步走向失败，有助于抑制俄罗斯国内右翼势力的膨胀，从而有利于俄罗斯国内政局的稳定。但是，相较于阿富汗重新被阿塔掌控，一个虽然深受美国政策影响并接受其安全保护的阿富汗，一方面能大量牵扯美国的战略能力，另一方面也能使阿富汗在一定程度上因地处中亚腹地而产生对俄罗斯政治意志的依赖性，并不完全是一种令俄方难以接受的不利局面。面对阿塔的"东山再起"，俄罗斯除了与之展开有条件的积极对话外，其实已没有其他对自己更为有利的选项。在一定程度上，与阿富汗较为邻近的俄罗斯，在地缘政治"倍增性"的逻辑下，不得不以非

---

① Анастасия Куликова. Россию провоцируют на повторение советских ошибок в Афганистане. https://vz.ru/world/2021/8/23/1115170.html.

② Минобороны РФ заявило. что отслеживает ситуацию в Афганистане. https://www.mk.ru/politics/2021/08/20/minoborony-rf-zayavilo-chto-otslezhivaet-situaciyu-v-afganistane.html.

常积极的姿态来迎接这个挑战。

总体而言,俄罗斯在阿富汗的影响力扩张势必是有限的,也不可能做到完全填补美国遗留下来的政治真空,这不仅仅是俄罗斯自身实力有限的原因,更多是由于阿塔出于确保自身政权生存而追求的尽管在一定程度上是"与邻为善"的对外政策与周边关系,但根本性的政治目的还是建立一个拥有绝对主权的独立国家,这一点与20世纪80年代的阿富汗政府有着明显不同。因此,阿富汗问题很有可能成为俄美战略博弈中的一枚棋子,但不会从根本上动摇两国之间的战略关系,也不可能扭转"美攻俄守"的总体趋势。

四、中俄在阿富汗问题上展开合作的前景

在"9·11"事件发生后,俄罗斯总统普京是第一位与美国总统小布什通电话明确表示支持其采取必要军事行动的大国领导人。也正是通过俄方的斡旋,才使得包括吉尔吉斯斯坦在内的部分中亚国家能够以积极的姿态展开与美国的通力合作,在较短的时间内摧毁了当时的塔利班政权与"基地组织"。可以说,没有俄罗斯的大力支持与积极配合,没有中亚国家向美方提供的军事基地,塔利班政权在2001年时并不会如此顺利地被美军驱逐出阿富汗各大城市和中心地区。所以,俄罗斯在阿富汗问题上的影响力是不容忽视的,中国高度评价俄方在维护地区稳定上的积极作用的同时,也极为重视与俄方在相关领域展开紧密合作。

(一)中国希望看到一个和平和稳定的新阿富汗

中国对阿富汗局势长期保持高度关注,在阿塔已经于内战中取得明显优势地位之后,与之进行了沟通,表达了足够的善意,同时提出了自己的政治要求。国务委员兼外长王毅于天津会见来访的阿塔政治委员会负责人毛拉·阿卜杜勒·加尼·巴拉达尔一行时,明确提出了中国政府的主张与郑重承诺。王毅指出,"中国始终尊重阿主权独立和领土完整,始终坚持不干涉阿内政,始终奉行面向全体阿富汗人民的友好政策","希望阿塔同'东伊运'等一切恐怖组织彻底划清界限,予以坚决有效打击,为地区安

全稳定及发展合作扫除障碍"。巴拉达尔对此也表示,"绝不允许任何势力利用阿领土做危害中国的事情","希望中方更多参与阿和平重建进程,在未来阿重建和经济发展中发挥更大作用"。①

  阿富汗经济严重落后并不完全是自然条件造成的。根据美国地质勘探局提供的数据,阿富汗国内拥有较为丰富的铜、铁、锂(锂辉石)和铝土矿资源,中国冶金股份有限公司在2008年时就与阿富汗政府签署了开采矿石的协议,后因各种原因而停滞。②如果阿富汗新政权能够确保外商投资的安全并遵守现行的国际贸易规则,中国企业完全可以再次参与该国的资源开发产业,能够为当地居民带来大量就业机会进而有效提高他们的生活水平,对中阿关系的健康发展也是非常有利的。虽然阿富汗经济体量较小,但以2018年双边贸易额仅为6.9亿美元来看,中阿之间的经济合作完全可以在条件成熟时实现一次飞跃。③

  中国在阿富汗问题上的积极态度符合地区形势以及阿富汗自身民族利益。在可预见的未来,只要阿塔政权能够切实兑现其所做出的承诺,中国在"是否'承认'的问题"上,也将会一以贯之地坚持"不干涉别国内政""尊重各国人民自主选择他们的发展道路,自主决定他们的命运前途"的立场。④

(二)中俄已就阿富汗问题达成共识

  2021年8月25日,习近平主席在与俄罗斯总统普京通电话时就阿富汗问题进行了深入沟通,习近平主席表示:"中方愿同包括俄罗斯在内的国际社会各方加强沟通,鼓励阿富汗各派协商构建开放包容的政治架构。"普京总统对此也做出了积极的回应:"俄中在阿富汗问题上拥有相似立场和共同利益,俄方愿同中方密切沟通协调,积极参与涉阿富汗问题多边机制,

---

  ① 《王毅会见阿富汗塔利班政治委员会负责人》,《人民日报》2021年7月29日。
  ② Geological Survey, *Minerals Yearbook*, Volume III, Arena Reports- International-Asia and the Pacific 2017-2018, 2018, pp. 20-25.
  ③ 《中国阿富汗经贸合作简况》,2019年2月20日,中国商务部网站,http://yzs.mofcom.gov.cn/article/t/201902/20190202836085.shtml。
  ④ 《2021年8月16日外交部发言人华春莹主持例行记者会》,2021年8月16日,中国外交部网站,https://www.fmprc.gov.cn/web/fyrbt_673021/t1899761.shtml。

推动阿富汗局势平稳过渡。"①

俄罗斯学者对中俄两国在阿富汗问题上达成高度一致有较强的信心，安德烈·卡赞采夫列举了五个可供合作的切入点：第一，阿富汗应持中立立场且不允许他国军队驻扎；第二，确保中亚地区的安全；第三，联合打击跨国恐怖主义活动；第四，确保中亚地区经济稳定发展，消除其他非传统安全威胁；第五，避免出现大规模移民并确保正常的国际性联系。②

中俄两国在与阿塔关系以及其他与阿富汗问题直接相关的议题上，是完全可以进行积极磋商从而展开有效合作的，这首先是因为双方已经建立高度的战略互信，并且在当前的条件下双方只有展开积极的合作才能更好地应对阿富汗的变局。今天的中俄关系，正如王毅外长所评价的，是一对"彼此信得过、靠得住、压不垮的战略合作伙伴"，所以"一些西方势力试图在两国间打'楔子'，这种做法绝不可能得逞"。③俄罗斯外交部副部长亚历山大·格鲁什科在接受俄新社采访时，以重复他在欧盟议会上讲话的方式，对如何应对阿富汗问题予以回应，称"现在西方国家出现了一种担心，认为俄罗斯与中国在阿富汗的影响力会出现提升"，当然"我们的意图是好的，应该'翻开新的一页'，然后向前出发，这样总能成功"。④俄罗斯外交部长谢尔盖·拉夫罗夫也明确表示："阿富汗局势变化给世界形势带来复杂影响。阿塔宣称阿富汗战争已经结束，开始维持喀布尔治安，保障各国外交使团安全。俄方愿同中方就阿富汗形势发展演变及时对话，共同应对。"⑤

中俄在阿富汗问题上的立场是高度相近的，两国均为阿富汗周边国家，在与阿富汗相毗邻的中亚地区拥有重大战略利益，在反对毒品扩散以

---

① 《习近平同俄罗斯总统普京通电话》，《人民日报》2021年8月26日。

② "Перспективы и сценарии развития ситуации в Афганистане: интересы России и Китая," https://russiancouncil.ru/analytics-and-comments/analytics/perspektivy-i-stsenarii-razvitiya-situatsii-v-afganistane-interesy-rossii-i-kitaya/ 2021年11月8日。

③ 《王毅同俄罗斯外长拉夫罗夫通电话》，2021年8月17日，中国外交部网站，https://www.fmprc.gov.cn/web/ wjbzhd/t1899875.shtml。

④ МИД прокомментировал страхи Евросоюза из-за влияния России на Афганистан. https://lenta.ru/news/2021/08/17/mid_rf/。

⑤ 《王毅：中俄应在阿富汗问题上加强战略沟通》，2021年8月17日，中国外交部网站，https://www.fmprc.gov.cn/web/wjbzhd/t1899873.shtml。

及打击"三股势力"的问题上更是态度一致。所以，在未来承认阿富汗政权，乃至对其提出合理政治诉求等问题上，中俄只要保持密切沟通与合作，不但不会因之造成"隔阂"，反而很有可能为两国未来的进一步合作提供借鉴。在美军完全撤离阿富汗且由其扶植起来的政权已经失去国家领导权的情况下，中俄作为阿富汗最重要的两大相邻（周边）国家，有能力也有义务对自身合法权益的维护以及地区的稳定贡献出自己的力量。仅以助推阿富汗减少罂粟种植面积为例，阿塔政权已经宣布在全国禁毒，并声称要将阿富汗建设成为一个"完全没有毒品的国家"，国际社会势必要对此进行有效监督。但与此同时，对重新种植粮食作物的阿富汗贫苦农民也要提供适度且极为必要的"补偿"。在这个问题上，中俄皆可提供帮助。

五、俄罗斯和阿富汗的有限合作与地区和平

以阿塔快速夺取全国政权的态势来分析，尽管"伊斯兰国"等反对力量仍有可能继续发起针对不同对象的暴力事件，致使阿塔始终处于高度紧张的状态之中，但从总体上看，阿富汗国内的反阿塔势力很难在可预见的未来对其取而代之，至多是维持一个形式上统一但实质上分裂的国内政治形式。阿塔为了获取国际社会的信任与谅解，甚至颇有些"一反常态"地展现自己的政治"宽容"，不但对前政府工作人员予以大规模赦免，还反复强调会保护外国使领馆人员的安全，敦促各行各业尽快复工、复市等，体现出较强的合作意愿。2021年8月26日，日尔诺夫对阿塔在协助俄罗斯侨民撤离阿富汗问题上的合作态度公开表示感谢，并对此做出肯定评价："阿塔在俄罗斯撤离阿富汗的问题上进行了'非常好的合作'，我们正在一同解决所有的问题。"①

占据首都和国内绝大多数省会城市，并在广大农村地区以及多数农民心中拥有强大根基的阿塔组织，只要能在国际社会普遍关注的问题上改弦更张，纠正之前执政时的错误路线，国际社会对之予以承认将是一个必然

---

① Российский посол рассказал о взаимодействии с талибами. https://ria.ru/20210826/afganistan-1747351676.html?in=t.

的结果。为确保遏制毒品泛滥、恐怖主义蔓延以及维护中亚地区整体稳定等战略目标得以实现,在得到阿塔的充分承诺并对其产生足够信心的情况下,俄罗斯必然会在国际法层面承认其在阿富汗的统治地位。

尽管阿塔很有可能兑现其对俄罗斯的政治承诺,但与后者建立较为深入的合作关系的可能性仍然很小。这是因为,虽然国家间进行合作与竞争的根本原因在于对利益的追求与权衡,但俄阿之间很难建立起高度战略互信,二者之间也缺乏展开深入合作的动力。如果说美国在近20年的时间里不断巩固与阿富汗政府之间的合作并对此付出巨大投入的根本原因在于美国想要在阿富汗塑造一个美式民主的"样板",为其"自由主义"全球霸权服务,那么俄罗斯在阿富汗不但绝无此类需求,更根本无力推进这种行动。所以,俄阿合作只可能是浅层的和表面的,两国之间的互动注定是低频率的普通国家间交往模式。

俄罗斯因为种种原因而无法对阿塔政权采取政治渗透、意识形态改造等常见手段,那么最为有效的方式、最后的底线仍将是"武力震慑",建立在此基础上的国家间关系只可能是在必要领域和问题上的有限合作。当然,只要俄阿建立起相对稳定的合作关系,能够有效避免阿富汗再次大量向外输出毒品以及精神毒品——恐怖主义、极端主义和分裂主义,那么地区的稳定以及阿塔政权的稳固都有望得到基本保障,俄罗斯对阿富汗政策的基本目的也就达到了。

书 评

"印太小多边主义"的全景图
——评《印太小多边主义："四边机制"、澜湄合作机制与东盟》

薛　亮　郑先武[*]

摘　要：2021年9月15日，"美英澳三边安全伙伴关系"宣告建立，被广泛视为"小多边主义"或"小圈子多边主义"的最新发展，标志着美英澳三国"印太战略"的深入推进和美国全球战略的重要调整。然而，这既不是一个开始，也不会是结束，而仅仅是美式"小多边主义"安全合作的一个节点，对之更深入的理解势必需要对"小多边主义"的历史演进、规范建构和全球视野进行更精准的把握。在此意义上，《印太小多边主义："四边机制"、澜湄合作机制与东盟》一书是一次重要尝试，并以"一个定义""两大要素""一幅全景""两种影响"作出了特定贡献。然而，其在区域主义、规范研究和"小多边主义"类型学等方面均存在明显的不足。其价值与不足皆指示出了"小多边主义"研究的进一步发展方向。

关键词：小多边主义；区域主义；东盟；类型学

2021年9月15日，"美英澳三边安全伙伴关系"（AUKUS）宣告建立，被广泛视为"小多边主义"或"小圈子多边主义"的最新发展，深刻扰动区域安全局势。当日，《关于美英澳三边安全伙伴关系的领导人联合声明》声称，三国出于所谓"对基于规则的国际秩序的持久理想和共同承诺"和"深化印太地区的外交、安全和防务合作"而建立美英澳三边安全伙伴关

---
[*] 薛亮，南京大学国际关系研究院硕士研究生；郑先武，南京大学国际关系研究院教授。

系，将"加强支持各自的安全和防务利益的能力""促进更深入的信息和技术共享"以及"促进与安全和国防相关的科学、技术、产业基础和供应链的深层次整合",作为第一个倡议,将致力于支持澳大利亚为其海军采购核动力潜艇,而这"将有助于维护印太地区的和平与稳定"。① 无论从合作者数目("三边")、参与者身份("盎格鲁-撒克逊"小集团)还是从合作方式(非正式、"伙伴关系")、合作属性(功能性、"核动力潜艇")等方面来看,美英澳三边安全伙伴关系都具有鲜明的"小多边主义"特征。然而,这既不是一个开始,也不会是结束,而仅仅是美国主导的一系列"小多边主义"安全合作的一个节点,对之更深入的理解势必需要对"小多边主义"的历史演进、规范建构和全球视野进行更精准的把握,而《印太小多边主义:"四边机制"、澜湄合作机制与东盟》一书则对此作出了特定贡献。该书由布宾达尔·辛格(Bhubhindar Singh)和莎拉·特奥(Sarah Teo)主编、新加坡南洋理工大学拉惹勒南国际研究院(RSIS)研究团队领衔出版。

一、背景:"小多边主义"研究的兴起

与各界以"小多边主义""小圈子多边主义""俱乐部多边主义"等称谓形容美英澳三边安全伙伴关系一脉相承,学界对包括美英澳三边安全伙伴关系在内的一系列美国主导的"三边"或"四边"安全合作的研究往往离不开对"小多边主义"的探讨。②

"小多边主义"本身是一个既"老"又"新"的相对中性的概念,"老"是因其原理关乎合作者数目和合作质量间关系之学问或集团和组织之理论,"新"是因其成形于全球化时代背景下对"多边主义"予以"修正"或

---

① White House, *Joint Leaders Statement on AUKUS*, https://www.whitehouse.gov/briefing-room/statements-releases/2021/09/15/joint-leaders-statement-on-aukus/.

② 该概念常译为"小多边""少边""微边"或"少边主义""小多边主义",译名不同但内涵一致,为求连贯一致,本文统一采用"小多边主义"的译法。参见张勇:《奥巴马政府的亚太地区"少边主义"外交浅析》,《美国研究》2011年第2期,第66—81页;顾静:《美国多边主义东亚新政策剖析》,《东南亚研究》2011年第6期,第48—54页;史田一:《冷战后美国亚太多边外交中的同盟逻辑》,《当代亚太》2015年第2期,第39—60页。

补充的国际合作进程之中。与"多边主义"相伴随,"小多边主义"概念的演进大致可分为以下几个阶段：一是"发轫时期",代表性作者包括温斯顿·弗里茨和迈尔斯·卡勒等,主要指全球经贸谈判中小范围自由贸易协定的出现,其由美国等大国主导,回应多边主义"搭便车"和"公约数"难题,在内涵上较为宽泛,包括"双边主义稀释的多边主义混合体"；二是成形时期,由莫伊塞斯·纳伊姆等人清晰界定,指"让尽可能少的国家在谈判解决特定问题上发挥最大的作用"的国际合作方式,以应对气候变化、核不扩散、贸易保护等全球治理议题,在内涵上相对独立,并主要在气候变化治理中获得热烈反响；三是成熟时期,由维克多·查和迈克尔·格林等人拓展到安全领域,与后冷战时期亚太区域涌现的"三边安全合作"相对应,指介于双边联盟和多边安全集团之间的中间状态和非正式协同机制；四是扩散时期,伴随着美日印澳"四边机制"的重启和"印太"区域概念的建构,指向大国竞争时代背景下聚焦政治安全领域的基于共同利益与价值观的小范围安全合作,于是"印太（区域）安全小多边主义"应运而生。①

在上述过程中,"小多边主义"研究的演进呈现出两大特征：一是领域上从"经济"向"安全"的拓展；二是层次上从"全球治理"向"区域研究"的聚焦,两大特征的交汇点则在于亚太或"印太"区域的经济和安全"小多边主义"合作。究其原因,主要是后冷战时期全球化纵深演进下国际安全风险与威胁认知多元化,促使国家间更倾向于采取"小多边主义"安全合作以做出相对灵活的应对,而此种进程在利益交错的亚太或"印太"区

---

① 参见 Winston Fritsch, "The New Minilateralism and Developing Countries," *Texto Para Discussão*, No. 208 (1988), Pontifícia Universidade Católica do Rio de Janeiro (PUC-Rio), Departamento de Economia, Rio de Janeiro; Miles Kahler, "Multilateralism with Small and Large Numbers," *International Organization* 46, no. 3 (1992): 681-708; Moisés Naím, "Minilateralism," *Foreign Policy*, No. 173 (July/August 2009), pp. 135-136; Jeffrey Scott McGee, "Exclusive Minilateralism: An Emerging Discourse within International Climate Change Governance?" *Portal* 8, no. 3 (2011): 1-25; Michael J. Green, "Strategic Asian Triangles," in Saadia M. Pekkanen, John Ravenhill and Rosemary Foot (eds.), *Oxford Handbook of the International Relations of Asia* (New York: Oxford University Press, 2014), pp. 758-774; William T. Tow, "The Trilateral Strategic Dialogue, Minilateralism, and Asia-Pacific Order Building," *US-Japan-Australia Security Cooperation: Prospects and Challenges*, Stimson Center, 2015, pp. 23-35; Troy Lee-Brown, "Asia's Security Triangles: Maritime Minilateralism in the Indo-Pacific," *East Asia* 35, no. 2 (2018): 163-176 等。

域更为显著。然而，与此番重要变化相比，基于整体性视角的亚太或"印太"区域"小多边主义"研究却极为有限，不可谓不是一个缺憾。

《印太小多边主义："四边机制"、澜湄合作机制与东盟》一书基于已有的上述成果，以整体性视角相对系统地论述了"印太小多边主义"，并在理论与实践两个层面取得进展。正如格里菲斯大学教授伊恩·霍尔（Ian Hall）和澳大利亚国立大学教授布伦丹·泰勒（Brendan Taylor）所言："这本书由拉惹勒南国际研究院的两位后起之秀编辑，汇集了一个明星阵容来研究一种越来越重要但未被充分研究的合作形式，随着多边主义和传统联盟在这个日益重要的区域面临生存挑战，它为我们理解作为一种不断演变的现象和新兴实践的小多边主义作出了深刻的贡献。"[1]

二、贡献："印太"区域的整体性视角

《印太小多边主义："四边机制"、澜湄合作机制与东盟》的主要内容，简言之，即基于整体性视角的"印太"区域研究，可以用"一个定义""两大要素""一幅全景""两种影响"概括。

"一个定义"即在多边主义经典文献和相关成果基础上，对"小多边主义"做出系统性界定。相对于多边主义的定义特征——在数量上不少于三个，在性质上具有"广义组织原则"（规定行为原则而不偏重特殊利益）、"不可分割性"（所有参与者承认并接受公共产品）和"分散互惠性"（预期总体长期收益而不拘泥于一时一事），"小多边主义"在数量上更少（多于两个，一般是三个或四个，具体数目因具体问题而异），在性质上具有相对排他性（遵循"临界质量"法则，仅关涉对解决问题影响较大的行为体，一方面避免单方面行动代价，另一方面减少集体行动困境）、非正式性和灵活性（制度性较弱，可持续性主要取决于参与国家政府的承诺）以及功能性（注重当下现实有效地解决问题，为此可以减损一定的平等原则），概言之，即"小集团以灵活的体制安排解决重要多边问题的非正式

---

[1] Bhubhindar Singh and Sarah Teo (eds.), *Minilateralism in the Indo-Pacific: The Quadrilateral Security Dialogue, Lancang-Mekong Cooperation Mechanism, and ASEAN* Routledge, 2020, p. i.

功能性方法"。①

"两大要素",即驱动小多边主义的两大核心议题——"发展"与"安全",二者在书中分别对应于"经济小多边主义"和"政治—安全小多边主义"。前者主要是指在经济问题上开展合作以促进跨境贸易和投资、旅游、基础设施发展和联通性,进一步促进和平与发展,而地方政府在其中亦发挥重要作用。后者主要是在安全问题上开展合作,以应对和处理共同面对的传统和非传统安全威胁与议题,如恐怖主义、跨国犯罪、自然灾害、气候变化等,而中央政府通常在其中发挥主导作用。此外,在河流流域管理、海上航道维护等综合性合作领域等问题上,二者往往并存和兼容。②

"一幅全景",即基于"小多边主义"界定和"印太"区域分析而构建的"印太小多边主义"全景图。这一图景以"发展"和"安全"为核心议题,并围绕两大主线而构成:一是对双边联盟的调整和对多边主义局限性的不满;二是对大国政治经济竞争的反映和应对。由此,其区域图景包括但不限于:1971年成立后演变和运作至今的五国防务安排(FPDA)、东南亚一系列"增长三角"机制(1989年创建的新加坡—柔佛—廖内增长三角及1994年扩展成的印度尼西亚—马来西亚—新加坡增长三角、1994年建立的文莱—印尼—马来西亚—菲律宾东盟东部增长区、1999年成立的柬埔寨—老挝—越南发展三角等)、湄公河流域相关区域合作(1995年建立的湄公河委员会、2000年成立的湄公河—恒河合作机制、2003年提议的伊洛瓦底江—湄南河—湄公河经济合作战略组织、2007年通过的日本—湄公河区域伙伴关系计划、2009年发起的美国湄公河下游倡议、2011年通过的湄公河—韩国全面繁荣伙伴关系汉江宣言、2011年开始的中—老—缅—泰湄公河联合巡逻执法、2016年正式启动的澜沧江—湄公河合作机制等)、基于美国亚太联盟和"伙伴关系"体系的战略合作(2002年开始的澳—日—美三边战略对话、2004年组织的澳—印—日—美"核心小组"、2007年成

---

① Bhubhindar Singh and Sarah Teo (eds.), *Minilateralism in the Indo-Pacific: The Quadrilateral Security Dialogue, Lancang-Mekong Cooperation Mechanism, and ASEAN*, pp. 3-5, 60-61, 122-124.

② Bhubhindar Singh and Sarah Teo (eds.), *Minilateralism in the Indo-Pacific: The Quadrilateral Security Dialogue, Lancang-Mekong Cooperation Mechanism, and ASEAN*, pp. 10-15, 103-108.

立的美—日—印—澳四方机制、2011年开启的印—美—日三方安全对话、2015年启动的澳—印—日三方安全对话、2017年重启的美日印澳"四边机制"等）、东南亚本地海上安全合作（2004年开始的印尼—马来西亚—新加坡马六甲海峡海上巡逻机制、2008年泰国成为马六甲海峡巡逻队一员、2016年确立的印尼—马—菲系列海上安全合作机制）等，这些合作机制持续运作，共同构成"印太小多边主义全景图"。①

"两种影响"，即对区域多边主义及和平发展起到有利补充作用，抑或是造成不良的影响。总体上该书认为，该区域的"经济小多边主义"大致上起到的是有利的补充作用，促进了成员国和地方之间的跨境贸易和投资合作并推进了区域一体化和互联互通；而"政治—安全小多边主义"中主要面向非传统安全合作的一般会有利于或至少无害于区域多边主义与和平发展，但主要面向地缘政治议程的传统军事—政治安全合作则很可能造成不良的影响，尤其是，越是"大国俱乐部"而无"小国话语权"、越是"外部主导"而非"内部驱动"、越是"军事联盟"而非"发展伙伴"的合作，其破坏后果越甚。而要想尽力减少这种负面影响，一方面需要加强"小多边主义"合作的开放性、综合性、平等化、本地化，另一方面需要强化多边主义合作平台的有效性、联通性、信任度、领导力，以及两者之间的联结和互动。②

三、前瞻：基于类型学的比较研究

《印太小多边主义："四边机制"、澜湄合作机制与东盟》虽然较为全面而深入地展示了"印太小多边主义"的全景图，但仍然有一些明显的"不足"，乃至一些重要的"遗漏"。这些在很大程度上也是当下"小多边主义"研究的共同问题，主要表现在以下三个方面。

---

① Bhubhindar Singh and Sarah Teo (eds.), *Minilateralism in the Indo-Pacific: The Quadrilateral Security Dialogue, Lancang-Mekong Cooperation Mechanism, and ASEAN*, pp. 2-5, 19-35, 42-46, 58-68, 104-113.

② Bhubhindar Singh and Sarah Teo (eds.), *Minilateralism in the Indo-Pacific: The Quadrilateral Security Dialogue, Lancang-Mekong Cooperation Mechanism, and ASEAN*, pp. 20-23, 35-38, 48-52, 69-79, 89-94, 100-130.

第一，就该书描绘的"印太小多边主义"的全景图而言，其围绕上文所述"两大主线"而做出的勾画可谓精彩，却受到"小多边主义"定义相对模糊和"印太"区域话语特定局限的影响而落入窠臼，减损了其构图本应有的纵深感。具体而言，无论是"对双边联盟的调整和对多边主义局限性的不满"，还是"对大国政治经济竞争的反映和应对"，与现实的整体性互动相对应，其叙事理应至少在宏观层面涉及亚太区域、在微观层面深入"跨境区域"，从而构建以"印太"区域为关键互动层次的宏观"区域主义"全景图，并以"区域主义"及其"发展—安全联结"来进一步丰富内涵和外延尚不甚清晰的"经济小多边主义"和"政治—安全小多边主义"，否则其难免是零散琐碎的和浮光掠影的，难以支持学理意义上的"全景图"。因此，要想更为准确地描绘区域小多边主义图景，以及丰富小多边主义的内涵本身，都应对"区域主义""跨境区域主义"以及"印太"战略话语及其窠臼做出更加严格的审视。①

第二，就其宣称使用的"分析折中主义"研究方法而言，即便书中前言部分交代了该书"采取分析折中方法，结合各种国际关系范式的要素"，②但在实际分析过程中对"权力"与"制度"持论较多，对"文化"或"规范"着墨甚少。这种关键性的缺失使得该书的分析缺乏了应有的"厚度"。以湄公河区域合作为例，其源头可以追溯至1951年3月联合国亚洲及远东经济委员会经泰国、老挝、柬埔寨和越南四国政府同意组织实施的下湄公河流域实地调查，而后启动的"下湄公河流域开发计划"（简称"湄公河计划"）主要由亚洲及远东经济委员会和下湄公河流域调查协调委员会（又称"老湄公河委员会"，Mekong Committee）共同管理，其在合作进程中逐步形成一系列颇具特色的实践和规范特性。前者主要包括规划建设的整体性、合作领域的综合性、参与主体的多元性等；后者主要是形成以四个流域国代表组成的以湄公河委员会为中心的制度架构和全体

---

① 参见 Fredrik Söderbaum, "Exploring the Links between Micro-Regionalism and Macro-Regionalism," in Mary Farrell, Björn Hettne and Luk Van Langenhove (eds.), *Global Politics of Regionalism: Theory and Practice* (London: Pluto Press, 2005), pp. 87-102; Björn Hettne, "Beyond the 'New' Regionalism," *New Political Economy* 10, no. 4 (2005): 543-571; Jeffrey D. Wilson, "Rescaling to the Indo-Pacific: From Economic to Security-Driven Regionalism in Asia," *East Asia* 35, no. 2 (2018): 177-196等。

② Bhubhindar Singh and Sarah Teo, "Introduction: Minilateralism in the Indo-Pacfic," p. 6.

一致、共识性决策等规范原则，水资源开发利用的法律和规范，并孕育了著名的"湄公河精神"。这与1995年成立的湄公河委员会（Mekong River Commission）及其核心原则有明显的连续性，并深刻影响了东南亚区域合作实践进程。试图越过这些历史性和规范性的内容而对湄公河委员会及至澜沧江—湄公河合作机制做出单独的"小多边主义"审视，无疑是缺乏厚度的。①

第三，尽管该书在已有的"小多边主义"研究基础上探索性地构建了一种"印太"区域分析的整体性路径，但可能因体例等因素所限，未能进一步深入开展基于小多边主义"类型学"的比较研究。实际上，本书也注意到"印太"衔接的关键处（如湄公河—恒河倡议环、孟加拉湾多领域经济技术合作倡议乃至一系列三方安全对话和"四边机制"中的印度参与）往往是其中较为薄弱的，而亚太区域的一些合作机制却有着经久的生命力，特别是扎根于特定跨境区域的"湄公河区域合作""增长三角""印尼—马—菲（苏禄—苏拉威西海）三边安全合作"等，都能起到补充区域多边主义与促进和平发展的作用，同时它们又与美国主导的一系列"跨区域"小多边主义议程有着明显的区别。然而，由于其局限性，该书注重经验性案例分析，缺乏更严谨的理论和规范分析及对典型案例的学理升华和比较研究。至少从东南亚国家联盟及其成员国的视角而言，马六甲海峡海上安全合作和苏禄—苏拉威西海域安全合作等东南亚本地的"三边"和"四边"机制，与域外大国主导的"四边论坛"和美英澳三边安全伙伴关系等"三边"和"四边"机制有着倏然的不同，同样在"小多边主义"范畴内，前者具有一定的"本地性""平等性""渐进性"和"开放性"，而后者具有鲜明的"跨域性""等级性""急进性"和"封闭性"。对于前者，东盟认可其对东盟的开放性特征并通过东盟外长会、东盟防长会、东盟峰会等平台与其相联结，使区域合作机制和次区域合作机制间相互增益；而对于后者，东盟忧虑其对东盟的封闭性特征和对"东盟中心"与《东南亚无核

---

① 参见郑先武：《亚远经委会区域合作实践与"亚洲方式"初创》，《世界经济与政治》2016年第12期；郑先武：《湄公河计划的区域合作实践与"湄公精神"》，《东南亚研究》2018年第6期，第1—27页；屠酥：《湄公河水资源60年合作与治理》，社会科学文献出版社，2021，第35—150页等。

武器区条约》的挑战。①

综上所述，更深入的研究要求对"小多边主义"做出"经济小多边主义""安全小多边主义"及其"全球""跨区域"和"区域"分型的进一步界定和划分，以及基于"小多边主义""类型学"的比较研究、历史研究和规范研究。总的来说，该书的价值与不足皆指示出了"小多边主义"研究的进一步发展方向。

---

① 参见 Amitav Acharya, "Comparative Regionalism: A Field Whose Time Has Come?" *The International Spectator: Italian Journal of International Affairs* 47, no. 1, 2012, pp. 3-15; ASEAN, *Joint Statement by the ASEAN Defence Ministers on Countering Terrorism in ASEAN*, https://asean.org/joint-statement-by-the-asean-defence-ministers-on-countering-terrorism-in-asean/; ASEAN, *Chairman's Statement of the 1st ASEAN-Australia Summit 27 October 2021*, https://asean.org/wp-content/uploads/2021/10/62.-FINAL-Chairmans-Statement-of-the-1st-ASEAN-Australia-Summit.pdf 等。

附 录

《国际关系评论》稿约启事*

《国际关系评论》由南京大学国际关系研究院创办于2000年，宗旨是提供一个与同行和读者交流的学术园地，为促进中国国际关系研究学术事业尽一份绵薄之力。创刊以来，本刊始终秉承真实、客观、理性的办刊理念，立足学科前沿，保持专业特色，恪守学术规范，坚持以打造国内国际关系研究领域名刊为目标。在同行和读者的大力支持下，在学界取得较大影响。目前，本刊设有特稿、国际史研究、情报史研究、国际战略与区域研究、书评等专栏。具体栏目的设置，将会根据稿件内容适当调整。

为提高办刊质量和稿件处理效率，特对来稿做如下要求：

1. 来稿要求内容翔实有据，观点新颖鲜明，资料充实可靠，语言简洁流畅，字数一般为1.2万—1.8万字，质量高的稿件则不受此限。编辑部有权对稿件进行必要修改。

2. 来稿请用简体字，标点符号、计量单位、数字用法、图表等应符合国家有关标准和规定。

3. 来稿请按题目、作者、内容提要（200字以上）、关键词（3—5个，用分号隔开，最后一个关键词后边不加标点符号）、基金项目（可选）、作者简介、正文之次序撰写。内容编号请按"一、""（一）""1.""（1）""①"……之顺序排列。文后请附英文题目和英文摘要。

4. 来稿注释格式要求如下：

（1）采用页下注释（脚注），每页依序重新编号。注释上角标放在标点符号右上角，用①②③……表示。

（2）一般情况下，引用外文文献的注释仍从原文，无须另行译为中文注释。

---

* 本辑完稿日期为2022年10月16日。

（3）所引资料均需详列来源，注释务求真实、准确、规范。

（4）正文或注释中出现的中文书籍、期刊、报纸之名称，请以书名号表示；文章篇名请以书名号表示。英文著作、期刊、报纸之名称，请以斜体表示；文章篇名请以半角双引号表示。古籍书名与篇名连用时，可用间隔号（·）将书名与篇名分开，如《论语·学而》。

（5）正文或注释中出现的页码及出版日期，请尽量以公元纪年并以阿拉伯数字表示。

5. 来稿请提供word版，发送至投稿邮箱：gjgxplnju@163.com。稿件处理意见将在3个月内通知作者，否则可视为退稿。一经采用，赠送当期刊物两本。

6. 本刊实行匿名审稿制，请在来稿中另纸注明作者姓名、出生日期、供职单位、职务职称、研究方向、详细地址、邮政编码和其他通信方式（电话、电子信箱）。

7. 本刊为半年刊，每逢6月、12月出版。编辑部地址：江苏省南京市仙林大道163号南京大学历史学院301室，邮编：210046，编辑部电话：025-89681659；邮箱：gjgxplnju@163.com。

本刊热忱欢迎国内外专家学者踊跃赐稿，热切期待您的关注和支持！

《国际关系评论》编辑部
2023年4月